한·일 어민의 접촉과 마찰

한·일 어민의 접촉과 마찰

이계열 · 이훈 · 정성일 · 박광순

전남대학교출판부

▌머리말

우리는 한국과 일본과의 관계를 나타낼 때, 흔히 '가깝고도 먼 나라'라 한다. 가깝다는 것이 지리적인 근접성을 나타낸다면, 멀다는 것은 심정적인 괴리를 표현하는 것이 아닌가 한다.

왜 이와 같이 이중적인 관계를 갖게 되었을까. 이 책은 그 까닭을 어민·어업이라는 측면에서 역사적으로 살펴보고자 의도한 것이다. 굳이 어민·어업이라는 측면을 택한 이유는 양국은 바다로 이어져 일의대수(一衣帶水)를 이루고 있기 때문에, 최초의 접촉은 바다에서 활동하던 사람들, 즉 해인(海人)들에 의해서 이루어졌을 뿐 아니라, 오늘날에도 그들이야말로 가장 빈번하게 접촉하면서, 혹은 서로 돕기도 하고 혹은 마찰을 빚기도 하는 당사자들이기 때문이다.

그러면 도대체 언제부터 한일어민간의 접촉은 이루어졌을까. 대한해협(현해탄)이 갈라지기 이전의 시기는 차치하더라도 신석기시대에는 한일 간 해인들의 접촉이 이루어졌었으리라는 사실은 여러 자료들이 말해주고 있는 바와 같다. 기록에 보이는 것으로는 3세기이전에 낙랑·대방군에서 한반도 서해안을 돌아 낙동강 하구에서 대마도를 건너 왜(북부큐슈)에 이르는, 이른바 동북아 통교회로(通交回路)가 열려 있었고, 거기에서의 주역은 우리의 해인들이었음을 상기하면 양국인의 접촉은 매우 긴 역사를 지니고 있음을 짐작할 수 있다. 또한 이러한 사실은 영도 동삼동 패총에서 발굴된 일본의 죠몽토기와 일본산 흑요석제 석기를 통해서도 알 수가 있다.

해인들의 접촉의 형태는 크게 두 가지로 나눌 수 있다. 하나는 평화적 우호적인 것이요, 다른 하나는 비평화적인 것이다. 전자는 교역이나 표류에 대한 구원과 송환등에서 볼 수 있으며, 후자는 어장의 침탈이나 강점을 둘러싼 충돌이 대표적인 것이라 할 수 있다.

필자 등은 이와 같은 시각에서 한일어민들의 접촉과 마찰의 모습을 역사적으로 다루되, 주로 일본어민들의 한해진출이 심해진 19세기말 이후에 초점을 맞추어 보았다.

이 책은 모두 다섯 개 장으로 구성되어 있다. 제1장에서는 전근대에서 근대에 이른 사이를 네시기로 나누어 주로 일본에 표착한 조선인의 송환을 중심으로 고찰하였다. 거기에서 보이는 하나의 경향은 전근대 조선정부와 도쿠가와 막부 사이에서는 상대국의 표선(漂船)이나 표류민을 상호 무상으로 송환하는 우호적인 관행이 지켜져 왔으나, 명치유신 이후에는 정치관계의 변화에 따라 표류민에 대한 취급도 변하여 표류민이 학대 받음은 물론, 송환비용도 스스로 부담하지 않으면 아니 되는 상황으로 바뀌지고 있음을 살펴보았다.

제2장에서는 19세기말 개항을 전후한 시기로부터 일제강점기에 이르는 사이의 한해에서의 접촉과 마찰을 시기별로 나누어 다루고 있다. 시기는 주적종어(主賊從漁)적인 전기와 주어종적(主漁從賊)적인 후기로 분류하고, 다시 전기는 왜구시대와 밀어시대, 후기는 통어시대와 이주어촌 및 일제강점기로 세분하고 있다. 어업분야는 타 분야에 비하여 일본의 침탈과 강점이 빨리, 그리고 철저하게 이루어졌으며, 1910년 감점 이후에는 마침내 한국해역에서 어업은 이루어지지만 한국 어업은 살아지는 슬픈 사태가 벌어지자, 그에 항거해서 우리 어민들이 대응하는 모습을 어업별로 다루고 있다.

제3장에서는 1945～1965년, 즉 광복으로부터 한일국교가 정상화되기까지의 기간의 어업분규의 실태와 대책을 다루고 있다. 이 기간은 구질서가 무너지고 새로운 질서가 확립되지 않았기 때문에 우수한 어업세력을 가진 일본어선의 한국해역 침범이 일방적으로

이루어지던 시기로서, 그에 대응하기 위하여 속칭 '평화선'이 선포되고 나포라는 수단을 강구하지 않을 수 없었던 배경을 설명하고 있다. 동시에 그에 대한 일본 측의 대응도 다루었다.

제4장에서는 한일어업협정 체결에서 오늘에 이르는 기간의 어업분규의 실태와 양국 간의 어업교섭의 과정과 내용을 다루는 한편, 이른바 200해리체제의 전개에 따라 새로이 체결된 '신 어업협정'등을 다루면서 상호 입어(入漁)에 대한 기본합의와 독도문제를 살펴보았다. 또한 '신 어업협정' 이후 예상되는 어업피해를 다루고 있다.

제5장에서는 오늘날 한일 양국 간에 가장 뜨거운 이슈가 되어 있는 독도문제를 다루었다. 독도문제는 비단 어민들만의 문제가 아니라 전 국민적인 갈등의 문제로 번지고 있는 상황에 비추어, 최근에 발견된 새 자료를 활용하여 일본 측 주장의 허구성을 역사적 및 국제법적으로 밝히고 있다.

필자 등 네 사람의 연구자는 이미 1998년에 한국학술진흥재단의 지원을 받아 이번 과제와 같은 내용의 연구를 실시하여, <한일해역에서의 어민의 접촉과 충돌>이라는 보고서를 낸바 있다. 이 책은 그 보고서를 수정보완하고 거기에 독도문제를 다룬 제5장을 추가하여 엮은 것이다. 아무리 보완해도 한일 간에 얽힌 복잡한 어업분규와 어민간의 마찰을 모두 바르게 담기란 쉽지 않았다. 오직 독자 여러분의 비정을 바랄 뿐이다.

끝으로 이 책이 나올 수 있도록 물심양면으로 도와주신 전남대학교의 총장님과 출판부의 관계자 여러분께 마음으로부터 감사의 뜻을 표하는 바이다.

2008년 12월

저자를 대표하여 박광순

Contents 차례

제2장

한해에서의 한·일 어민의 접촉과 마찰

— 19세기 말~일제강점기를 중심으로 —

제3장

한 · 일간 어업분규와 어업대책(1945~1965)

제4장

한 · 일간 어업교섭 과정

제5장

한 · 일 어민의 접촉과 마찰의 사례

— 독도의 경우 —

개항 전후 조·일 간 해역에서의 해난사고

— 조선인의 일본 표착을 중심으로 —

제1장

Ⅰ. 머리말

해난사고란, 바다를 항해하는 도중 돌풍 등의 일기불순으로 불가항력에 의해 목적지가 아닌 다른 곳에 닿게 된 표착(漂着)사고를 일컫는다. 이러한 해난사고는 인간이 항해를 시작하면서부터 발생한 문제로, 한반도와 일본열도 사이의 해역도 예외가 아니었다. 이곳에서는 연중 대륙 쪽에서 한반도로 불어오는 바람 때문에 한반도 주민이 일본에 표착하는 사례가, 일본열도 주민이 한반도에 표착하는 사고의 거의 10배에 가까웠다.[1] 해난사고는 죽음에 노출된 대단히 위험한 항해로 같이 배를 탔던 동료가 익사한다 하더라도 시체조차 건지지 못하는 극한상황이었다.

한반도와 일본열도의 해역에서는 이렇게 죽음을 불사하는 고통

1) 池內敏씨의 <近世朝鮮人の日本漂着年表> (『近世日本と朝鮮漂流民』(臨川書店, 1998)에 따르면, 조선후기 일본에 표착했다가 조선으로 다시 되돌아온 조선인의 표착사례는 1년에 평균 3~4건 정도였다.

에도 불구하고, 한반도 연안 주민들의 일본 표착이 끊이지 않았는데, 전근대 조선정부와 일본의 토쿠가와(德川)막부 간에는 해난사고를 당한 상대국의 표선 및 표류민을 무상으로 상호 송환하는 관행이 있었다. 표류민의 상호송환은 조일간의 우호를 유지하는 수단으로 이해되는 측면마저 있었다. 그러나, 1868년 메이지(明治)유신이라는 일본에서의 정치적 변동을 계기로, 조일관계가 근대적 국제관계에 바탕을 둔 한일관계로 점차 전환되어감에 따라, 해난사고로 인한 표선과 표류민의 취급에 있어서도 송환지침 등이 변화하였다. 그 결과 해난사고를 당한 당사자들이 표착지에서 학대받는 경향이 보이기도 하고, 또 본국으로 송환되기 위한 비용을 스스로 마련하기 위해 표선이나 표선에 적재했던 표물을 매각하는 등, 표착지에서 전에 없던 노력을 기울여야만 했다.

이에 본고에서는 전근대에서 근대에 이르는 시기, 조일 양국에서 일어난 정치적 변화를 배경으로, 조일 간 해역에서 발생한 해난사고에 대한 취급, 즉 표선 및 표류민에 대한 취급이 어떻게 변화해 가는지를 보려고 한다. 검토대상은 지면관계상 조선인의 일본 표착으로 한정하며, 주로 송환경로와 비용적 측면에 초점을 맞추기로 한다.

단, 전근대에서 근대로 이르기까지 광범위한 시기를 다루므로 시기 설정에 대한 설명이 필요하리라 본다. 1876년 개항을 계기로 일본과의 통교관계가 개편될 때까지 조선이 전근대 이래의 전통적인 '교린(交隣)'을 일본에 대한 통교 대책으로 삼았던 것은 주지의 사실이다. 이에 비해 일본에서는 메이지 신정부 수립 이후 외무성이 대조선외교를 독점해가는 과정에서 개항 이전에도 이미 부산의 왜관을 침탈하는 등, 조일관계에 영향을 미치는 부분이 있었다. 조선도 개항을 전후한 시기 일본의 정치적 결단에 의해 그때그때마다 대응하지 않을 수 없었다. 이에 본고에서는 임진왜란 이후부터 개항을 전후한 시기 일본에서의 정치·외교적 결단을 계기로 조일통교에 변화가 있었음에 주목하여, 임진왜란 이후부터 토쿠가와 막부와의 교린통교가 유지되던 1868년까지를 '조선후기', 1868년 메이지 신정부 수립 직후 구대마번이 조일통교를 대행하던 시기를 '구대마번의 통교대행기', 1872년 메이지정부의 왜관침탈 이후에서 1876년 개항까지를 '왜관침탈기', 개항이후에서 1910년까지를 '개항기'로 설정하여, 표류민 송환실태를 역사적으로 개관해 보기로 한다.

Ⅱ. 조선후기 조선연안 주민의 일본 표착과 송환관행

1. 조선인의 일본 표착

해난사고를 당한 사고당사자들은 소위 '표류민'이라 할 수 있는데, 이들은 출항지에서 본다면 배를 타고 나섰다가 행방을 알 수 없게 된 실종자였다. 실종사고가 발생하면 가족이나 친척들은 지방관아에 생사 확인에 대한 진정을 했다. 조선의 동·서·남해 연안에서 발생한 행방불명자는 시간이 흐르면 결국 표류민으로 확인되는 경우가 많았으며, 특히 일본에 많이 표착하였다. 일본의 어느 곳에 표착하는가에 따라 송환사정에 차이는 있었으나, 조선인들의 대부분은 일본 당국에 표착 사실이 알려져 구조되는 대로 그때그때마다 대마번(對馬藩)에 의해 송환되어 왔다.

다음의 <표 1-1>은 임진·정유왜란 이후 일본 각지에 표착한 조선인의 송환횟수와 표류민의 숫자를 10년을 단위로 작성해 본 것이다.[2)]

---

2) 위의 표는 池內敏씨의 「近世日本人の朝鮮漂着年表」(『近世日本と朝鮮漂流民』, 일본 臨川書店, 1998)을 재구성한 것이다. 최근 池內敏씨는 조선 자료인 『漂人領來謄錄』·『同文彙考』·『漂人領來謄錄』·『東萊府啓錄』·『濟州啓錄』·『書 契』를 비롯하여 일본의 대마번정문서 및 기왕에 작성된 표착 연표를 조사하여 1599~1888년까지의 송환건수를 산출한 바 있다.

〈표 1-1〉 조선인의 일본 표착

시 기	표착 건수	표착 인원	표착시 사망 내역								생존율
			익사	아사	동사	병사	사망	사체	실종	공선	
1599～1620	3	불명									
1621～1630	7	81									
1631～1640	5	12									
1641～1650	15	145				10					93.1
1651～1660	23	267	1								100
1661～1670	21	241					5				97.9
1671～1680	22	234	28			1	1	2			86.3
1681～1690	29	516	11		4	1	1	2		3	96.3
1691～1700	49	608	3		1	4		2			98.4
1701～1710	44	451	10			3		10			94.9
1711～1720	60	598	4			2	1			1	98.3
1721～1730	37	421									100
1731～1740	42	466	2						2		99.1
1741～1750	21	197	5								97.5
1751～1760	38	422	10		3		1				96.7
1761～1770	38	472	33							1	93
1771～1780	53	575	2		5	2		1			98.3
1781～1790	45	499	11	12	3	2	1		2		93.8
1791～1800	44	345	4		1	2	1	1		2	97.4
1801～1810	55	440	3		1	1		1		1	98.6
1811～1820	77	642	15		2	5		2		3	96.3
1821～1830	55	503	36	2		9		7		3	89.3
1831～1840	89	585	6	1	1	5		1		12	97.6
1841～1850	51	455	20					1		1	95.4
1851～1860	57	510	3	20		8		4		4	93.1
1861～1867	40	352	2			1		2		1	98.6
1868～1872	29	215	1			3					98.1
1873～1888	63	517	10			1	15		7		93.6
계	1,112건	10,769명	220명	35명	21명	60명	26명	36명	11명	32선	96.1%

* 표착건수는 공선(空船)의 표착까지도 포함한 숫자임.

** 표착인원은 표착시 익사 등을 비롯한 사망자까지도 포함한 숫자임.

*** 위의 〈표 1-1〉은 池內敏씨의 「近世朝鮮人の日本漂着年表」『近世日本と朝鮮漂流民』(臨川書店, 1998)을 가공한 것임.

물론 한국이나 일본내의 표착지에서 새로운 자료를 얼마나 발굴해 낼 수 있는가에 따라 통계는 또 달라질 수 있겠으나 지금으로서는 池內敏씨의 통계가 근거자료나 대상 시기면에 있어서 가장 신뢰할 만하다고 하겠다.

1599~1867년까지 일본열도에 조선인이 표착한 것은 모두 1,020건, 표류민의 숫자는 10,037명 정도이다. 1년에 평균 거의 4건에 가까운 표착사고가 발생한 셈이나, 실제로는 기록에 남아있는 것보다도 훨씬 많은 표착사고가 있었다고 여겨진다. 어쨌든 일본에 표착한 조선인의 송환건수는 같은 기간 동안 일본인의 조선 표착이 약 113건, 표류민이 1,100여명 정도 발생한 것에 비하면 거의 10배에 가까웠다.[3)]

조선인 표류민은 동·서·남해안의 연안포구에서 발생했으나, 전라도와 경상도가 거주지 내지는 출항지로 되어 있는 사람들이 전체 표류사고의 거의 90%를 차지하였다.

이들의 표류기간은 짧으면 1일, 길게는 20일도 걸렸다. 평균 표류일수를 4일 정도로 보더라도 표류 자체가 죽음을 각오한 극한상황 속에서의 항해인 만큼 당연히 익사자·행방불명·병사자·아사자가 발생했다. 그렇지만 <표 1-1>을 보면 생존율은 96.1%에 이르고 있다. 과학과 항해술이 발달한 오늘날에도 항로이탈 등의 항해사고로 인명피해가 끊이지 않고 있는 현실을 감안한다면,[4)] 조선인은 대부분 살아서 돌아왔으므로 생존율은 아주 높은 편이었다.[5)]

<표 1-2>를 보면, 조선인 표류민의 일본내 표착지는 북쪽으로는 홋카이도(北海島, 蝦夷地)에서 시작하여 이와미(石見)·이즈모(出雲)·나가토(長門) 등의 일본해 연안으로 내려와 남쪽으로는 대마도(對馬島)·큐슈(九州), 그리고 오키나와(琉球)에 이르기까지 일본열도 전역에 걸쳐 있다. 그런데 표류해역과 표착지는 어느 정도

---

3) 李 薰, 『朝鮮後期 漂流民과 韓日關係』(國學資料院, 2000), 159~160쪽.

4) 1984년부터 1993년까지 지난 10년간 우리나라에서는 연평균 540 여척의 배가 해난사고(항로이탈·불법어로)를 일으켜 280여명의 사망·실종자를 포함해 연평균 4,000 여명의 인명피해를 내는 것으로 되어 있다(「한겨레신문」 1994년 10월 31일).

5) 박진미, 「『漂人領來謄錄』의 종합적 고찰」(『慶北史學』 19집, 1996), 17쪽.

〈표 1-2〉 조선인의 출항지와 표착지

표착지 / 출항지	對馬島	五島	壹岐	肥前	肥候	筑前	大隅	薩摩	琉球	長門	石見	隱岐	出雲	伯耆	因幡	但馬	丹後	駿河	蝦夷地	長崎縣	島根縣
평안도	2							1		1											
경기도	2							1		3											
충청도	6	2									1										
전라도	80	84	12	30	1	10	3	14	2	25	10	2	5				1	1		2	
제주도	26	60	1	17			2	15		1						1				5	1
경상도	249	6	7	6		43		1		115	49	9	22	1	1	2			1		1
강원도	7					1				27	18	4	2	1							1
함경도	3					2				4	7		3			1	2				
불 명	28	2	1	2		2		1		30	4						2				

* 후쿠에(福江)는 고토(五島), 히라토(平戶)는 히젠(肥前)에 포함시킴.

** 출항지와 표착지를 알 수 있는 것만 대상으로 하되, 동일 선박에 여러 지역의 사람들이 함께 탔을 때에는 따로 따로 산출했으므로 〈표 1〉의 표착건수와 일치하지 않음.

*** 위의 〈표 2〉는 池內敏씨의 「近世朝鮮人の日本漂着年表」『近世日本と朝鮮漂流民』(臨川書店, 1998)을 가공한 것임.

경향성이 있었다. 전라도 해역에서 표류하게 되면 고토(五島)의 서해 안쪽에 많이 표착하였으며, 경상도 해역에서 표류하면 대마도나 나가토 등에 표착할 확률이 높았다. 따라서 경상도인이 전라도인의 표착다발지역인 고토에 표착하는 일은 드물었다. 있다면 전라도 해역으로 항해하던 도중 사고를 당한 것이었다. 표류해역과 표착지의 범위가 이렇게 어느 정도 정해져 있었던 것은 뭐라해도 연중 대륙쪽에서 동쪽으로 불어오는 바람이 직접적인 원인이었다.

한반도의 동남쪽으로는 일본열도 밑을 흐르고 있는 쿠로시오(黑潮)에서 갈라져 나온 대마해류 및 동선(東鮮)해류 등이 해난사고 다발해역 근처를 지나가고 있으며, 동해안의 북에서 남쪽으로는 리만해류가 지나가고 있다. 대부분의 조사에서 조선인들은 사고해역에서 돌풍 또는 서풍·서북풍을 만나 사고를 당했다고 진술하고 있다. 조선인의 표착이 끊이지 않았던 대마도와 나가토에서는 겨울에 부는 서풍 내지는 서북풍과 북북서풍을 '아나지(대마도에서는 穴風)'라고 불렀는데,[6] 조선인이 주로 겨울에 동해 해상을 지

나는 북북서풍과 대마해류가 만나는 지점에 휘말리게 되면 거의 대부분이 일본해 연안지방에 표착하였다.[7)]

이 바람 때문에 조선인 표류민은 전체적으로 서쪽에서 동쪽으로 표류해 갔다고 볼 수 있다. 그러나 표류상황을 더 주의 깊게 보면, 경상도 해역에서 표류사고를 당한 상당수의 전라도인 중에는 꼭 바람이라는 불가항력적인 요인이 아니라, 처음부터 출어 등의 뚜렷한 목적을 가지고 이미 경상도 해역으로 항해한 상태에서 많은 사고를 당했다. 게다가 전라도와 경상도 주민의 표류양상은 약간의 차이마저 보이고 있다. 이는 표류·표착이 돌풍 등의 악천후 때문에 일어난 불의의 사고이기는 하지만, 당시 지역 주민들의 생산 활동이나 생활패턴 등과 관련되어 있었음을 시사하고 있다.

조선후기에 이르면 전기보다 바다어업이 활발해지면서 바닷고기의 어획량이 증가하였다. 17세기 이후에는 전국적으로 동·서·남해 연안에 주요 어장이 형성되면서 산란기에 고기떼가 몰려오면 어선이 몰려들어 고기를 잡는 연안어업이 번성하였다. 서해안은 전라도 영광의 법성포·부안의 위도 대저항에서 시작하여, 경기도의 강화(江華)·인천(仁川)·교동(喬洞)·남양(南陽)·안산(安山)·영종(永宗), 황해도 옹진(甕津), 평안도는 중화(中和)가 주요 어장이었다. 동해안으로는 경상도에 대구·청어·문어 어장이 있었다. 청어로는 흥해(興海)·연일(延日)·장기(長鬐)·울산(蔚山)이, 대구로는 기장(機長)·동래(東萊)·통영(統營)이, 함경도에서는 덕원이 명태·청어로, 함흥은 다시마로 유명하였다. 남해안에서는 통영이 주요어장이었으며, 진주(晉州)·사천(沙川)에서는 문어가 잡혔다. 더욱이 선운업의 발달로 주요어장에서는 어획기에 얼음을 실은 빙장선과 운반선이 등장하여 어선에서 잡은 고기를 구입하여 고기를

6) 岸浩, 「長門北浦に漂着した朝鮮人の送還」(『山口縣地方史研究』54, 1985) 7쪽.

7) 岸浩, 앞의 논문, 7쪽.

옮겨 싣고 육지에 판매하였다. 또한 물고기를 말려서 건포를 만들거나 젓갈로 만드는 등의 가공방법의 발달 및 상품화폐경제의 발달로 어물이 잘 유통될 수 있었다.[8)]

일본에 표착한 조선인은 전라도와 경상도를 막론하고 이렇게 조선후기 이후 연안에서 이루어지는 어업 등의 생산 활동과 유통에 관련된 항해 중에 표류사고를 당했다고 볼 수 있으며, 지역별로는 약간의 차이가 있었다. 전라도인은 출어 보다는 전라도와 경상도의 연안 포구에서 상업 활동과 관련된 해상활동 도중에 일어난 표류사고가 많았다. 전라도 도내에서의 사고가 주로 물품의 조달 및 관물을 운송하는 과정에서 일어난 것이라면, 도 밖으로는 전라도 곡물을 경상도를 비롯한 강원도·함경도의 어류(생선 및 염장어물·건어물)와 교환하기 위해 항해하는 도중의 표류가 많았다. 경상도인들은 전라도인에 비해 출어로 인한 사고 비율이 높았는데, 울산과 부산 간이 청어 산지로 겨울의 어획기에는 경상도인 뿐만 아니라 전라도인들까지도 몰려들었다. 이러한 표류 양상은 17세기에서 19세기까지 변함이 없었으나, 19세기 이후 울산이 동남해안의 최대 소금산지가 되면서부터는 울산지역으로 소금 및 염장어물을 구하기 위한 경상도와 전라도의 선박들의 왕래는 말할 것도 없이, 울산에서 인근 포구로 소금을 조달하기 위한 항해가 증가하면서 표류사고도 증가했다고 볼 수 있다.[9)]

조선은 주자가례에 입각한 제사가 보급됨에 따라 양반은 물론 서민과 노비에게 까지 제수용품에 대한 수요가 높았다. 당시 인기가 있던 제수용품은 장기보존이 가능한 건어물과 염장어물로,[10)] 19세기 이후 경상도 동해안지역이 최대의 소금산지로 부각됨에 따

---

8) 이영학, 「조선후기 어업에 대한 연구」(『역사와 현실』35, 2000).

9) 李　薰, 앞의 책, 69~90쪽.

10) 김호종, 「조선후기 魚鹽의 流通實態」(『大丘史學』31, 1986), 110~112쪽.

라 이를 좇아 전라도인들도 경상도까지 왔던 것으로 보인다. 원양 항해 도중의 표류란 어장 및 어장 주변 지역에 형성된 상권과 밀접한 관련이 있었던 것임을 짐작케 한다.

이러한 상황으로 볼 때, 조선후기 거의 1만 명이 넘는 조선인 표류민들의 압도적 대다수는 지역적인 차이는 있었지만, 뭐라 해도 출어나 장사 등, 생산 및 유통과 관련된 항해활동 중에 일본 표착이라는 불의의 사고를 당한 것이라 볼 수 있다.

2. 조선인에 대한 송환관행

일본의 중앙정권인 토쿠가와(德川) 막부는 1640년대 이후 대외관계를 독점해 가는 과정에서 외부세계와의 접촉을 4개의 창구(長崎・薩摩・對馬島・松前)로 정하여 이곳을 통해 간접 통교하는 방식을 취했다. 조선에 대해서는 대마번을 통해 간접적으로 통교했으므로, 조선후기 일본의 각지에 표착한 조선인들은 토쿠가와 막부가 정한 표류민 송환절차에 따라 송환되었다.

송환경로는 막부가 외부세계로부터의 유입구를 나가사키(長崎) 한군데로 정함에 따라 조선인들은 일본의 어디에 표착하건 종문(宗門)의 조사를 위해 나가사키에 들려야 했다. 그 결과 1645년 이래 정비된 토쿠가와 막부 주도의 표류민 송환절차란 '표착지→나가사키→대마도'라는 우회경로를 거쳐서 대마번으로 하여금 조선인을 송환토록 하는 것이었다. 때문에 송환기간이 길어지기는 했지만, 송환비용의 일부를 막부가 부담하되 조선에 청구하지는 않는 무상송환을 원칙으로 한 것이었다.

한편 막부주도의 송환절차 정비를 계기로, 조선은 대마번의 표류민 송환자를 '표차왜(漂差倭)'라는 일본의 정식 외교사절로 인정하여 각종 접대를 아끼지 않았다. 접대란 몇 차례에 걸친 연향과 조선국왕에 대한 숙배식 등, 교린의례를 행하는 것이었지만,[11] 대마번에 경제적으로 이익을 가져다주기도 하였다. 이러한 구조 속에서 표류민 송환은 비교적 순탄하게 이루어졌으며, 조선정부와 토쿠가와 막부간의 평화 및 교린을 유지하기 위한 하나의 중요한 틀로서 자리잡을 수 있었다.

Ⅲ. '구대마번(舊對馬藩)의 통교대행기' 조선인의 일본 표착과 송환실태

1868년 메이지(明治)유신으로 일컬어지는 일본의 정치적 변동은 조선과의 관계에 큰 변화를 가져왔다. 과거 토쿠가와 막부를 대신하여 조선과의 통교를 맡아보았던 대마번이 외교일선에서 물러나는 대신, 메이지 정부가 직접 조선과의 통교 교섭 및 개편을 시도하게 되었다. 조·일 간 해역에서의 해난사고는 토쿠가와 막부의 붕괴 이후에도 끊이지 않았는데, 메이지 정부는 교착상태에 빠진 조선과의 통교관계 개편을 위해 일본에 표착한 조선인 표류민의 송환만은 중단하지 않았다.

그러면 메이지 정부 수립 직후의 표류민 송환실태란 어떠했을까?

1868(고종 5)년 3월 23일 메이지정부가 구대마번의 태수인 종씨(宗對馬守)에게 내린 '달(達, 太政官令)'을 보면, 왕정일신을 계기로 조정이 외국과의 외교관계를 직접 장악하게 되었음을 선포하기는 했으나, 대조선문제는 지금까지와 마찬가지로 대마번의 가역(家役)으로 하되, 대마번주를 '외무사무국보(外務事務局輔)'에 임명한다고 적혀 있었다.[12] 즉 구막부 이래 대마번의 가역을 인정하면서

11) 숙배식은 대마번 표차왜가 조선국왕에 대해 4배례를 행하는 것으로 소위 조공적 의례라 할 수 있는데, 이는 대마도와는 조선전기 이래의 기미관계, 토쿠가와 막부에 대해서는 조선의 화이의식을 고무하는 것이었다.

종대마수를 외국사무보에 임명함으로써 외국사무총재 밑에서 외국사무국과 협의해서 조선문제를 처리하도록 한 것이었다.

일단은 이 조치로 말미암아, 구막부 이래의 통교·무역이 1872(고종 9)년 메이지 정부가 부산 왜관을 침탈할 때까지 대마번을 통해 실질적으로 유지될 수 있었다. 조일간 해역에서 발생하는 표류민 역시 위의 '달'에 따라 1868년 메이지유신 이후에도 여전히 상호 송환될 수 있었다. 메이지 정부가 1868년 6월 19일, 태정관(太政官) 포고(布告) 제 490호로 공표한 '조선인 표류인 취급 규칙'은 다음과 같았다.

1조. 일본인이 조선국에 표착하게 되면, 조선에서는 이를 정중하게 취급하여, 부산포 초량에 와칸(和館)이라 하여 종대마주(宗對馬守) 가신들이 근무하는 곳으로 보내며, 표착 경위를 서한으로 통고 한다. 그런 후에는 대마도에서 이들을 인수하여 표류민 출신지의 원근에 따라 나가사키부(長崎府)나 오사카부(大阪府)로 보내고, 그곳에서 각각의 영주에게 인계하도록 한다.

2조. 조선인이 본방(本邦, 일본)의 각지에 표착할 경우에는, 그곳에서 가까운 부번현(府藩縣)에서 나가사키부로 보내며, 그곳에서 표류 경위를 조사한다. 의량(衣糧)을 급여하고 선함(船艦)을 수리한 후 대마수 역인(役人)에게로 보내며, 거기서부터는 나가사키부의 '우라후레(浦觸)'로써 대마도가 인수하도록 한다.
단, '우라후레'의 의도는 조선인의 (항해시) 신수(薪水)가 부족하고 풍파의 상태가 좋지 않을 때 물건을 급여하여 어려움을 해결하도록 하는 것임.

3조. 표류민을 나가사키로부터 대마도가 인수받은 후에는 대마도에서 사자를 붙여 조선에 호송하도록 할 것.

4조. 표류민 가운데 사망자가 발생하면 시신을 관에 넣어 보내고 일본 땅에는 매장하지 말 것.[13]

---

12) 『朝鮮外交事務書』 1, 권 1, 明治 1 戊辰 3月 23日의 達, 69~70쪽.

등이었다. 송환경로(표착지의 府藩縣 → 나가사키부 → 대마도 → 조선) · 송환방법(대마도의 사자 호송) · 송환비용(나가사키부의 의량 지급 및 표선 수리비 부담)을 골자로 하는 태정관 포고 제 490호는 나가사키 경유 · 무상(無償) 송환 · 사자(使者) 호송이라는 점에서 구막부시대에 있어서의 일본의 조선인 표류민 송환과 거의 다름이 없었다.

메이지 정부 초기 까다롭고 복잡한 대조선외교의 외국관 전담은 대마번에 대한 보상문제와도 연결되어 있었기 때문에, 우선 당장은 결국 구막부시대의 관행을 좇을 수밖에 없었다고 보아진다.
따라서, 조선인 표류민이 일본내의 정권교체로 인해 언제 귀국할지를 몰라서 막연한 불안감을 가진 채 대마도에 장기체류하고 있었던 점을 제외한다면, 절차상으로는 구막부시대와 마찬가지로 별 마찰 없이 표류민 송환이 이루어졌다. 물론 조선의 예조와 대마번주 사이에 송환의 취지를 전하는 외교문서(書契)도 오고 갔다. 뿐만 아니라 메이지 정부가 왜관을 침탈하기 전인 1871년까지는 표류민 송환자인 표차왜(漂差倭)에 대해 향접위관(鄕接慰官)의 접대(차례 · 봉진연 · 출선연)와 복속의례도 구막부시대와 마찬가지로 치러졌다.[14)]

<표 1-3>을 보면, 1868~1888년까지 조선인의 일본 표착사례는 약 92건, 표류민은 약 725명으로, 1871년 이후에도 대부분은 송환되었던 것으로 확인된다.[15)] 그러나 이 시기 조선인 표류민의 송환이 막부시대와 동질의 것은 아니었다. 메이지 정부 초기에는 대마번에서 조선인 표류민에 대해 모종의 학대가 있었던 것 같다. 대

---

13) 岸浩, 「長門沿岸に漂着した朝鮮人の送還を巡る諸問題の檢討」(『朝鮮學報』 119 · 120 합집, 1986) 471~472쪽.

14) 池內敏, 앞의 책, 95~96쪽.

15) 위의 <표>는 池內敏의 「近世朝鮮人の日本漂着年表」(『近世日本と朝鮮漂流民』 所收, 臨川書店, 1998)를 가공한 것이다.

〈표 1-3〉 조선인의 일본 표착

서력	표착건수	인원	서력	표착건수	인원
1868	5	42	1879	3	37
1869	4	35	1880		
1870	11	61	1881		
1871	5	60	1882		
1872	4	12	1883	4	37
1873	13	83	1884	6	22
1874	2	6	1885	8	58
1875	1	15	1886	5	36
1876			1887	9	71
1877			1888	8	47
1878	4	103		92건	725명

* 위의 표는 池内敏의 「近世朝鮮人의 日本漂着年表」
(『近世日本と朝鮮漂流民』소수, 日本 臨川書店, 1998)를 가공한 것임.

마번은 토쿠가와 막부시대부터 조선인 표류민을 '시모지모노모노(下下之者)'라 하여 천시하는 경향이 있었다. 장차 메이지 정부가 대조선외교를 장악해 가려는 구상을 가지고 있음을 예견하고 있던 대마번으로서는 구교린 외교에서처럼 표류민 송환을 성신을 실현할 수 있는 수단으로 여기는 생각도 점차 옅어졌을 것으로 생각되기 때문이다.16)

뿐만 아니라 1871(고종 8)년에는 메이지 정부가 표선의 수리비 부담 방침을 변경해 버렸다. 즉, 1871년 4월 청국과의 '일청수호조규(日清修好條規)' 조인(1871.7.29)에 앞서 정한 '조난청국구조취급

16) 1872년 메이지 정부가 나가사키현과 사가현에 내린 '布令' 및 '達'에 '대마도 백성들이 조선인을 노예다루듯이 난폭하게 취급하고 있는데, 앞으로는 주민과 같이 다루도록 하라'는 금지조항이 있는 것으로 보아 대마도에서의 표류민 학대는 실재 했었다고 여겨진다(『朝鮮外交事務書』4 권 13, 「佐賀縣ヘノ御達案」 389~390쪽, 『朝鮮外交事務書』4, 권 13, 「長崎縣ヘノ御達案」 391~392쪽).

방(漕難淸國救助取扱方)'에서,[17] 표선의 수리비를 표류 당사자가 부담할 경제적 능력이 없을 경우에만 표착지나 관할지역의 공비(公費)로 부담한다는 것을 정하였다. 이는 말하자면 표류 당사자가 경제적으로 부담할 능력이 있을 경우에는 본인에게 표선의 수리비를 부담시키기로 한 것으로, '조난청국구조취급방'의 제4조에 조선인 표류민도 이러한 방침에 준할 것을 명기하였다. 즉 태정관 포고 제 490호에서 표선의 수리비를 나가사키부 부담으로 정한 정부 방침을 변경해 버린 것이다. 이러한 항목은 조선이 메이지 신정부와의 통교를 거절하고 있는 상태에서 일본이 일방적으로 정한 것으로, 조선인의 해난사고를 청국과 차별 없이 취급하게 된 것을 의미한다.

이러한 표류민의 송환 절차 변경은 1871년 '폐번치현(廢藩置縣)'을 즈음한 일본 외무성내의 대조선외교 직교론(直交論)의 대두 및 동아시아 외교에 대한 인식과 무관하지 않다. 1869년 9월 외무성이 태정관에게 제출한 문의서에는, 조선과의 조약체결은 '사교(私交, 조선과 대마번과의 교제)'의 폐지와 일체가 되지 않으면 안 된다고 함으로써, 교린관계로부터 조약에 바탕을 둔 외교관계로 전환해 갈 것을 염두에 두고 있었다.[18] 1871년 5월 24일 외무성이 부산에 파견된 관리 요시오카(吉岡弘毅)와 모리야마(森山茂)에 보낸 의견서에는, "아시아 여러 나라와의 교제는 모두 제멋대로 체결한 약속으로 서양과 같은 정법(定法)이 없다. 조선에 대한 '사교'도 마찬가지로 서양 각국과의 외교관계에서 본다면 창피스러운 일이다. 이즈하라번(嚴原藩)에 아직도 존재하고 있는 관원은 기회를

17) 岸浩, 「長門沿岸に漂着した朝鮮人の送還を巡る諸問題の檢討」(『朝鮮學報』 119・120합집, 1986) 472～473쪽(『布告全書』 재인용).

18) 糟谷憲一, 「近代的外交體制の創出-朝鮮の場合を中心に-」(『アジアのなかの日本史』2, 外交と戰爭) 233쪽(사료, 『大日本外交文書』2권 -1책, 221호, 『大日本外交文書』2권-2책 488호).

보아 마땅히 철수해야 한다."라고 기재되어 있었다.[19] 이는 메이지 유신 이후 서양 여러 나라와의 접촉을 통해 외교기술에 대한 지식을 축적해 온 메이지 정부가 전례와 관행을 중시하는 구막부의 대조선 및 대청관계를 전근대적인 것으로 파악하고 있었음을 여실히 보여주는 것이라 할 수 있다. 1871년 4월의 '일청수호조규'는 일본이 메이지유신 이후 '만국공법'의 논리를 바탕으로 아시아 국가에서는 처음으로 조약을 근거로 하여 외국과의 관계를 정한 것이었다. 외무성내 대조선외교 직교론의 대두와 외교인식의 변화는 결국 조선과의 관계를 조약에 바탕을 둔 대청관계와 같은 선에서 설정하고 있었던 것 같으며, 조선인 표류민 송환절차를 조선과 어떤 교섭도 없이 일방적으로 변경한 것은 이를 반영하는 것이었다고 생각된다.

어쨌든 1871년 7월 14일 '폐번치현'[20]이 단행될 때까지 종씨의 가역은 더 계속되었으므로 위의 '태정관령'에 저촉되지만 않는다면, 일본에 표착한 조선인은 대마번에 의해 무사히 송환될 수 있었다. 한마디로, 메이지유신 이후 일본이 왜관을 침탈하기 이전까지 조일간의 표류민 송환은 일본 외무성의 인식변화로 변화는 있었으나 여전히 구막부시대와 마찬가지로 대마번에 의해 송환이 이루어지고 있었으며, 비용·의례면에서도 전근대적 관행이 계속되고 있었다고 할 수 있다.

Ⅳ. '왜관(倭館)침탈기' 조선인의 일본 표착과 송환관행의 변화

1872년에는 조일교섭사상 중대한 사건이 일어났다. 구대마번의 주도하에 메이지 정부의 왕정복고에 관한 서계를 조선정부에 전달

19) 『朝鮮外交事務書』3, 권8, 外務省의 對韓策 285~286쪽.

20) 1871년 7월 전국의 藩을 폐지하고 府縣을 설치함으로써 중앙집권적 권력성립을 도모한 메이지정부의 정치변혁을 일컫는다.

하는 교섭이 난항을 거듭하는 가운데, 대수대차사(相良正樹) 일행의 왜관 '난출(攔出)' 실패를 계기로, 메이지 정부가 대마번으로부터 소위 부산 왜관의 접수(처분)를 결정해 버린 것이다.[21)] 그 결과 외무성은 부산 왜관의 이관에 착수하게 되며, 1872(고종 9)년 5월 부산 왜관에 근무하고 있던 역원(役員), 즉 관수(館守)를 비롯한 구대마번주 종씨(宗氏)의 부하들을 모두 철수시키는 것은 물론, 왜관을 외무성에서 파견한 관리에게 양도할 것을 명하였다. 1872년 '난출'사건을 계기로 초량 왜관은 외무성의 공관(公館)이 되었다. 이는 조선의 입장에서 본다면, '불법점거' 내지는 '침탈'이었다.[22)]

왜관 침탈을 계기로 한 외무성의 외교권 장악은 표류민 송환절차에도 변화를 가져왔다. 즉 외무성이 표류민 송환을 직접 담당하는 체제가 되면서 과거 조선인 표류민을 인수하기 위하여 일부러 왜관이나 나가사키에 파견나가 있던 구대마번의 관리를 철수시켜 버렸다. 이는 과거 대마도에서 부산 왜관까지 사자(표차왜)를 붙여 호송하던 전근대적 의례절차가 필요 없어진 것을 의미한다. 그러면 왜관 침탈 이후 조선인 표류민은 어떻게 송환되어 왔을까?

1. 송환경로의 변화

왜관 난출 이후 동래부사(鄭顯德)는 훈도(訓導)를 일체 왜관에 들여보내지 않았다. 그리고 왜관 난출에 대한 대마번 추궁의 방법으로, 관수(深見正景)의 직무를 박탈하고 전임 일대관(一代官, 海

---

21) 『高宗實錄』권9, 9년 6월 7일. 『備邊司謄錄』고종 9년 6월 7일·9일, 10월 3일. 『承政院日記』 고종 9년 6월 7일·8일. 『日省錄』 고종 9년 6월 7일·8일, 7일, 10월 3일. 『東萊府啓錄』 고종 9년 4월 10일, 5월 27일·30일, 6월 1일·2일, 9월 20일.

22) '불법점거'에 대해서는 池內敏, 앞의 책 참고.
메이지 정부의 부산 왜관침탈은 왜관을 막부이래 일본이 차지해온 소유지라고 인식한 부분이 있었기 때문으로, 조선 침탈은 왜관접수 때부터 시작되었다고 본다.

津茂太郎)을 임시 관수(假館守)로 인정하겠다는 의사를 훈도(安東俊)와 별차(玄豊瑞)로 하여금 일본 측에 통고하게 하였다.[23] 그 결과 왜관과의 '동래부 → 훈도・별차 → 관수'라는 공적 경로를 통한 교제가 일체 중단됨으로써 조일간의 외교업무 추진이 거의 정지상태가 되었다. 따라서 왜관 침탈 이후 외무성이 주체가 되어 조선인 표류민을 송환한다는 것은 당연히 어려워졌다. 외무성이 조선인 표류민의 취급에 관한 업무를 직접 관할하게 되었다 하더라도, 조선과 기존의 공적 교섭경로 단절로 말미암아 표류민의 신병을 인수·인계할 때 쌍방의 인수・인계자 설정 및 일본 국내에서의 송환비용의 미해결 등으로 인하여 곧바로 송환하는 것이 어려웠기 때문이다.

실제로 1872년 9월 일본은 조선인 표류민을 3조(組) 송환해 왔다. 이 중 제주 출신 김학성은 위와 같은 문제 때문에 1871년 10월에 일본에 표착해서 1872(고종 9)년 9월 송환될 때까지 거의 1년이나 대마도에 장기체류하게 되었다.[24] 나머지 2조는 1872년 9월(또는 11월)에야 겨우 송환되어 오기는 했으나 신병의 인수·인계가 순탄치 않았다. 1872년 4월 사츠마(鹿兒島)에 표착한 해남인 9명과, 1872년 4월 대마도에 표착한 제주인 3명의 2조에 대해,[25] 메이지 정부는 이들의 신병을 공관측 '대관(代官)'을 통해 조선 측의 '양역(兩譯, 훈도・별차)'에게 넘김으로써, 왜관 침탈 이후 중단되었던 '동래부(東萊府)의 양역 ↔ 초량(草梁) 공관의 대관'이라는 구종씨(舊宗氏) 외교체제하에서와 같은 공적 교섭 루트를 회복해 보려 하였다.[26] 그런데 2~3개월을 공관에 억류된 채 대기하고 있던 조선인 표류민들은 1873년 1월(또는 2월) 도망가 버리고 말았

23) 田保橋潔, 『近代日鮮關係の研究』 上, 216~217쪽.

24) 『朝鮮外交事務書4, 권12, 「朝鮮漂民金學成等原情」 371~372쪽.

25) 『朝鮮外交事務書』6, 권18, 259쪽의 문정기.

26) 『朝鮮外交事務書』6, 권19, 「甲乙兩漂民取計方見込」 375~378쪽,

다. 이에 메이지 정부는 다시 1873(고종 10)년 1월, 1872년 9월자로 대마도 사스나 지역(佐須鄕, 阿連村)에 표착한 경상도 창원 주민을 송환해 오면서, '양역 ↔ 대관'이라는 공적 교섭경로를 확보하려 했다.[27)]

그러나 동래부의 훈도(안동준) · 별차(현풍서)는 동래부사의 명령에 따라 관사(深見正景) 이하 왜관 역원을 인정하지 않고 대립을 계속하고 있던 터였으며, 소통사(崔在守)가 일본 측과 최소한도의 접촉을 하고 있었다. 1872년 8월 소통사가 구왜관에 전한 동래부의 기본방침은 다음과 같았다. 조선인 표류민의 경우, 관수가 존재했을 때에는 '양역(훈도 · 별차)'이 인수증을 발급했으나, 지금은 관수가 없어졌으므로 공관이 아닌 내지에서 직접 인계증을 작성해야 할 것이며,[28)] 공관이 구막부시대 대조선 외교창구였던 종씨의 왜관이 아닌 이상, 훈도나 별차 대신 동래부의 소통사가 '대관'을 상대할 것을 제의하였다. 그리고 이는 바로 조선정부의 의사라는 것을 밝혔다.[29)]

조선이 종씨외교를 고집했던 것은 일본과의 교제 자체를 거부하겠다는 것으로는 보이지 않는다. 조선은 조선과 특수관계에 있던 대마번이 왜관에서 철수한 이상, 왜관의 부지 및 부속건물은 당연히 초량읍(草梁邑)으로 환원되어야 한다고 여겼으며, 메이지 정부가 조선과 한마디 협의나 절차도 거치지 않고 대마번으로부터 일방적으로 접수하여 초량 공관으로 사용하는 것에 대해 매우 부당하다는 인식을 갖고 있었다. 그러나 혹시라도 그렇게 된다면 일본

27) 『朝鮮外交事務書』6, 권19, 「壬申12月9日韓地公館ヨリ申越候條抜書」 385~390쪽.

28) 『朝鮮外交事務書』5, 권16, 「小通事崔在守內席對話ノ內聞認候要領」 475~482쪽.

29) 『朝鮮外交事務書』6, 권19 「朝鮮出張ヨリ來狀趣意摘要」 419~427쪽 · 429~435쪽 · 「朝鮮事件ニ付現今來共可相定ケ條」 469쪽.

내지와 직접 교섭해야 할 것으로는 여기고 있었다. 단 그럼에도 불구하고 종씨외교를 주장했던 것은 1871년 일본의 주도하에 '일청수호조규'가 맺어지고, 왜관이 일방적으로 일본 측에 접수되는 시점에서, 종씨외교를 관철시키는 것이야말로 메이지 일본의 침탈을 방어할 수 있는 최선의 수단이라고 생각했을지도 모르기 때문일 것으로 생각된다.

1873년 말에 이르기까지 조선은 관수·대관이 없는 것으로 간주하여 일본과 문서(서계) 왕래를 일체 하지 않았다. 그리하여 1873년 일본이 13회에 걸쳐 조선인 표류민을 송환해 왔을 때에도 배소통사(陪小通事)가 조선인의 신병을 인수받았다. 1873년 2월과 4월, 대마도의 사스나(佐須奈)에 표착한 평안도 대동 사람과,[30] 세무라(瀨村)에 표착한 전라도 강진 사람이 송환되어 왔을 때 이들의 신병을 인수받은 것은 훈도가 아닌 배소통사였다.[31] 하마반쇼(濱番所)에서 배소통사와 공관의 대관 사이에 간단한 인수·인계증의 교환과 함께,[32] 배소통사가 구두로 감사의 뜻을 전했을 뿐이었다.[33] 당연한 결과지만 차례·봉진·출선연을 내용으로 하는 복속의례도 없었다.[34]

1873년까지만 해도 메이지 정부가 의도하고 있던 '양역↔대관'을 통한 구막부시대에서와 같은 조선과의 공적 교섭루트 확보 및 이를 통한 서계접수 교섭은 조선의 거부로 아직 실현되지 않았다.

---

30) 『朝鮮外交事務書』6, 권20, 「明治6年1月17日第2大區佐次奈へ漂着之朝鮮人3人問 情之」 551～554쪽.

31) 『朝鮮外交事務書』6, 권20, 「第2漂着船修理一件」 583쪽.

32) 『朝鮮外交事務書』7, 권20, (廣津弘信의 연락) 77～78쪽, 「朝鮮在勤廣津7等出仕 來辭大義摘拔」 165～166쪽, 「第26號, 第10字陪小通事崔在守琪琮釆吉出頭ニ付奥 東田住永出席」 93～100쪽.

33) 『朝鮮外交事務書』7, 권20, 「第27號, 第11時在守士源琪琮釆吉雲祥出頭ニ付東田 住永出席」 101～110쪽.

34) 池內敏, 앞의 책, 107쪽.

단 '배소통사 ↔ 대관' 경로를 통해 구종씨외교의 관행을 최소한 존중하는 선에서 조선인 표류민의 인수·인계가 이루어졌음을 확인할 수 있을 뿐이다.

2. 송환비용의 부담

구대마번 번사들의 충고에 따라 구관을 존중하는 외교를 통해 조일간의 문제를 해결해 보려는 외무성의 태도는, 1873(고종 10)년 이후 자주 거론되던 표류민의 송환비용부담문제 처리 과정에도 반영되었다.

예를 들면, 앞서 봤듯이, 1873년 2월 대마도 사스나(佐須奈)에 표착한 평안도 대동 주민 4명은 같은 해 4월 송환되었는데, 초량공관을 통해 조선 측에 인계시, 그들의 배에 적재했던 표물(漂物)까지도 되돌려 받았다.[35] 표물 중에는 사스나 주민이 표착시 은닉했다가 메이지 정부의 조사로 돌려받게 된 우피(牛皮)가 1,161장이나 있었다.[36] 어쨌든 평안도 대동 주민에게는 표물을 반환함으로써 구태나마 구막부 이래의 송환관행이 지켜졌다.

그러나 아직 표선의 수리비부담 문제가 남아 있었다. 1873년 4월 대마도의 세무라(瀨村)에 표착한 전라도 강진 사람들의 배는 파선되었던 것 같으며,[37] 자신들의 난파선에 싣고 있던 나락을 입찰하여 수리비로 부담하였다.[38]

---

35) 『朝鮮外交事務書』6, 권20, 1873.4.11 「第4號森山廣津へノ公信案」 577～578쪽·1873.4.28, 표류민 2組의 조선 양도에 관한 森山茂의 보고서 651～653쪽.

36) 『朝鮮外交事務書』7, 권 21, 「自壬戌10月至明治6年3月御嚴原出張所取扱來候事務 提要幷ニ將來御所分相成度事件」(17～31쪽) 및 「第27號 5月2日第11時在守士源琪琮釆 吉雲祥出頭ニ付東田住永出席」(101～110쪽)). 「佐須奈村民朝鮮漂流人ノ牛皮隱蔽ノ一件ニ付長崎縣ニ於テ横山權參事へ相答置候口上略」 37～40쪽.

37) 『朝鮮外交事務書』7, 권21, 제5호 부속서류 83～85쪽.

조선 측에서는 평안도 대동인에 대해서는 물건을 찾아주고, 전라도 강진인에 대해서는 수리비를 자비로 부담케 하는 등, 일관성 없는 메이지정부의 표류민 취급 방법에 대해 항의하였다. 이에 대한 일본 외무성의 입장은 조선과 상의없이 일방적으로 표선의 수리비를 부담시키는 것은 자칫 잘못하면 조선과의 관계 개편에서 일본이 주도권을 잃을 염려가 있으므로 당분간 구례에 따라 관비로 부담하자는 것이었다. 그러나 나가사키현에서는 1871년 4월의 포고를 들어 표선의 관비 부담에 대해 이의를 제기하였다.

조선 표선의 수리비 부담에 대해 외무성과 나가사키현의 인식차이, 또 외무성내에서의 반대의견은 있었으나, 1873년 8월에는 태정관(太政官) 포고 283호에 따라 1871년의 조선 표선에 대한 포고가 개정되었다.

> ㄱ) 조선국 표선은 수리 후에 승무원이 귀국을 요청해도 안전항해를 보장할 수 없다. 조선국 표류민 취급 규칙 제2조에 비추어 체송하고, 잡비는 당사자의 자재(資財) 유무에 관계없이 관할청의 공비(公費)에서 지급할 것.
>
> 단, 수리한 배를 송환할 때에는 원선(元船)으로 하여금 표선(漂船)을 끌게 하고, 표류민은 원래 선박에 태우며, 쓸모없는 표선은 본인의 승낙을 얻어서 공찰불(公札拂)에 부쳐 그 대가를 본인에게 돌려 줄 것.[39]

조선인 표선의 수리비 관비 부담은 1873년까지는 위의 제283호에 따라 시행되었던 것 같다. 그리하여 1873년 11월 하마타현(濱田縣) 세토사키(瀨戶崎)에 표착한 조선인은 표선이 너무 낡아 선재(船滓)를 매각하였으나 그 대금 50냥(韓錢 100 文, 일본 13錢 5厘)은 양목(洋木)으로 바꾸어 받았다.[40]

---

38) 『朝鮮外交事務書』6, 권20, (第2漂着船 修理一件) 583쪽.

39) 『朝鮮外交事務書』7, 권22, 「乙號御布告案」 381～382쪽.

즉, 1873년 13건의 조선인 표류민 송환은 일본 외무성의 주도하에 이루어지기는 했지만, 대부분의 경우 구종씨외교의 관행을 최소한 존중한 선에서 조선인 표류민의 인수·인계가 이루어졌기 때문에 표류민 송환으로 인한 조일교섭의 교착은 없었다고 보인다.

그러나, 대원군 실각을 계기로 1874(고종 11)년 이후 조선정부와 일본 외무성간에 시도되게 된 통교개편 교섭이 교착상태에 빠지게 됨으로 말미암아, 표류민 송환에 관한 교섭도 더 이상의 기회를 잃고 만다. 1873년 12월 12일 대원군이 실각하고 고종의 친정이 시작되면서 조선에서는 대일교섭 교착에 대한 반성이 대두되고 있었다. 대원군외교에 대한 책임추궁은 대일외교 담당자의 처벌로 이어졌으며, 동래부사 정현덕과 훈도 안동준이 처벌을 받았다.[41] 그리하여 양국의 통교 교섭이 이루어질 분위기가 그 이전보다 유리하게 조성되었다. 일본도 대원군의 심복으로 쇄국 외교의 첨병 역할을 했던 인물들이 교체된 것을 계기로 서계 접수는 물론 무역의 재개 등, 교착된 조일관계를 풀 수 있는 실마리로 여기고 있었다. 1874년 외무성 관리(7등 출사 森山茂)는 6월 그 자신이 부산에 와서 이를 실현시키기 위한 교섭을 벌였다. 그리고 조선도 안렴사(朴定陽)과 신임 동래부사(朴齊寬)로 하여금 초량 공관의 분위기를 살피게 하는 한편, 1874년 8월에는 동래부 비장(南孝源)으로 하여금 모리야마(森山茂)를 만나 국교 교섭의 교착 상태를 풀 수 있는 방안을 협의하는 등, 일본과의 교섭재개를 위해 노력하고 있던 시기였다.[42]

---

40) 『朝鮮外交事務書』8, 권25, 「同治12年癸酉12月13日濱田縣前標文」 385~386쪽 船材代價 50兩 50兩을 받아간다는 覺, 387쪽.

41) 『高宗實錄』권11, 11년 8월 29일.
『承政院日記』고종 11년 6월 29일·7월 3일·8월 29일.
『日省錄』고종 11년 11년 6월 29· 7월 3일·8월 29일.

42) 『高宗實錄』권11, 11년 8월 9일, 『承政院日記』고종 11년 8월 9일, 『日省

한편 교린관계의 단절을 회복해 보려는 조선 측의 교섭 분위기와는 달리, 일본 국내에서는 대외 팽창적 분위기가 무르익어 가고 있었다. 당연히 이는 조선으로부터 경계의 대상이 되었다. 1874년 6월에는 조선에 일본이 대만을 공략하였다는 소문이 퍼져 있었다. 그뿐 아니라 일본군이 프랑스와 미국의 군사적 지원을 받아 대군으로 조선에 침공할 것이라는 유언비어가 나돌아 다녔다. 그리고 청국 신문에는 일본의 '정한론(征韓論)'이 소개되었다.

일본의 이러한 국내동향 때문인지 1874년부터는 외무성 내에서도 조선인 표선의 수리비를 일본 측에서 부담하는 것에 대하여 회의적인 견해가 우세해지는 경향이 있었다. 그러나 1874년까지도 조선인 표류민 문제에 있어서는 과거 종씨의 관행을 어느 정도는 존중하는 선에서 표류민 송환이 이루어졌다. 왜냐하면 왜관 침탈 이후 외무성이 양국 통교를 직접 담당하면서부터 서계 접수 교섭이 더욱 더 교착되게 된 상황에서, 정식으로 국교는 없지만 양국의 관계를 최소한이나마 단절시키지 않고 장차 메이지 정부가 의도하는 통교체제 개편(만국공법을 바탕으로 한 조약에 의한 관계)까지 끌고 가기 위해서는 표류민의 송환이야말로 메이지 정부의 목표를 달성할 수 있는 좋은 실마리로 여기고 있었기 때문이다. 따라서 그 동안에는 표류민의 송환문제를 둘러싸고 마찰을 야기하지 않는 것이 중요했으며, 표류민 문제를 매우 조심스럽게 다루었다고 보아진다.

또 조선 측에서도 조선에 표착한 일본인 표류민에 대해 '우암포에서 인수·인계한다'는 절차를 생략하기는 했지만, 구조나 접응 자체를 거부하지는 않았다. 과거 종씨 때와 마찬가지로 이들을 구조하여 초량 공관으로 보냈다. 조일 양국 모두 표류민을 송환해야 한다는 것 자체에 대하여 회의를 하지는 않았던 것이다.

錄』 고종 11년 8월 9일.

그러나 1874년 9월에는 이전까지와는 달리 표류민 송환에 관해 외무성이 동래부에 구체적인 안을 제시하였다. 1874년 6월 초량 공관장으로서, 그 이듬해인 1875(고종 12)년 2월에는 이사관으로 부산에 온 모리야마(森山茂)는, 1874년 9월 신임 훈도가 입관했을 때 일본의 국기(國旗) 및 해군정기장(海軍旌旗章)를 그려서 보여주며 이러한 국기 및 함선의 장을 단 배가 조선의 해안에 표착하게 되면 보호해 줄 것을 당부하였다.[43] 그는 양국의 표류민 취급방침에 관한 초안을 작성하여 신임 훈도에게 건네준 후, 동래부사에게 전달(轉達)하여 회답을 받아 줄 것을 부탁하였다.

모리야마 주도의 새로운 교섭은 '동래부사 ↔ 초량 공관장'을 양국의 교섭창구로 정한 것을 비롯하여, 막부시대에 행해왔던 복속의례를 배제한 것이었다.[44] 이에 대해 신임 훈도는 이를 조정에 보고한다 하더라도 양국 사이에 외교체제가 정비되지 않는 한은 각 도에 포고를 내리기 어렵다고 답변하였다.[45]

그 결과 위 제안은 결국 교섭 테이블에 올리지도 못한 채 무산되고 말았다. 이후 표류민 송환에 관한 교섭은 더 이상 이루어지지 않았다. 1875(고종 12)년 거의 마무리단계에 있던 일본 측 서계의 접수에 대한 교섭이, 조선 조정 내에서의 서계 배척론 우세, 그리고 1875년 7월 외교의례시 모리야마의 양복착용 문제에 부딪혀 교착상태에 빠짐에 따라,[46] 모리야마가 조선과 외교수단에 의한 교섭을 포기하고 무위(武威)를 배경으로 한 '정한(征韓)'을 제기했기 때문이다.

---

43) 『朝鮮外交事務書』9, 권29, 1874.10, 572~574쪽.

44) 池内敏, 앞의 책, 116쪽.

45) 『朝鮮外交事務書』9, 29권 1874.10, 572~574쪽.

46) 『高宗實錄』권12, 12년 7월 9일 · 8월 2일 · 8월 6일. 『日省錄』고종 12년 7월 8일 · 8월 9일 · 9월 2일 · 9월 6일.
『承政院日記』고종 12년 7월 9일.

Ⅴ. '개항기(開港기)' 조선인 표류민 송환체제의 변질

모리야마(森山茂)의 정한론은 외무경 테라지마(寺島宗則)의 반대로 곧바로 받아들여지지 않았다. 그러나 1875년 5월과 6월에는 일본 함대가 부산에 나타나 측량과 시위행동을 했으며, 9월에는 테라지마가 부산의 모리야마에게 교섭을 포기하고 귀국을 명함과 동시에 운요고(운양호)를 조선의 서해안으로 이동시키라는 지시를 내렸다. 그 결과 9월(조선력 8월) 20일에는 강화도에서 무력도발사건이 발생했다.[47] 도발사건 후 메이지 정부는 조선에 사절을 보내 무력 개항(開港)을 강요하기로 결정하였다. 그리하여 1876년 2월 3일에는 접견대관 신헌(申櫶)과 부관 윤자승(尹滋承)이 일본 측 무력의 위협 하에 일본 측의 서계를 접수함과 동시에, 쿠로다(黑田淸隆)·이노우에(井上馨)와의 사이에 '조일수호조규'가 맺어졌다. 이 약조가 일본 측이 주장하는 만국공법의 논리를 바탕으로 이루어진 것임은 말할 것도 없다.[48] 조일수호조규에서는 모두 12개의 항목이 다루어졌으며, 표류민 송환에 대해서는 제 6항목에서 언급하고 있다.

> 앞으로 일본국 선박이 조선국 연안에서 큰바람을 만나거나 또는 땔감과 식량의 부족으로 지정한 항구에 도달할 수 없을 경우에는, 어떤 항만에서든지 선척(船隻)을 기박(寄泊)시켜서 풍파의 위험으로부터 피할 수 있게 하고, 필요한 물품을 매입하여 선구(船具)를 수선할 수 있도록 할 것이며, 시탄(柴炭)류를 구입할 수 있도록 한다. 물론 그에 드는 비용은 모두 선주(船主)가 배상한다고 하더라도 위의 사태에 대해서는 그 지방 관민(官民)이 (일본선의) 곤란한 사정을 잘

47) 『高宗實錄』 권12, 12년 8월 25일, 『備邊司謄錄』고종 12년 8월 25일, 『日省錄』고종 12년 8월 25일, 『承政院日記』고종 12년 8월 25일.

48) 『高宗實錄』 권13, 13년 1월 20일, 『承政院日記』고종 13년 1월 20일, 『日省錄』고종 13년 1월 20일.

헤아려 인휼(隣恤)을 베풀고 구원이 미치지 않는 것이 없도록 할 것이며, 물건을 보급하는데 있어서 아낌이 있어서는 안 된다.

또한 양국의 선척이 바다 한가운데서 파괴되어 승무원이 어떤 지방에 표착하게 될 경우에는 표착지의 인민이 즉각 구조하여 생명을 보존하도록 하며, 이를 지방관에게 신고하여 그 지방관에서 각 각 본국으로 호송하든가, 아니면 그 근처에 재류하고 있는 자국의 관원에게 (신병을) 인도해야 한다.49)

이 문안에서는 전체적으로 양국 사이에 표류민이 발생했을 경우의 상호구조 및 무상 송환을 말하고는 있다. 그러나 1874년 모리야마가 제시한 양국 표류민 취급 방침과는 달리 주로 조선국 연안에서 조난사고를 당한 일본선의 구조가 두드러지게 강조되어 있다. 일본인이 조선에 표착하는 사례는 조선인이 일본에 표착하는 사례보다 현저히 적음에도 불구하고 이들에 대한 취급이 일방적으로 구체적으로 명시되어 있는 것이다. 조선인 표류민에 대해서는 '양국의 상호부조 속에' 매몰되어 아주 애매하게 처리되어 있고, 구체적인 송환절차가 생략됨으로써 일본 내에서 조선인에 대한 대우나 취급이 아주 열악해질 위험성이 높아졌다고 할 수 있다. 1876(고종 13)년의 병자 조일수호조규는 양국의 표류민을 구조하고 송환하는 것 자체를 부정하지는 않았다. 그렇지만 조선과 구막부 사이에 형성된 교린관계 하에서의 표류민의 상호송환체제에 비추어 본다면 '성신(誠信)'의 의미가 쇠퇴해 있었으며, 이미 변질되기 시작하였다고 보아진다.

1876년 조일수호조규로 일단 표류민의 취급 방침이 정해진 이후에도, 메이지 신정부 하에서는 조선인 표류민에 대한 취급방침이 몇 차례에 걸쳐서 변경되었다. 먼저 1878년 11월에는 조선인 표류민 취급 방침이 태정관 '달' 110호로 정해졌다.50)

49) 『日本外交文書』(韓國編)2, 제9권 「朝鮮國トノ修好條規」118~119쪽(서울 태동문화사).

① 조선인이 본방(일본)에 표착했을 때, 그곳에서 부산항으로 가는 배가 있으면, 곧 바로 부산항에 있는 일본인민 관리관에게로 보내야 할 것임. 그러나 배가 없을 경우에는 나가사키 현청이나 대마도 이즈하라 나가사키현 지청으로 보내 그곳에서 부산항으로 가는 배편에 보내도록 할 것.

② 표류민의 의복이 없을 때에는 옷 한 벌을 공비(公費)로 지급할 것.

③ 표류민 체제중의 비용 및 조선으로 송환하는데 드는 비용은 조선정부로부터 1일 금(金) 10전(錢)을 쳐서 받도록 약속이 되어 있으므로 표류민 취급 방법은 되도록 간편하게 하도록 하고 부족한 것은 공비(公費)로 지출한다.

④ 표류민이 건강하면 본국으로 인계할 때까지는 되도록 공업 등에 (그 노동력을) 사용하도록 하며 공전(工錢)을 부여함. 단 공전(工錢)은 조선정부에서 내야할 일급전(日給錢)을 제하는 것임.

⑤ 익사자 또는 표착 후 병사자는 조선에 송환하지 않고 매장한 후 그 사유를 외무성과 내무성에 보고해야 함.

위의 '달'에서 눈에 뜨이는 것은 송환절차의 간소화 및 일본 체재 및 조선으로 송환하는데 드는 경비문제이다. 특히 조선인 표류민이 일본에 체재하는 동안에 드는 경비는 조선에서 부담하는 것을 원칙으로 하되,[51] 표류민을 일본내의 생산노동에 참가시켜 그들의 노동임금으로 제한다는 것이 정부 방침으로 정해진 것이다. 이는 상호부조 및 무상송환을 바탕으로 하는 1876년 단계까지의 방침에 비하면 놀랄만한 변화라고 할 수 있겠다.

그런데, 위의 방침에서는 표선의 수리비에 대한 사항이 누락되어 있었다. 1877(고종 14)년 7월에는 동래부사(洪祐昌)와 주(駐)부

50) 『日本外交文書』(韓國編)2, 제10권 「日鮮兩國困難船漂民救助例規ニ關スル件」 363쪽.

51) 여기에서 1일 10錢이란 일본통화를 의미하며, 조선통화로는 錢 50文에 해당하였다.

산항관리관(近藤眞鋤) 사이에 선박 수리비에 대한 부담문제가 논의되었다.[52] 이를 바탕으로 같은 해 10월에는 「조선국조난선처분법(朝鮮國遭難船處分法)」이 태정관 '달' 79호로 정해졌다.[53]

① 조선인이 일본(본방)에 표착했을 경우 선박이나 뗏목의 수선을 희망하는 자는 지방관이 이를 들어 주어야 함. 그 비용은 조선정부가 완전히 淸算하기로 약정이 되어 있으므로 駐釜山日本管理官에게 보내 東萊府에 보고하여 동래부로부터 수리대금을 받도록 할 것.

② 만약 표선의 파손상태가 심하여 수선할 수 없을 경우에는 지방관이 선주를 설득하여 고각(沽却)시키되 그 가전(價錢)을 표류민에게 급여할 것. 만약 그 배가 가치가 없을 뿐만 아니라 사람들이 이의 매입을 원하지 않을 경우에는 선주가 보는 앞에서 분훼(焚毁)해도 무방함.

③ 만약 일본의 고도(孤島)에 표착하여 표선을 수선하고 싶어도 선재(船材)를 얻을 수 없고, 또 표선을 다른 곳으로 옮기려 해도 풍파 때문에 여의치 않을 경우에는 지방관이 선주를 설득하여 이를 고각(沽却)시키는 등, 그때그때의 판단에 따라 처분할 것.

이라 하여, 조선인들이 표선을 수선해 달라는 표류민의 요구가 있게 되면 일본에서 수리를 해주되, 선재(船材) 구입 등 수리하는데 들었던 비용은 조선정부(동래부)에서 상환해 받는다는 것이 골자였다. 즉 조선인들의 표선에 대한 수리는 일본이 부담하지 않는 것을 원칙으로 한 것으로, 1876년 단계까지만 해도 일본 내의 공비(公費)로 부담했던 것들은 1877년의 태정관 지시로 조선 측이 부담하게 된 것이다.

52) 「朝鮮國政府布告ニ關スル內外國困難船救助章程中日韓條約抵觸ノ廉該政府照會一件」(日本外務省記錄, No.3・6・7・20).

53) 『日本外交文書』(韓國編)2, 제10권 「日鮮兩國困難船漂民救助例規ニ關スル件」 363～364쪽.

그러나 위의 태정관 지시사항도 1887(고종 24)년 6월 칙령(勅令) 21호 및 1887년 8월 외무성령 제 2호에 의해 삭제되고 만다. 뿐만 아니라 1878년 11월의 태정관 달(達) 110호도 1887년의 칙령 제 21호에 이르게 되면 ②·③·④항목이 삭제되고 만다.
칙령 제 21호에서는,[54)]

> ① (일본) 제국과 조선국과의 사이에서는 우리 정부가 조선의 표류민을 구호·해송(解送)하며, 의량(衣食)을 급여하고, 다치거나 병든 자를 치료하고, 시신은 매장한다.
> 단, 이를 위해 드는 모든 비용은 조선정부로부터 실가(實費)로 계산하여 상환해 받는다.
>
> ② 선척(船隻)을 구호하고 화물을 타로(打撈)하는데 드는 비용은 원주(原主)로부터 상환해 받으며, 서로 상대국의 정부에 대하여 청구할 수 없다.

등이 정해졌다. 그리고 같은 해 8월에 포고된 외무성령 제 2호에서는,[55)]

> 선척(船隻)을 구호하고 화물을 타로(打撈)하는데 드는 비용을 그 배에 있는 선화(船貨, 荷物)를 가지고 원주로부터 상환해 받을 경우, 그 비용만큼 상환해 받을 것. 만약 그때 원주가 화폐를 가지고 있지 않을 경우에는 그 선화를 매각하여 그 대가로써 상환하든가, 또는 직접 선화를 (일본 측에) 교부하여 상환하는데 충당하도록 할 것. 단 선화교부(船貨交附)시 부족분이 있다 하더라도 선화를 교부해 받는 것으로 그칠 것이며, 그 나머지를 추징할 수는 없다.

가 정해졌다. 1887년 칙령 및 외무성령에서 삭제된 부분은 모두 체재비용·송환경비·표선의 수선비용 등 경비와 관련된 부분이었

---

54) 岸 浩, 「長門沿岸に漂着した朝鮮人の送還を巡る諸問題の檢討」(『朝鮮學報』119·120합집) 477~479쪽.

55) 岸 浩, 앞의 논문, 477~479쪽.

다. 이들 항목이 삭제되었다는 것은 단순히 경비를 일본이 부담하지 않았다는 것 이상의 의미를 지니고 있다. 즉 1887년 이전까지는 비록 일본 측이 송환에 드는 경비를 부담하지는 않지만, 메이지 신정부가 마련한 송환체제 속에서 조선인 표류민의 일본체재·송환·표선의 수리가 이루어졌음을 의미한다. 그러나 1887년 이후부터는 조선 측으로부터 상환받을 것을 전제하고 이루어지던 체재·송환·수선조차 이루어지지 않게 되었음을 의미하며, 표선의 수선 경우 수리비는 표선의 선주에게 직접 상환해 받도록 규정하였다. 이 경우 표선에 화물이건 조선의 통화이건 무엇인가를 적재한 배는 송환이 가능하였지만, 그렇지 않은 경우에는 전혀 대책이 없었다. 일본이 경비부담 항목을 삭제하게 된 이유는 조선정부가 자국민의 유상(有償)송환을 거부했기 때문이라고 한다.

1887년의 표류민 취급방침은 칙령으로 포고됨에 따라 이제 일본에 표착한 조선인이 귀국할 수 있느냐 없느냐는 표선의 경제력 여하로 귀결되기에 이르렀으며, 표류민 개인이 해결해야 할 성질의 것이었다. 조선과 일본의 양국 관계는 이 단계에 이르면 이미 '수호(修好)'라고는 할 수 없는 성격의 것이었다. 즉 일본의 대조선 외교에 있어서 침탈적 성격이 노골화되면서 일본에 표착한 조선인들은 더욱더 가혹한 처지에 놓일 상황에 처하게 되었다고 할 수 있겠다.

Ⅵ. 맺음말

지금까지, 임진왜란 이후부터 1876년 개항을 전후한 시기에 이르기까지 거의 300년에 가까운 동안, 일본열도에 표착한 한반도인의 해난사고를 둘러싸고, 일본이 한반도의 표선 및 표류민을 어떻게 취급해 왔는지 표류민의 송환관행에 대해서 보아 왔다. 해난사고와 그로 인한 표류민의 송환관행 문제는, 특히 개항을 전후한 시기 조일통교가 교착을 거듭하는 가운데서도, 유일하게 조일 간 교류를 유지시켜온 사안으로 전근대에서 근대에 이르는 동안 통교체제의 성격을 알 수 있는 계기이기도 하다. 따라서 여기에서는 지금까지의 내용을 통교체제와 관련시켜 전망해 봄으로써 맺음말에 대신하려 한다.

먼저, 전근대에서 근대로 넘어오는 동안, 일본에 표착한 조선인의 송환방침에는 몇 차례의 변화의 계기가 있었는데, 일본 내의 정권교체 등, 정치적 변동과 관련되어 있었음을 확인할 수 있었다. 먼저 임진왜란 이후에는 일본 내에서 토쿠가와(德川)막부의 정치적 안정에 따른 대조선외교권의 독점이 직접적인 계기였으며, 조선과 토쿠가와 막부간에 '성신(誠信)'을 외교이념으로 하는 교린통교가 이루어지던 동안 표류민 송환상의 특징은 나가사키(長崎)경유, 무상(無償) 송환, 사자(使者) 송환을 들 수 있었다. 다음으로 19세기 중엽 개항을 전후한 시기에도 통교체제 개편과정에서 표류민 송환관행이 변화하게 되는데, 1868년 메이지(明治) 신정부 수립에 따라 과거 막부와의 통교체제하에서 구대마번이 대행하던 조선과의 통교를 외무성이 장악해가는 과정에서 대조선외교방침이 바뀐 것을 반영하는 것이었다. 뿐만 아니라 1872(고종 9)년 메이지 정부가 구대마번으로부터 부산왜관을 접수하면서부터는 이미 일본의 대조선 정책이 침탈적 성향을 띄고 있음을 지적할 수 있었다. 그러나 왜관 접수 이후 1876(고종 13)년 조일수호조규가 맺어지는 단계까지 표류민 송환만을 놓고 보면, 일본 내에서의 송환절차 변경 및 일본 측 표선의 보호를 강조함으로써 일방적이고 불평등적인 요소는 이미 보이고는 있다. 그렇지만 아직도 조일 상호간에 무상 송환만은 지켜졌었다는 점에서, 조선과 토쿠가와 막부간의 교린통교가 최소한이나마 존중되고 있었다고 볼 수 있었다. 물론 이는 메이지 일본이 만국공법이라는 국제법의 논리를 내세워 조선을 조약에 의한 관계로 전환하기 위한 시기를 탐색하기 위한 시간벌기에 불과한 것이었다. 그 결과 1875년 일본 외무성 이사관 모리야마(森山茂)와 동래부측의 서계접수교섭이 완전히 교착상태에 빠져 1876년 조일수호조규가 체결될 때까지는, 결과적으로는 교린외교체제의 변질은 인정되나 붕괴까지는 이르지 않았다고 보았다. 교린외교체제의 붕괴는 1876년 조일수호조규 이후 메이지 일본의 류큐(琉球, 현재의 오키나와) 무력병합이후 가속되어 갔으며, 전근대 조일관계가 근대 한일관계로 변화해 가는 과정 속에서 일본의 조선인 표류민 송환도 표류민 본인의 경제력 여부에 따라 귀국여부가 결정되는 유상송환으로 바뀌어 갔다고 본다.

〈부표 1〉 명치기 이후 조선인의 일본 표착(1868~1888)

번호	출선일 (최종)	표착일	표착인원	출신지 (출항지)	신분 (직업)	목적지	조난 해역	표착지	기타
1	1868. 1.19	1868. 1.22	5, 1소	전라도 해남 (제주)	관미 수송			대마도 伊奈鄕 琴浦	
2	1868. 8.29	1868. 9. 1	11(남녀), 1소	전라도 강진	수곡차	진도		五島 女島	
3	1868. 8.29	1868. 9. 3	10, 1소	전라도 영암 (제주)	상매			五島 玉浦	
4	1868. 9.20	1868.10. 3	11(남녀,익사 1) 1소	전라도 강진 (제주)	種麥차			大隅 屋久島	
5	1868.12.15	1868.12.17 (11)	5, 1소	전라도 강진 (제주)	杉판매	울산		대마 鰐浦	
6	1869. 3. 6	1869. 3.11	10(병사 3), 1소	전라도 영암 (제주)	출어			五島 玉浦	
7	1869.10.25	1869.10.29	10, 1소	전라도 흥양현 三島	魚상매	동래		대마도 內院浦	
8		1869.11. 7	10, 1소	경상도 기장	魚상매		다대포	대마도 佐須奈浦	
9	1869.12.20	1869.12.25	5, 1소	전라도 흥양				福江藩 五島 宇久神浦	
10		1870. 2.10	11, 1소	경상도 장기	출어			長門阿武郡 須佐浦	
11	1870. 2. 7	1870. 2.11 (12)	3, 1소	전라도 해남 (제주)	米상매			福江藩 五島 玉浦	
12	1870. 3. 4	1870. 3. 8	2, 1소	전라도 해남 (제주)	출어			福江藩 五島 三井樂	
13	1870. 9.29	1870. 9.19 (10)	5, 1소	전라도 장흥			가덕도	대마도 鰐浦	
14	1870.10.25	1870. 윤10. 4	3, 1소	경상도 기장	출어			長門 見島郡 本村湊	
15	1870. 윤10.14	1870. 윤10.20	10, 1소	경상도 창원	魚구입		평해	長門 見島	
16		1870. 윤10.25	12, 1소	전라도 영광10 낙안 2	魚구입		평해	松江藩 出雲州 宇龍浦	
17		1870.11. 2	10(9), 1소	전라도 해남 (제주)	魚구입			대마도 鰐浦	
18		1870.12 .2	2, 1소	전라도 영광				五島	

번호	출선일 (최종)	표착일	표착인원	출신지 (출항지)	신분 (직업)	목적지	조난 해역	표착지	기타
19	1870.12. 2	1870.12. 6	3, 1소	전라도 영암군 추자도				福江藩 玉浦	
20		1870	5, 1소	전라도 영암				福江藩 佐護久呂鎮	
21		1871. 2.10	5, 1소	전라도 영광	柴木 상매			대마도 中山村	
22		1871. 9. 3	27, 1소	전라도 해남 (제주)				五島青方村	
23	1871.11. 1	1871.11. 2	10, 1소	경상도 기장	출어			대마도 鰐浦	
24		1871.11. 3	9, 1소	경상도 거제군 옥포	米구입			대마도 伊奈鄕	
25	1871.10.27	1871.11. 7	9, 1소	전라도 해남 5 강진 4	米구입			鹿兒島縣 硫黃島	
26	1872. 4. 8	1872. 4.15	1, 1소	전라도 제주		우도		대마도 豆주포	
27	1872. 7.26	1872. 7.29	3, 1소	전라도 제주 重寧	출어			대마도 佐須鄕	
28	1872.11.6	1872.11.11	3, 1소	경상도 남해				대마도 大浦	
29		1872.12.22	5, 1소	한성부 1 평안도 三和 4	면화 구입		황해도 康翎	薩摩 中之島	
30	1873.12.25	1873. 1.17	10(익사 6), 1소	평안도 의주			가덕	대마도 佐須奈浦	
31	1873. 2.10	1873. 2.21	5, 1소	전라도 영광		울산	艮功浦	筑前 北左浦	
32	1873. 2.17	1873. 2.22	6, 1소	전라도 강진	상매			대마도 鰐浦	
33	1873. 2.25	1873. 3. 5	3, 1소	전라도 제주 정의군				肥前 五島	
34	1873. 3.21	1873. 3.27	2, 1소	전라도 해남 (제주)	출어			대마도 尾浦	
35	1873. 3.21	1873. 3.27	3, 1소	전라도 해남 (제주)	출어			대마도 久田浦	
36	1873. 3.21	1873. 3.27	2, 1소	전라도 해남 (제주)	출어			대마도 豆두포	
37	1873. 3.21	1873. 3.27	2, 1소	전라도 해남 (제주)	출어			대마도 久和浦	
38	1873. 3.21	1873. 3.28	2, 1소	전라도 해남 (제주)	출어			대마도 小浦	

번호	출선일 (최종)	표착일	표착인원	출신지 (출항지)	신분 (직업)	목적지	조난 해역	표착지	기타
39	1873. 9.13	1873. 9.17	5, 1소	경상도 장기	출어			石見 浜田縣	
40	1873. 9.13	1873. 9.18	5, 1소	경상도 장기	출어			筑前州 팽진도	
41	1873. 9.17	1873. 9.22	19, 1소	부산 1 강진 16 장흥 2	상매		余鼠島	肥前州 五島	
42	1873.11.1	1873.11. 5	19, 1소	전라도 해남 (제주)				肥前州 五島	
43	1874. 3.31	1874. 4. 5	3, 1소	전라도 강진	출어			平戶島野崎島	
44	1874. 3.31	1874. 4. 6	3, 1소	전라도 강진	출어			五島宇久島	
45	1875.11. 8	1875. 1.25	15, 1소	불명	상선			石見 美濃郡	
46	1877.12.23	1878. 1.15	17(익사 4), 1소	전라도 해남 (제주)				鹿兒島領 屋久島	
47	1878. 3. 8	1878. 3.11	39(사망 15), 1소	전라도 강진 (제주)				鹿兒島領 与論島	
48	1878.11.27	1878.12. 1	27, 1소	전라도 제주		江鏡浦		長崎 棠兒島	
49	1878.11.26	1878.12. 9	20, 1소	전라도 해남	상매			薩摩中之島	
50	1879. 6.25	1879. 7. 3	8(행불 7), 1소	전라도 진도 (제주)				대마도 豆酘浦	
51	1879.10.22	1879.10.25	25, 1소	전라도 해남 (제주)				五島 靑方村	
52	1879.11.24	1879.12. 3	4, 1소	전라도 제주	상매	장기		島根縣 石鏡島	
53		1883.11.21	10, 1소	전라도 해남	선재 구입		진도	薩摩州 鹿兒島 口永良部浦	
54	1883.11.29	1883.12 .3	11, 1소	전라도 제주목	어상			長崎縣 三井樂村	
55	1883.11.29	1883.12. 5	8, 1소	전라도 강진현	선재 구입			長崎縣靑方村	
56	1883.11.14	1883.12.21	8, 1소	전라도 제주목	상매	부산	거제	長門州 湯玉浦	
57	1884. 1.26	1884. 2. 2	2, 1소	경상도 영해	선재 구입			대마도 五根浦	
58		1884.4.30	3(병사 1), 1소	전라도 영암				長崎縣 五島	

번호	출선일(최종)	표착일	표착인원	출신지(출항지)	신분(직업)	목적지	조난해역	표착지	기타
59	1884. 8. 6	1884. 8.15	2, 1소	전라도 제주목	출어			長崎縣 北松浦	
60	1884. 9. 3	1884. 9. 9	3, 1소	전라도 제주목	출어			長崎縣 久賀島	
61		1884.10.20	1, 1소	강원도 울릉도				長崎縣 府中浦	
62		1884.12. 5	11, 1소	함경도 덕원부	건어 판매			石見州 溫泉津	
63		1885. 1. 5	7, 1소	전라도 제주목	교역	낙안		鹿兒島縣 与論島	
64	1885.10. 2	1885.10.12	5, 1소	전라도 제주목	출어			長崎縣 五島 玉浦	
65		1885. 10월중	6, 1소	장기	출어			長門州山口縣 魚島	
66	1885.10.17	1885.10.20	6, 1소	경주 감포	출어			출운주 松江浦	
67	1885.10.21	1885.10.24	6, 1소	경주부 水令浦	출어			出雲州 飯石郡	
68	1885.10.20	1885.11. 1	12, 1소	제주목 朝天浦	상매	나주 濟倉		대마도 豆酘浦	
69		1885. 12월중	7, 1소	제주목 終達里				長崎縣 松浦郡	
70	1885.12. 7	1885.12.15	9, 1소	강원도 삼척				島根縣 知夫郡	
71	1886. 1. 3	1886. 1. 8	6, 1소	울산부				出雲州 神門郡	
72		1886. 1.11	10, 1소	경상도 영덕	북어 구입			出雲州 神門郡	
73	1886. 1.13	1886. 1.14	8, 1소	경상도 기장	출어			대마도 佐須奈浦	
74	1886. 1.13	1886. 1.14	5, 1소	경상도 울산	출어			대마주 小島	
75		1886. 1.	7, 1소	강원도 강릉	魚상매		장기	山口縣 豊浦郡	
76		1887.10.28	8, 1소	부산두모포 2 전라도해남 3 울산 상인 2 일본인 1	魚구입			出雲州 宇龍浦	

번호	출선일 (최종)	표착일	표착인원	출신지 (출항지)	신분 (직업)	목적지	조난 해역	표착지	기타
77		1887.11 .9	6, 1소	경상도 영덕	魚상매			出雲州 宇龍浦	
78		1887.11.20	7, 1소	경상도 사천	상매		영일 포항	出雲州 近地浦	
79		1887.12. 1	11, 1소	전라도 강진 6 경상도 부산 5		부산		대마주 西津屋村	
80	1887.12. 7	1887.12.10	13, 1소	경상도 진주			가덕	대마주 佐須奈浦	
81	1887.12. 3	1887.12.13	8, 1소	전라도 제주	魚상매	강진		薩摩州 鹿兒島	
82		1887.12.22	5, 1소	전라도 해남		부산	오륙도	長崎縣 大島村	
83	1887.12.25	1887.12.30	7, 1소	강원도 울진			장기	長門州山口縣 見島	
84		1887.12.30	7, 1소	경상도 양산			장기	長門州山口縣 見島	
85		1888. 1. 1	9, 1소	경상도 양산				長門州山口縣 鵜斜村	
86	1888. 2.19	1888. 2.23	6, 1소	경상도 창원				長門州大津郡 下村浦	
87		1888.10.28	6, 1소	전라도 해남현		부산	거제근처 舊助羅浦	대마주 久原村	
88	1888.10.27	1888.11. 2	10, 1소	경상도 장기			강릉	島根縣 田中浦	
89	1888.11.26	1888.11.27	2, 1소	동래부 부산면	출어			대마주 佐須浦	
90		1888.12. 5	5, 1소	경상도 양산군 거민 1 격군 3 일본인 1	魚상매		남해군 弥助項	筑前州 安藝浦	
91	1888.12. 3	1888.12. 8	6, 1소	전라도 강진	출어			長崎縣 大義浦	
92	1888.12.24	1888.12.25	4, 1소	전라도 해남			기장	다마주 佐須奈浦	

* 위의 〈부표〉는 池內敏씨의 「近世朝鮮人の日本漂着年表」 『近世日本と朝鮮漂流民』 (臨川書店, 1998)을 가공한 것임.

메모 (이 글은 『조선후기 표류민과 한일관계』(국학자료원, 2000) 제1부 제5장에 수록된 것을 일부 수정·보완한 것임.)

한해에서의 한·일 어민의 접촉과 마찰

— 19세기 말~일제강점기를 중심으로 —

제2장

Ⅰ. 머리말

오늘날 한일 간에 가로 놓인 중요한 현안은 독도영유권 문제와 어업분규라 하지 않을 수 없다. 그러나 한일 간의 어업분규는 어제 오늘에 비롯된 문제가 아니요, 늦어도 신라시대 말까지로 소급할 수가 있으며[1], 독도분쟁도 결국 일본의 울릉도 일대 어장의 침범에 기인함은 역사가 말해주는 바와 같다[2]. 이와 같이 어장을 둘러싼 한일양국의 분규가 끝이 나지 않는 가장 기본적인 요인은 "대마도의 새벽은 부산의 닭울음소리에 의하여 알려진다."는 말이

---

1) 『三國遺事』 卷一 奈勿王 金提上條에는, "時堤上, 上陪美海, 遊海濱, 逐捕漁鳥, 以其所獲, 漁獻於倭王, 王甚喜之而漁疑焉"이라는 記事가 있으나, 그것은 어디까지나 전설적인 얘기요, 그 진실성 여부는 극히 의심스럽다.

2) 박광순, 2006, 「독도영유권에 대한 일본측 주장의 허구」, (사) 학국도서(섬)학회, 『韓國島嶼硏究』 제18권 제1호. pp. 5-9

시사하듯, 양국이 일의대수(一衣帶水)를 이루고 있다고 하는 지리적 근접성과 어장의 불가분할성(不可分割性)이라는 특질에 있다 할 것이다.

대마도의 최북단으로부터 부산까지는 불과 53km, 따라서 양국 어민은 어쩌면 서로 접촉과 충돌을 피할 수 없는 숙명을 지니고 살아왔다. 더구나 1977년 이후, 노도처럼 밀려온 신해양법 질서는 사태의 해결을 더욱 어렵게 만들고 있다. 영해가 12마일로 확대되고, 그 위에 200해리의 배타적 경제수역(Exclusive Economic Zone : EEZ)을 인정하여 연안국이 어업자원은 물론, 그 밖의 자원을 배타적으로 독점할 수 있는 제도가 보편화되고 있기 때문이다.

그런데 한일양국은 이미 언급한 바와 같이 지근거리에 위치하고 있어서 EEZ가 상접(相接)하는 부분이 태반이다. 거기에 해양의 문제는 단순한 경제적 문제에 국한되지 않고 정치적, 군사적 문제가 겹치기 때문에 충돌과 분규가 첨예화되는 것은 어쩌면 당연한지도 모른다. 그러나 언제까지고 분규를 계속할 수 없다. 협상을 통한 평화적인 타결이 필요한 소위가 여기에 있는 것이다.

협상을 통한 평화적인 타결을 위해서는 먼저 양국 간의 어업분규에 관한 역사적인 올바른 이해가 선행되어야 한다. 본장에선 이러한 취지에서 한일간 어민의 충돌과 분규를 역사적으로 정리하되, 일본의 한국어장침탈과 그에 따른 분규가 가장 치열했던 19세기말~일제강점기에 초점을 맞추어 보고자 한다.

Ⅱ. 19세기 이전 일본어민의 한국어장 침탈

1. 일본어민의 한해침탈과정의 시기구분

한일어민의 접촉은 주로 한해에서 이루어졌으며, 더욱 비평화적인 침탈의 형태를 지녔다는데 그 특색이 있다. 바꿔 말하면 한일

어민의 접촉은 일본에 의한 한해에 대한 침탈의 역사라 하여도 과언이 아니다.

그런데 일본어민의 한해침탈은 긴 역사과정을 통해서 그 형태와 성격이 동일한 것은 아니었다. 여기에 시기구분의 필요가 등장한다. 그러나 일본어민의 한국어장 침략과정의 시기구분에 대해서는 아직 정설이 확립되지 않고 있다. 예컨대, 박구병(朴九秉) 교수는 통어시대(通漁時代)와 이주어촌시대(移住漁村時代)로 크게 양분하고 있으나[3], 필자는 주적종어적(主賊從漁的)인 약탈을 주로 하던 전기와 주어종적적(主漁從賊的)인 점탈을 주로하던 후기로 나누고, 다시 전기를 왜구시대와 밀어시대로, 후기는 통어시대와 이주어촌시대[4] 및, 일제강점기로 세분하고자 한다.

왜구시대란 신라에서 고려를 거쳐 조선조의 세종 8년(1426), 삼포(富山浦, 乃而浦, 鹽浦)개항까지를 지칭하는데, 왜구의 발호가 극에 달했던 고려시대가 주로 이 시기에 해당된다. 이 시기의 침범은 주적종어적(主賊從漁的)인 성격이 농후했다는 데에 그 특색을 찾을 수 있다.

밀어시대란 삼포개항, 즉 조선정부의 일본인에 대한 조선해역에서의 어업허가가 있은 뒤부터 1883년 「재조선국일본인민통상장정(在朝鮮國日本人民通商章程)」의 체결에 의해서 일본어민의 한해통어권(韓海通漁權)이 전반적으로 부여되기[5] 직전까지를 칭하는데 주로 조선시대에 해당된다. 이 시기를 밀어시대라 명명하는 까닭은 삼포개항과 그에 이은 신유어업조약(辛酉漁業條約. 세종 23년) 등에 의해서 부분적이나마 일본어민의 어업이 허가되었으나 일인

3) 朴九秉, 1963, 『韓國水産業史』, 大和出版社, p. 239

4) 朴光淳, 1994, 「日本의 韓國漁場침탈과 어민의 對應」, 경제사학회, 『經濟史 學』, 제18호, p. 58

5) 「在朝鮮國日本人民通商章程」제41관의 내용에 관해서는 본고 제3장 참고.

들은 거기에 머물지 않고 허가지역 밖에서 불법적으로 어업을 자행한 데에 연유한다. 다만 그들의 침범형태는 앞 단계의 주적종어적인 성격에서 점차 어업의 침탈에로 전환되어 갔다는 데에 그 특색이 있다 할 것이다.

통어시대란 일본이 한해통어권을 취득한 때로부터 러일전쟁(1905)이 끝나고 총독부가 설치될 때까지를 지칭하는데, 이 시기를 통어시대라 부르는 까닭은 어업의 기지를 본국에 두고 거기에서 출어했기 때문이다.

이주어촌시대는 러일전쟁을 전후하여 일본정부에 의해서 일본어민을 한국 어촌에 집단적으로 이주시킨 시기를 의미한다. 일반적으로 한 나라가 타국을 침범·식민지화하는 경우, 가장 확실하고 영속적인 식민지화 방법이 본국인을 현지에 이주 정착시키는 방법임을 간파한 일본정부는 자국 어민들을 적극 지원하여 한국어민과 동등한 어업권을 얻어주면서[6] 이주시킴으로써 식민지의 전초기지로 삼아 합병에 대비한 것이다.

일제강점기는 더 말할 나위도 없이 1910년의 합병으로부터 1945년의 해방까지를 지칭하는데, 이 시기의 특징은 「한국어업」의 소멸이라는데 있다. 즉 1933년부터 한민족의 어업은 통계상에서 소멸되고 「한해어업」만이 남게 된다.

본 연구는 위의 여러 시기 중, 개항을 전후한 시기로부터 합병에 이루기까지의 시기, 즉 위의 제3및 제4기를 주 대상으로 일본의 한해 침탈과정을 다루되, 그에 앞선 제1 및 제2기와 그 후인 일제강점기에 대해서도 필요한 범위 안에서 간단하게 언급해 보고자 한다.

6) 이를 위해서 1908년에는 「韓日漁業協定」을 체결하고, 같은 해 11月 한국정부로 하여금 「漁業法」을 제정케 한다.

2. 왜구 · 밀어를 통한 약탈기

(1) 왜구시대

한일 간의 어업관계는 긴 역사를 가지고 있음은 위에서 말한 바와 같다. 다만 고려시대 이전의 상황에 관해서는 그것을 자세히 밝힐 정확한 사료가 없어 유감이다. 굳이 문헌을 든다면, 『삼국유사』 권 1 내물왕 김제상조(三國遺事 卷一 奈物王 金堤上條)에 나오는 연오(延烏)의 얘기 및, 고려사 권 9 세가 9(高麗史 卷九 世家九)의 기사[7] 등이 있음은 앞에서 지적한 바와 같거니와, 그 사실성에 관해서는 따로이 검토해야 할 문제라 믿는다. 아무튼 지리적으로 인접해 있는 한일 간에 일찍부터 어장과 어업을 둘러싸고 어민들의 접촉과 충돌이 있었을 것임은 짐작하기에 어렵지 않다 할 것이다.

고려시대 정부와 국민을 괴롭힌 난제는 왜구문제였음은 굳이 들춰 말할 필요가 없다. 『고려사』에 의하면 왜구가 최초로 침범한 것(倭寇之侵始此)은, '충정왕(忠定王) 2년(1350) 2월에 고성, 죽림, 거제, 합포(高城, 竹林, 巨濟, 合浦)를 침입'한 사건이라고 하나, 그 이전에도 벌써 왜구의 침구가 있었음은 같은 『고려사』의 여러 구절에서 읽을 수 있다[8].

이와 같이 왜구는 고려시대를 통 털어 가장 곤혹스러운 존재였다. 왜구의 발호는 단순한 연안어업의 침탈에 머물지 않고 양민의 식량, 나아가선 세공(稅貢)의 약탈에까지 미쳤기 때문에 국가의 재정에 큰 피해를 가져다 줄 정도였다. 왜구의 침략이 가장 심했던

---

7) 『高麗史』 卷九 世家史의 高麗文宗 34年 11月 5日條에는 "日商客 藤原 등이法螺 30枚와 海藻 300束을 가지고 와서 興王寺에 바치고 王을 위해서 祝禱했다"고 적혀있다.

8) 『高麗史』에는 高宗 10年(1223年), 忠烈王 7年(1303年)에도 倭寇의 침입이 있었음을 말하고 있다.

것은 고려 말 신우(辛禑)원년(1375)과 6년이었다. 그들은 단순히 물품만을 약탈하는 것이 아니고, 부녀자와 심지어 어린아이들까지도 살해하여, 전라도와 양광도의 바닷가 고을은 텅 빈 상태였으며[9], 동 6년 8월에는 왜구 5백여 척이 진포(鎭浦 : 금강 입구)까지 침입하여 약탈과 살상을 자행함에 따라 전라, 경상, 양광도의 연해 일대는 텅 비어 '자유왜환 미유여차지비(自有倭患 未有如此之比)'라 표현할 만큼 극심하였다.[10]

그러나 이와 같은 왜구의 발호는 고려시대로 종식되지 않았다. 조선시대에 들어와서도 상황은 크게 변하지 않는다. 다만 지금까지의 순 해적적인 약탈행위로부터 점차 어업과 무역을 겸하는 반어반적적(半漁半賊的), 혹은 반상반적적(半商半賊的) 약탈로 행태가 조금씩 바뀌지고 있을 뿐이었다. 그렇다고 침략행위가 사라지지 않았음은 일본인들 스스로 인정하고 있는 바와 같다. 즉『조선수산개발사(朝鮮水産開發史)』의 저자 요시다게이이찌(吉田敬市)는 "조선과 우리나라와의 무역은 예로부터 행해졌으나, 특히 왜구진압의 한 수단으로서 무역정책을 활용코자 한 조선 측의 계획은 어느 정도 성공하였다. 그 결과 남서일본의 토호들은 빈번히 왕래하면서 무역을 하였기 때문에 약탈의 손길은 일시 누그러졌었다. 그러나 순 해적행위에서 반어반적적, 혹은 반상반적적 행위로 전향한데 불과했으며, 침략행위를 포기한 것은 결코 아니었다."[11]고 말하고 있다.

그런데 날이 갈수록 일인들의 한국어장 침탈은 양적으로 확대됨은 물론, 질적으로도 고도화되어 갔다. 바꿔 말하면 일시에 침입해서 약탈해 가지고 돌아가는 일과적인 것으로부터 점차 터를 잡고

9)『東國通鑑』, 卷之五十, 高麗紀, 辛禑一

10)「위의 책」, 卷之五十一, 高麗紀, 辛禑二,「太祖實錄」卷之一

11) 吉田敬市, 1954,『朝鮮水産開發史』, 朝水會, p. 79

뿌리를 내리는 이른바 재주왜인(在住倭人)이 날로 늘어, 그들은 거주권과 상권 및 어업권의 허용을 요구할 뿐 아니라, 심지어 우리 정부에 대해서 울릉도(茂陵島)에의 집단거주를 요구하는 형편이었다. 『세종실록』 권 4에 의하면, 세종원년 6월(삼포개항 직전) 각관에 나누어 배치된 항거왜인(恒居倭人)의 수만도 727명이라고[12] 하니, 거기에서 누락된 자까지를 합한다면 그 수는 훨씬 많았을 것임을 감안할 때, 한해침탈의 정도와 그로 인한 양국어민의 충돌은 쉽게 짐작할 수 있다 할 것이다.

(2) 밀어시대

이상과 같은 사태에 직면해서 우리 정부는 세종 원년 6월에 대마도 정벌에 나서지만은 여의치 않자, 그 해 9월, 이른바 삼포(齊浦, 富山浦, 鹽浦)를 개항하지 않을 수 없게 된다. 이것은 일본어민이 우리나라에서 비록 지정된 구역 안에 한정된 일이기는 하지만 정식으로 거주와 통상, 그리고 어로행위를 인정받은, 이른바 이주어촌 건설의 효시라 할 것이다.

이로써 일단 형식적으로는 해적적인 왜구시대는 끝이 난다. 그렇다고 반적적(半賊的)인 약탈행위가 끝났다는 것을 결코 아니다. 왜인들은 지정된 삼포 이외에 전라, 충청도 연안에까지 임의로 거주구역과 약탈 구역을 넓혀가면서 불법적인 밀어(密漁)를 자행한다. 한편 재주왜인(在住倭人) 외에 본국(對馬島)에서 출어하는 어민에 대해서는 세종 23년(1441) 11월에 대마도주의 문인(文引:증명서)을 지참하면 어업을 허가하는 대신, 소정의 세를 바치도록 하는 소위 출어권을 인정해 주었었다. 그러나 왜인들은 그를 무시하고 지정구역 밖에서 불법어로를 자행하는 자가 부지기수였다. 여기에 이 시기를 밀어시대라 칭하는 까닭이 있는 것이다.

---

12) 『世宗實錄』 卷4, 세종 원년 6월 4일.

〈표 2-1〉 삼포재주 일본인 호구와 인구

구 분	원호	인구	인 구 구 성								
			장남	장녀	노남	노녀	약남	약녀	장승	노승	약승
부산포	88(3)	350	125	132	6	8	40	34	5	-	-
제 포	308(11)	1,731	707	605	33	19	234	187	41	-	5
염 포	34(1)	128	42	43	8	8	14	12	-	1	-
합 계	430(15)	2,209	874	780	47	35	288	233	46	1	5

(주) 장남은 壯男, 노남은 老男 , 약남은 弱男, 장승은 壯僧을 뜻함
자료 : 成宗實錄 권53, 성종 6년 3월 辛亥

이와 같은 3도 연안의 어로권에 대한 요구는 러일전쟁(1904년 2월)의 발발과 함께 더욱 거세졌었다. 이때에는 이미 「한일의정서(韓日議定書)」가 조인되어 일본의 한국에 대한 지배력이 한층 강화된 때였으므로 우리 정부로서는 이에 응하지 않을 수 없게 된다. 그들이 내놓은 요구서에는, 만일 일본어민에 대한 출어가 허가된다면, 첫째 한국정부는 어세(漁稅)의 증가에 의해서 국고수입이 증가되고, 둘째 한국어민은 발달된 일본의 어로기술을 배우기 쉽게 될 것이므로 한국정부에 직·간접으로 이익이 될 것이라 역설하면서, 셋째 일본군대가 북진하는데 그 군대용 부식물의 공급을 위해 어장의 확장이 불가피하다고 주장하였던 것이다[13]. 아무튼 이러한 일본의 요구는 1904년 6월 4일, 우리 정부에 의해서 일본의 규슈 연해에서의 한국어선의 조업을 허가한다는 조건을 붙여 받아들여지게 되었었던 것이다. 어디까지나 상호주의를 가장하고 있는 셈이다. 이리하여 마침내 우리나라의 모든 연안어장이 일본어민들에게 전면적으로 개방되기에 이른 것이다.

13) 「日案」 70, 光武 8년 3월 22日 공문 제63호, 照覆 제93호, 韓國條約類纂, pp. 902-3.

3. 통어의 전개와 한국어업의 점탈

그러면 이렇게 점탈한 통어권이 구체적으로 우리 해역 전체를 포괄해가는 양상은 어떠했으며, 그로 인한 한국어민의 피해와 양국어민의 충돌은 어떠했을까. 전자는 본 항에서 후자는 다음 장에서 살펴보고자 한다.

먼저 한국어장에 진출하여 어업을 영위한 주체가 누구였을까를 보자. 물론 우리 해역에 진출하여, 혹은 합법적으로, 혹은 불법적으로 어로행위를 자행한 것은 일본의 어민, 특히 한해에 가까운 주로 규슈, 주고쿠(中國), 시고쿠 지방의 어민들이었다. 그러나 그 배후에는 각 현청은 물론 일본정부의 적극적인 장려책이 뒷받침되었음을 감안할 때 어디까지나 한해어업의 주체는 오히려 일본정부 자신이라 할 수 있다. 이러한 사실은 아래의 설명에 의해서 입증될 것이다.

그러면 도대체 일본인이 이토록 한국해역에서 어업을 자행하고자 하는 의도는 어디에 있었을까. 먼저 이 물음에 대한 해답부터 들어보자. 저들의 「한해통어지침(韓海通漁指針)」(1903년)에 의하면 그 목적으로 두 가지를 들고 있다. 하나는 국가정책상의 필요, 다른 하나는 '어업자의 어업 상의 이익'을 들고 있다. 첫째 '국가적 견지에서 본 필요'란 지리적으로 가장 가까운 한국에 일본의 세력을 부식하고 동시에 날로 늘어나는 일본의 인구를 배출할 곳을 찾는다(식민지화)는 것을 의미하는 것이요, 두 번째 어업상의 이익이란, 본래 한국해역은 지세와 기후가 적합하여 어족이 풍부하고 더욱 해안선이 길고 도서가 많아 수천척의 어선을 수용할 수 있는데, 그러한 좋은 어장이 지리적으로 가깝고 편리한 곳에 위치하고 있을 뿐 아니라, 해산물의 좋은 판매처인 청국과 가깝기 때문에 판로를 구하는데도 매우 편리하여 큰 이익을 얻을 수 있다는 것이다.

요컨대, 일본어민이 한해로 진출한 까닭은, 어류가 풍부하면서도

가까운거리에 있는 좋은 어장이라는 어업적인 관점에도 연유했지만, 그 보다는 오히려 더 큰 이유, 즉 일본 서해안의 과잉어민을 한국해역으로 몰아내어 과잉인구의 배출구로 삼으면서, 동시에 그들을 통해 일본의 세력을 한국연안에 심는 근거지로 삼으려는 속셈에서였다. 이와 같은 사실은 애초에는 통어로 시작한 한해침탈이 곧 바로 이주어촌건설에로 이어진 사실을 감안할 때 쉽게 설명(입증)이 되는 것이다.

이상과 같은 필요(목적)에 의해서 일본정부는 자국 어민들에게 적극적으로 한해통어를 권장했던 것이다. 다음의 사실들이 저간의 사정을 뚜렷이 설명하고 있다. 즉, 일본정부는 1897년(명치 30) 원양어업장려법(遠洋漁業奬勵法)을 제정하여, 일정 톤수 이상의 어선에 대해서는 장려금을 교부하여 원양어업을 장려함과 동시에 어선의 대형화를 꾀한다. 당시(러일전쟁 이전까지는) 한해출어는 일본의 유일한 원양어업이었으니만큼, 이 법은 바로 일본어업의 한해진출을 지원하기 위해서 만든 법에 불과했다. 그런데 여기에서 우리가 주목하지 않으면 아니 될 사실이 있다. 그것은 일본정부의 한해진출의 권장은 단순히 어업개발에만 그 목적이 있는 것이 아니요, 이른바 '국가적 관점'이라는 보다 원대한 목적을 가지고 있었지만 그것을 뒷전에 감추고 있었다는 사실이다.[14] 여기에서 말하는 국가적 관점이란 위에서 지적한 바와 같이 바로 조선의 침략임은 더 말할 나위가 없다.

한편, 일본정부는 이와 같이 장려금을 지출하여 한해진출을 지원함과 동시에 한해에 통어하고 있는 지방에는 부(府) 현(縣) 별로 어업단체를 결성하여 집단출어를 장려했다[15] 물론 거기에는 각 현

14) 吉田敬市, 「위의 책」, p. 166

15) 일본의 현별 어업단체의 수는, 福岡현을 비롯한 19현에 74개 단체에 이르렀으며, 가장 많은 현은 愛媛현인데 무려 25개 단체가 난립하고 있었다. 단체원의 수는 筑豊水産組合(福岡)의 4,828名을 최고로 鹿兒島현 韓

의 보조금이 뒷받침 되었는데 그 액은 <표 2-2>에서 알 수 있는 바와 같이 줄잡아 한해에 10만 엔을 웃돌고 있다.

한편, 이와 때를 같이 하여 통어민의 보호·육성 및 감독기관으로서 「조선어업협회」가 1897년에 부산에 설립되어[16), 1889년에 만들어져 그간 통어민에 관한 사무를 관장해 오던 「부산수산회사」의 사무를 이관 받게 된다. 그 후 이 협회의 업무가 확장되어 자금이 달리자, 재부산일본총사는 본국정부에 보조를 요청한다. 일본정부에서는 이 문제에 관심을 갖고 1899년 6월, 당시 수산국장이던 마끼보쿠진(牧朴眞)이 법제국 참사관(鹿子木小五郎)을 비롯한 8명의 수행원을 대동하고 부산, 목포, 인천 등 요지를 거쳐 서울에 들렀다가, 귀로에도 오던 길을 다시 되돌아가면서 한국연해를 면밀히 시찰한다. 시찰에서 돌아 온 그는 각 부현의 주임관회의를 호쿠오카에서 소집하여, 각 부현별로 통어조합을 조직케 하고, 1900년 5월에는 「조선해통어조합연합회」를 설립하였던 것이다[17).

이 연합회는 부산영사의 감독 하에 두고, 최초에는 연 1만 엔의 국고보조금을 주다가 후에는 2만 엔으로 늘리고 있다. 동연합회의 본부는 처음에는 후쿠오카에 두었다가 뒤에 부산으로 옮겨 오는데, 마산, 원산, 목포, 인천등지에 지부를 두고, 어선과 어구의 개량, 통어수속의 대행, 통어민의 품행교정, 분쟁조정, 어장의 조사 및 탐사, 통신보고, 통어관계자의 공적표창에 이르기 까지 수산행정, 조사시험 및 보안 등, 전반적인 업무를 총괄한다.[18)]

海出漁組合聯合會의 10名에 이르기까지 다양하였다. (吉田敬市, 『앞의 책』, pp. 169-172)

16) 葛生修亮, 1903, 『韓國通漁指針』, p. 8

17) 葛生修亮, 『앞의 책』, p. 9

18) 吉田敬市, 『앞의 책』, p. 172

〈표 2-2〉 각 부현별 한해출어민에게 지급한 보호장려비 (단위: 엔)

부현별	1910년 이전	1911년	보호 장려 방법
가가와현	1895 이후 연액 35~5,600	2,112	(갑) (을)
오사카현	1895 이후 550~1,300	150	(갑)
구마모토현	1896 이후 305~7,353	3,200	(갑) (을)
에히메현	1896 이후 1,000~6,800	6,800	(을)
후쿠오카현	1897 이후 2,000~27,800	7,600	(갑) (병)
오이타현	1898 이후 480~6,000	6,000	(을) (병)
야마구치현	1899 이후 300~10,000	8,796	(갑) (을) 어류운송
도쿠시마현	1899 이후 1,800~2,000	2,000	(갑)
가고시마현	1901 이후 1,125~8,800	10,010	(갑) (을)
사가현	1901 이후 1,000~6,100	7,600	(을)
교토현	1902 이후 1,500~4,000	1,650	(병)
돗토리현	1903 이후 1,500~5,000	2,000	(갑)
나가사키현	1904 이후 1,440~3,1129	2,950	(갑) (을)
아이치현	1904 이후 200 ~ 1,000	1,000	(갑) (을)
와카야마현	1904 이후 70 ~ 750	-	-
미야자키현	1905 이후 940~1,200	560	(갑) (병)
오카야마현	1905 이후 900~4,800	4,800	(을) 특수어업장려
시마네현	1906 이후 1,000~4,800	6,750	(갑) (을)
고치현	1906 이후 2,000~9,360	9,360	(을) 특정회사 보조
지바현	1906 이후 5,000~7,000	9,990	(을)
후쿠이현	1906 이후 774~2,580	2,550	(을)
효고현	1907 이후 650~3,951	976	(갑) (을)
이시카와현	1909 이후 550~5,500	-	(갑) (을)
도야마현	1909 이후 1,000~2,000	2,000	정치어업
히로시마현	1909 이후 1,200	2,000	출어자 보호비
합 계		100,854	

(주) (갑)조선근해출어, (을) 이주어촌, (병) 어선어구개량

자료 : 朝鮮新聞社, 『鮮南發展史』, 1912. (吉田敬市, 1954, 『朝鮮水産 開發史』, 朝水會. pp. 256-257)

이와 같이 일본정부는 표면에는 「연합회」를 앞 세우 되, 실질적으론 정부 자신이 한해통어를 관장하고 지도했던 것이다. 그 후 이 「연합회」는 1902년 3월, 법률 제35호로서 「외국영해수산조합법」이 제정 공포되자, 「조선해수산조합」으로 개편되지만 그 성격에는 큰 변화를 보이지 않았었다.

다음에는 이와 같은 정부의 적극적인 보호와 지원 아래 전개된 통어의 전개상황을 살펴보자. <표 2-3>은 한일통어장정 체결 이후 부산영사관을 경유해서 면허를 받은 일본어선의 수를 나타내고 있다.

〈표 2-3〉 부산영사관 경유 면허 어선의 수

(단위: 척)

현 별	1890	1891	1892	현 별	1890	1891	1892
히로시마	118	269	270	가고시마	2	27	14
야마구찌	209	125	155	효 고	7	-	5
나가사끼	131	45	58	시 마 내	4	4	3
오 이 타	76	31	45	후쿠오카	2	1	11
가 가 와	55	45	40	도쿠시마	-	-	1
오카야마	57	34	38	사 가	-	1	1
구마모도	42	15	10	미야사끼	1	-	-
애 히 매	14	15	31	지 바	-	-	1
합 계	702	579	647	합 계	718	611	683

자료: 關澤明淸, 竹中邦香同編, 『朝鮮海通漁事情』, pp. 105-106

위의 표가 말해는 바와 같이 총 16현에서 해마다 평균 670척의 어선이 한국해역으로 출어하고 있다. 여기에 원산영사관을 경유해서 면허를 얻어 출어한 어선까지를 합친다면 그 수는 더 늘어날 것임은 짐작하기에 어렵지 않다 할 것이다[19]. 그러나 여기에서 우리들이 간과하지 않으면 아니 될 사실은 <표 2-3>에 열거된 각 현의 어선 수는 실제로 출어한 어선수의 극히 일부에 지나지 않는다는 사실이다. 예컨대 1890년 가고시마현의 면허 어선 수는 2척에 불과하지만, 실제로 동현 구시기노촌(串木野村)의 어업조합 문서에는 48척으로 되어 있다[20]. 물경 24배의 차이를 보이고 있는 것이다.

또한 『조선해통어사정』에 "조선해에 출어하고 있는 잠수기는 120대 정도이다. 그 중 20대는 야마구찌현에서 출어한 것이고, 그 외는 모두 나가사끼현 관하의 것이다. 그러나 지난 25년(1892)년 중에 나가사끼 현민이 면허증을 받은 어선 수는 58척에 불과하다."[21]는 기록을 미루어 볼 때, 잠수기 어선만도 최소한 40척 이상의 밀어선이 출어하고 있었음을 쉽게 짐작할 수 있다. 이와 같이 실제로 한국해역에 출어하고 있는 어선의 수는 공표된 통계보다 훨씬 많았었다. 어선수를 이렇게 줄인 주된 까닭은 세금을 포탈하기 위해서였다.

이와 같은 사실은 1892년을 전후하여 조선 각지를 답사한 바 있는 일본인 나가가와(中川恒次郎)의 보고에도 뚜렷이 나타나 있다. 그에 의하면 당시 경상·전라 양도 연안을 중심으로 출어하고 있는 일본어선은 2,000척 이상, 종사인원은 1만 명 이상이었다고 하니[22], 오히려 밀어선수가 더 많았다는 것을 알 수 있다. 한편 이러한 사실은 1890년대 초에 조선 각지를 여행한 영국인 I. B. 비

19) 그러나 이 무렵(1891년) 원산영사관을 경유해서 교부된 어업면허의 수는 16척이었지만 다음해까지 계속 조업을 한 것은 겨우 2척 뿐이었다고 하니 당시의 通漁는 주로 남서해안에 집중되었던 것 같다. 朴九秉, 1966, 『위의 책』, p. 281

20) 吉田敬市, 1954, 『앞의 책』, p. 222

21) 關澤清明, 竹中邦香同 編, 1893, 『朝鮮海通漁事情』, p. 108

22) 中村恒次郎, 「朝鮮の外國貿易, 附 漁業の景況」(『朝鮮彙報』, p. 306), 수산청, 1968, 『韓國水産史』, p. 21에서 재인용.

솝여사도 당시 부산 근해에서 8천명 이상의 일본 어부가 어업에 종사하고 있다고 적고 있다.[23] 이러한 자료들이 저간의 사실을 잘 뒷받침하고 있다 하겠다.

그러면 한해에 출어한 어선의 성격은 어떠했을까. <표 2-4>에서 보는 바와 같이 초기에 출어한 연 2,012척 가운데 10인승 이상의 비교적 큰 어선은 12척으로 겨우 0.6%를 점하고 있음에 반해서 4인승 이하의 소형선이 1,404척으로 69.8%를 점하고 있다. 이것은 일본어업이 아직도 동력화(動力化)와 대형화(大型化)라고 하는, 이른바 산업혁명을 완수하지 못한 단계에 있었기 때문이다. 일본어선의 동력화는 1906년에 시작되었다[24]. 이와 같이 한국해역에 진출한 어선의 태반이 아직도 산업혁명을 이룩하지 못한 전기적 어업자본이었다고 하는 사실은 그 만큼 수탈성이 컸음을 말해주는 것이라 하겠다.

〈표 2-4〉 통어어선의 규모별 구성

연도별	10인승 이상	5인~10인승	1~4인승	합 계
1890	10척	364척	344척	718척
1891	-	97	514	611
1892	2	153	546	683
합 계	12	614	1,404	2,012

자료 : 關澤 외 『위의 책』, p. 106

23) I. B. Bishop, 1897, *Korea and her Neighbors*, 이인화 옮김, 1994, 『한국과 그 이웃 나라들』 도서출판 살림, p. 188

24) 平澤豊, 1981, 『日本の漁業 - その 歴史と可能性』, NHK ブックス, p. 167

〈표 2-5〉 통어선의 척수 · 종사인원 · 어획고의 추이

연 도	통어선수	종사인원	어획고 (개산액)	척당어획고	1인당
1892	683척	-	-	-	-
1898	1,223	5,466인	-	940엔	210
1899	1,157	5,331	959,600엔	829	180
1900	1,654	8,107	1,358,550	821	186
1901	1,411	6,187	1,685,300	1,194	272
1902	1,394	6,121	1,142,200	819	187
1903	1,589	7,187	1,430,950	906	200

자료: 『조선해통어사정』, 『제3차통감부통계년보』, 『제2차통감부통계년보』

다음에는 그들이 포획해 가져간 어획고를 살펴보자. 자료의 부족으로 정확한 추산은 극히 어렵다. 사람에 따라 연간 72만 엔에서 100만 엔 정도라 추산하는 이가 있는가 하면, 심지어 800만 엔으로 추산하는 사람도 없지 않다. 비교적 정확하다고 생각되는 『조선통어사정』의 추산에 의하면, 160만 엔(1892년)가량으로 짐작된다.[25)]

그러나 통어 어선 수는 해를 거듭할수록 늘어난다. <표 2-5>에서 알 수 있는 바와 같이 1903년의 출어어선 수는 1,589척으로 1892년의 683척에 비하여 2.3배로 늘어나고 있다. 어획고의 증가추세는 정확히 추산할 수 없으나, 1899년의 959,600엔을 기준으로 할 때 4년 뒤인 1903년은 1,403,950엔으로 1.5배의 증가에 머물고 있어, 어선수의 증가세에 따르지 못하고 있는데, 이는 폭발적인 출어선의 증가로 어장의 풍도가 떨어져 단위 노력 당 어획고가 줄어들고 있음을 말해 주는 것이다. 바꿔 말하면 한국 어장이 점차 황폐화 되어가고 있음을 의미하는 것이라 하겠다.

25) 수산청, 1968, 『앞의 책』, p. 212

그러면 그들이 주로 포획한 어류, 즉 어업은 어떠한 것들이었을까. 상어 연승어업을 필두로 전복·해삼 잠수기어업, 도미 망, 도미연승, 학꽁치 망, 숭어 망, 타래 망(打瀨網), 포경 등 다양한 것이었다. 그 중에서도 상어 연승어업은 대표적인 어업으로 경상·전라 양도의 연안에서 성행했었다. 상어는 그 지느러미를 제조하여 중국에 수출하는 것이 주목적이었으나 고기는 한국민에게 팔기도 하였다. 즉, 이 무렵에는 통어어업의 대상은 아직 일본인의 기호어종이거나 청국에의 수출용을 주로 포획하고 있었다.

즉, 당시(청일전쟁 이전)의 통어어업을 분석해 볼 때, 일본어민의 주 어획대상은 우리 어민들이 즐겨 잡는 명태, 조기, 대구, 청어, 민어 등은 별로 포획하지 않았었고, 미역, 가사리 등의 해조류는 거의 돌보지 않았었기 때문에 우리 어민들과 사이에 직접적인 경합관계는 별로 크지 않았다. 그러나 양국 어민이 경합적으로 포획하는 전복과 해삼의 경우에는 사정이 전혀 달랐다. 일본의 잠수기 기구는 매우 발달되어 맨손으로 포획하는 우리 어민은 애당초 경쟁의 상대가 아니었다. 어획능률은 10배의 격차가 있었다고 한다. 거기에다 일본어민들은 무절제한 남획을 자행했기 때문에 그러한 자원에 주로 생계의 터전을 삼고 있던 제주도 어민들로서는 실로 사활의 문제가 아닐 수 없었다. 그 밖에 그들의 작폐와 약탈은 이루 형언할 수 없었다. 이것이 제주어민의 강한 반발과 저항을 촉발하게 된 것이다. 이에 관해서는 절을 바꾸어 자세히 살펴보기로 하고, 여기에선 우선 어선어업 부문에 있어서의 침탈이 어장(해역)과 어종의 양면에서 전면화되기에 이른 과정에 대해서 좀 더 살펴보고자 한다.

개항 후 1880년대 말까지는 우리의 동해, 남해, 서해의 남부지방에서 주로 상어, 도미, 꽁치와 포경 등을 자행하던 일본어민의 통어는 청일전쟁을 전후해서 경기, 황해, 평안도, 즉 서해의 북부까지 확장되어 갔음은 이미 지적한 바 있다. 그러면 그들이 우리 한국해역의 전 어장을 전면적으로 점탈한 때는 언제쯤 이었을까.

1903년, 당시 조선해통어조합회 순라시찰원이었던 구즈우(葛生修亮)는 『조선통어지침(韓海通漁指針)』에서 "명치 23년(1890년)경에는 통어선수가 모두 7~8척에 불과했으나 근년에 이르러서는 경상, 전라, 강원, 함경 4도의 연해 도처에 그 선영(船影)이 보이지 않는 곳이 없으며 한해의 어권(漁權)은 거의 우리의 손 안에 들어왔다"[26]고 서슴없이 말하고 있다. 또한 시노부(信夫淳平) 역시, 그의 저서 『한반도(韓半島)』(1901)에서 "반도의 수산업에 대하여 현재 이해관계가 있는 주요한 외국은 본방(本邦) 및 노국이 있을 뿐이다.— (중략) — 한국의 수산업이 유치한 오늘, 한국어업의 이권은 거의 우리(일본인 - 인용자) 어업자에게 독점되어 그 어리(漁利)는 매년 200만 엔 내지 300만 엔의 거액이다"[27] 라 적고 있다. 이들 기록에 비추어 볼 때 청일전쟁을 통해 청국의 세력을 몰아낸 19세기 말~20세기 초에는 이미 우리나라 전 해역의 어권이 사실상 일본인의 손안에 들어간 것으로 짐작할 수 있다.

필자가 이렇게 말하는 까닭은 이 단계에 이르면, 앞 단계와는 달리 일본인들은 그저 해역(어장) 뿐 아니라, 우리 어민들이 전통적으로 영위해 오던 대표적 어업인 명태(동해), 조기(서해), 멸치, 대구 및 청어(남해) 잡이 분야는 물론, 심지어는 지선(地先)의 정치어장 및 우리 연안어민의 기본적 생계의 터전인 해조류의 채취에 까지 손을 내밀고 있었기 때문이다. 이미 착수한 전복, 해삼의 잠수기어업 및 포경업을 보다 적극적으로 전개하고 있었음은 더 말할 나위가 없었다. 이렇게 볼 때 19세기말~20세기 초에 이르면 어장이라는 공간의 면과 어업의 내용, 양면에 걸쳐 우리 어업은

---

26) 葛生修亮, 1903, 『韓國通漁指針』, p. 9

27) 信夫淳平, 1901, 『韓半島』, pp. 609-610

일본인에 의해서 전반적으로 점탈되었음을 알 수 있는 것이다.

여기에 그치지 않는다. 더 나아가서 일본인은 수산물의 유통 면에서도 주도권을 장악하기 시작한다. 1889년(명치 22년 5월) 처음 부산에 설립된 「부산수산회사」의 어시장을 교두보로 유통과정에 진출하기 시작한 일인들은 불과 20년 만에 전국의 중요한 항구와 서울, 대구, 평양과 같은 내륙의 소비지 시장마저도 장악하였을 뿐 아니라, 심지어 어촌에는 「유민」이라 불리 우는 건달들을 풀어 우리 어민들로부터 반강제적으로 수산물을 매집(買集)하고 있었으니[28], 유통과정마저도 거의 장악하였음을 짐작할 수 있다.

이와 같이 통감부 설치 이전에 이미 생산과정(어장 및 어업)과 유통과정을 전면적으로 장악한 일본인의 한국어업 점탈은 1905년 「을사늑약」 체결 이후에는 '그야말로 순풍에 돛 단 듯이' 가속화 된다. 즉 「늑약」을 통해 정치적 지배권을 강화한 뒤, 1908년 한일 양국 간에 「어업협정서」를 체결하는 한편, 같은 해에 제정 된 「한국어업법」에서 일본인의 한국 내에서의 어업권을 공식적으로 인정 받음으로써 일본인의 한해장악을 위한 법적 장치를 마무리하게 되었기 때문이다. 「어업법」이 시행된 당년인 1909년 4월 현재, 경상·전라 연안에 일본인들이 청원한 어업권만 하더라도 약 1만 건에 달했음을 볼 때[29], 일본인의 한국어장 및 어업의 지배는 합병이전에 이미 완료되었었다고 말해도 과언이 아닐 것이다.

4. 이주어촌의 건설과 어업점탈의 완료

러일전쟁을 전후해서 일본의 한해침탈은 그 방식이 크게 달라진다. 그 이전에는 일본에 본거지를 두고 출어하는, 이른바 통어라는 형식이었음은 이미 살펴 본 바와 같다. 그 이후에는 이주어촌(移住

---

28) 이러한 사실은 1905년 일본공사 林權助가 당시 외부대신 李道宰에게 보낸 외교문서에 잘 나타나 있다. 그 내용에 관해서 본고 Ⅴ-3 참고.

29) 『大韓每日申報』, 1909년 4월 22일자 논설 「셔도 ᄒᆞ변에 어쟝」참조.

漁村)의 건설이라는 형식을 빌려 일본어민을 우리나라 연안의 요소, 요소에 직접 이주시켜 집단적인 취락을 형성하고, 거기에서 어업행위를 자행케 하였었다.30)

그러면 왜 이와 같이 점탈의 방식을 바꾸게 되는 것이었을까. 그 이유는 필자가 1994의 논문에서 이미 상세히 설명한 바 있으므로 여기에서는 생략코자 하거니와, 요컨대 이주어촌의 건설은 일제의 우리나라에 대한 본격적인 식민지화의 첫걸음이었던 것이다. 식민지화의 가장 확실한 방법은 자국인을 식민지에다 정착시키는 것이었음은 세계의 식민사가 잘 말해 주고 있는 바와 같다.

그러면 일본의 이주어촌의 건설은 어떠한 과정을 밟아 진행된 것이었을까. 사실 우리나라 연안에서 일인의 어촌이 건설되기 시작한 것은 훨씬 옛날로 소급된다. 앞에서 언급한 바와 같이 이미 세종원년, 삼포개항과 함께, 이른바 재주일인(在住日人)이라는 형식의 어민이 상당수 정착한 바 있었으며, 그 후에도 통어민들이 불법으로 연안에 상륙하여 움막을 짓고 거주하면서 어로와 제조·가공을 자행하고 있었던 것이다. 「이안(李案)」에 의하면, "7년 이전부터 지금까지 일본어민들이 아국 남해제도에 만연하여 쇄어장(乾魚場)에 일본어촌을 형성하였으니 일본해군지도에서는 그것을 칭하여 '일본어민촌'이라고 일컫는다"31)고 적고 있을 뿐 아니라, 일본인 스스로도 통어수속을 밟지 않고 불법으로 밀어하는 자 중에는 하륙결막(下陸結幕)하여 총검으로 조선 관리와 주민을 협박하는 사례가 많았다고 말하고 있다. 특히 제주도 연안에는 일본

30) 일본어민의 한국연해에서의 이주어촌의 건설은 엄밀히 말하여 개항 이후, 巨濟島 연안에 움막을 치고 잡은 멸치를 가공하기 위하여 창고(納屋)를 겸한 움막을 친 때로 소급할 수 있다. 이러한 이주어촌은 「자유이주어촌」이라 하여 러일전쟁을 전후하여 일본정부나 수산단체가 보조금을 주어 정책적으로 건설한 「보조이주어촌」과 구별된다.

31) 「李案」, 開國 501年 10月 25日.

어민이 움막을 치지 않는 곳이 없을 정도라고 말하리만큼[32], 이미 일본어민의 불법적인 취락 형성이 자행되고 있었던 것이다. 한 조사에 의하면 1899년 이전에 건설된 이주어촌은 14개소로서, 당시 파악된 이주어촌(106개소)의 1할을 넘고 있다.[33]

그러나 이절에서는 거기까지는 소급하지 아니하고 러일전쟁 이후 정부주도하에 적극적으로 건설한 이주어촌만을 다루고자 한다. 이주어촌은 크게 3가지 유형이 병존하고 있었다. 그 하나는 어민들이 자의로 이주 건설한 자유이주어촌(自由移住漁村)이요, 다른 하나는 일본정부와 지방자치단체 및 수산단체 등이 계획적으로 건설해서 이주시킨 보조이주어촌(補助移住漁村)이며, 셋째론 이상 두 가지가 혼합된 혼재이주어촌(混在移住漁村)을 들수 있는데, 여기에선 주로 보조이주어촌에 관해서만 살펴보고자 한다. 그 까닭은 보조이주어촌이야말로 일본의 한국 식민지화 전략이 가장 잘 나타나는 곳이기 때문이다.

먼저 일본정부는 보조이주어촌건설을 위한 전제로서 1904년(명치 37년) 12월 농상무성 기사 시모(下啓助)와 동 기수 야마와끼(山脇宗次)를 한국에 파견하여 각지를 조사케 한다. 그들은 조선연안의 각처를 조사한 뒤 귀국하여, 다음해 4월에 「한국수산조사보고서」를 정부에 제출하게 되는데, 그 결론에서 보조이주어촌건설을 권고하고 있다. 그 내용은 필자의 「앞의 논문」[34]에서 소개한 바 있으므로 여기에서는 생략코자 한다.

아무튼 시모 등의 권고에 따라 일본정부는 원양어업보조규칙을 한해의 출어에도 적용하여 다액의 보조금을 지출하고 있는데, 그 의도는 단순한 어업보조라는 좁은 의미에 국한되지 않고 국가적

---

32) 岩永重華, 『最近韓國實業指針』, pp. 288-9.

33) 金秀姫, 「朝鮮植民地漁業と日本人漁業移民」(1996,박사학위논문)<표 3-11>

34) 朴光淳. 1994, 「앞의 논문」 pp. 76-77.

의의가 있었기 때문이었다고 일본인 스스로 얘기하고 있음은[35)]이미 지적한 바와 같다. 여기에서 말하는 국가적 의의란 한국의 식민지화와 동아시아 진출의 발판 마련이었음은 긴 설명이 필요치 않다 할 것이다.

이와 같은 일본정부의 방침에 호응해서 각 부현 및 수산단체는 적극적으로 움직인다. 예컨대 히로시마현에서는 1900년 현 산하 수산시험장으로 하여금 입지계획에 관한 예비조사를 실시케 하였는데, 그 조사보고서에 의하면 "강원도에의 출어는 이민계획을 세워야 할 것"이라고 제의하고 있으며, 나가사끼현에서도 재빨리 기선을 동원, 2차에 걸쳐 조사반을 파견하고 있다. 또한 이시가와현에서는 마산에, 미애와 아이찌 양현에서는 부산에 각각 사무소을 마련하고 이주어촌건설을 위한 어업권획득에 주력한 결과, 1907년 말 미애현의 어업권 출어권수는 300건, 그 수수료만도 6백엔에 달했다고 한다. 그 밖의 현에서도 상황은 비슷하였었다. 그리하여 1911년, 1년간에 나가사끼를 비롯한 25개 부현(府縣)이 한해개발을 위해 지출한 보호장려금은 100,954엔에 달하고 있다[36]. 이 결과 이들 부현의 어업단이 획득한 어업권은 1909년(「어업법」시행 초년)에는 12건에 불과하던 것이 10년 후인 1919년에는 261건에로 물경 22배나 늘고 있다. 현별로 볼 때 가장 많은 현은 오까야마(45건), 애히매(38건), 후쿠오카(30건)의 순이었다.

그 결과 1900~1910년 사이에 건설된 이주어촌은 60개소로서 전체의 절반을 넘고 있으며, 경상남도, 전라남도 및 강원도에 주로 집중되어 있다. 이를 표로 묶어보면 다음과 같다.

---

35) 吉田敬市, 1954, 『앞의 책』, p. 250.

36) 吉田敬市, 1954, 『앞의 책』, p. 257.

〈표 2-6〉 일본인 이주어촌의 연도별, 도별 분포 (단위: 어촌수)

도별	1909년	1910년	1911년	1912년	1914년		
					5호 이상	5호 이하	합계
함경북도	2	2	5	6	1	-	1
함경남도	1	1	1	1			
강 원 도	2	2	2	2	5	11	16
경상북도	1	1	3	3	4	3	7
경상남도	25	17	32	34	19	2	21
전라남도	5	5	8	8	3	1	4
전라북도	1	1	3	3	3	-	3
충청남도	2	2	2	2			
경 기 도	1	1	1	2			
황 해 도	1	1	2	5			
평안남도	1	1	1	3			
평안북도	1	1	2	2			
합 계	43	45	62	71	35	17	52

자료. 김수희, 「朝鮮植民地漁業と 日本人漁業移民」, 1996. p. 96

<표 2-6>에서 알 수 있는 바와 같이 1909년 이주어촌의 수는 총 43개소, 그 중 경상남도에 58%에 해당하는 25개소가 집중되어 있으며, 다음은 전남의 5개소이다. 그 후 이주어촌은 계속 증가하여 1912년에는 71개소로서 피크에 달한다. 3년 만에 70%가 늘어난 셈이다. 당년 이주어촌 인구는 9,236명(2486호)에 이른다. 그러나 어촌 수는 1912년을 피크로 하여 점차 감소추세를 보여 1914년에는 52개소로 줄지만, 거주인구는 1915년까지 계속 늘어 3,539호구에 12,503명에 이른다. 어촌의 대형화가 이루어진 까닭이라 생각된다. 그러나 1915년 이후에는 인구(호구)도 감소하여 1921년에는 2,749호 11,722명에로 줄고, 그 후에도 계속 감소추세를 보이는데, 여기에서 우리가 확인할 수 있는 사실의 하나는 이주어촌건설의 큰 목적중의 하나가 식민지화의 전초기지로서의 구실이었다

고 하는 점이다. 다시 말하면 1920년대에 이르면 이미 식민지 지배의 기틀이 잡혔기 때문에 더 이상 이주어촌이 필요치 않았던 것이다.

5. 어업의 점탈상황

그러면 이들은 주로 어떠한 어업에 종사하였으며, 그 규모는 어느 정도에 달했을까. 1903년 그들이 영위한 어업의 종류는 <표 2-7>에서 알 수 있는 바와 같이 도미연승을 비롯해서 조기 안강망, 전복·해삼 잠수기, 포경에 이르기까지 30여종에 달하여 우리 한국어민이 종사하는 거의 모든 어업에 진출하고 있다. 거기에 동원된 어선과 인원은 <표 2-8>에서 알 수 있는 바와 같이, 어선은 3,899척으로 전체 어선의 1/3, 어부는 16,644명으로서 1/4에 지나지 않지만, 그 어획고는 3,418,850엔으로서 한국인의 그것을 이미 능가하고 있으며, 더욱 생산성을 나타내는 어선당 어획고 및 어부 일인당 어획고는 각각 3.5배, 4.5배에 달하여, 저들의 어로장비와 어획능률의 우수함을 보여주고 있다. 아니 우리어업의 영세성과 정체성을 한 눈으로 읽을 수 있다 하겠다.

이와 같은 현상은 1910년에도 마찬가지였다. 즉 일본은 한국의 1/3정도의 어선과 어민을 동원하여 우리보다도 오히려 더 많은 어획고를 올리고 있는데, 이와 같은 현상은 일본의 어로기술과 장비가 앞서 있는데도 연유하지만, 거기에 일본정부의 적극적인 보호와 장려책이 보태진 결과임은 더 말할 나위가 없는 것이다.

이리하여 1910년 합병 무렵에는 명실 공히 한해어업은 일본인의 손안에 넘어가게 되고 그리하여 문전의 지선채조장 마저 내놓게 된 우리 어민들은 생업을 잃고 영락의 길을 걷지 않을 수 없게 된다. 당시 한국어민의 참상을 일본인 스스로 다음과 같이 말하고 있다. "통어 초기에는 오로지 일본국내 소비용, 청국 수출용 어류

〈표 2-7〉 어업별 어획고 (단위 : 엔)

어업종별	주요어획물	1898년	1900년	1907년
도미연승	도미	222,400	153,600	432,000
안강망	조기 갈치 도미	-	1,200	122,000
수조망	가자미 넙치 가오리	26,400	32,800	47,300
유망	삼치 방어	91,200	136,000	190,400
하망	새우	-	-	7,500
잠수기	전복 해삼	99,200	84,800	279,000
나잠업	전복	88,000	158,000	154,000
타래망	가자미 넙치 가오리	21,000	2,400	37,800
만요	뱀장어	-	15,750	15,450
온망	멸치	285,000	384,000	649,500
조선	붉바리 도미 삼치 방어	45,000	44,000	106,500
잡어	잡어	-	-	4,800
지인망	멸치	56,000	-	12,600
호망	청어 갈치 불낙	3,000	-	77,000
고등어낚이	고등어	42,500	65,000	70,000
부망	청어 대구 삼치 방어	-	6,000	30,000
가오리공조	고등어	-	-	1,200
오지망	가오리	600	-	-
건망	도미	-	2,400	3,400
양조망	불낙	-	4,000	2,600
투망	멸치 고등어	-	-	600
학꽁치망	숭어 잉어	18,000	75,000	30,000
갯장어연승	학꽁치	-	1,000	16,000
부망	갯장어 붕장어 도미	3,000	45,000	6,000
숭어선망	도미 삼치 고등어	35,000	12,000	30,000
붕장어연승	숭어	5,000	53,000	23,000
상어연승	붕장어	108,600	83,000	87,200
시험선	상어	-	300	1,400
초호	문어	-	300	-
포패업	백합 굴	-	-	350
뱅어망	뱅어	-	-	60
건강망	숭어	-	-	2,000
포경	고래	-	-	1,300,000
총 계		1,149,900	1,359,550	3,633,160

자료. 山口精 편, 「朝鮮産業誌」중권, 1910, pp. 155-157

<표 2-8> 민족별 어업 상황

구 분	민족별	출어선수	출어인원	어획고	1척당 어획고	1인당 어획고
1908년	한국인	12,411척	68,520인	3,139,100엔	252엔	46엔
	일본인	3,899척	16,644인	3,418,850엔	877엔	205엔
1909년	한국인	12,567척	75,063인	3,690,300엔	294엔	49엔
	일본인	3,755척	15,749인	3,076,800엔	819엔	195엔
1910년	한국인	12,749척	76,900인	3,929,260엔	308엔	51엔
	일본인	3,960척	16,500인	3,942,650엔	996엔	239엔

자료 : 『朝鮮經濟年鑑』, 1947년, pp. 392-393

를 포획하는데 그쳤으나 1897(명치 30)년경 부터는 한국사람들이 좋아하는 조기, 갈치, 민어, 새우, 소형상어 등의 어업에도 진출하게 됨으로써 이제는 한일어민 사이에 경쟁이 일어나지 않을 수 없었으며, 그 결과 한국인은 결국 경쟁에 견디지 못하고 일본인에게 밀려나 일본인의 어선에 승선· 노역에 종사하는 수밖에 없게 되었다."[37] 즉, 특별한 어로기술과 자본을 축적하지 못한 우리 어민은 조상으로부터 물려받은 공동의 삶의 터전인 어장을 잃고 단순한 어업노동자로서 일본어업에 예속되게 되었던 것이다.

그 무렵 한국을 여행한 바 있는 H.B.헐버트는 "일본인은 한국정부로부터 연안 도처에서 어업권을 획득하고 야수적 방법에 의해서 한국인을 생업에서 구축하였다."[38]고 저간의 사정을 정확하게 묘사하고 있다.

요컨대, 일본의 한국어장점탈은 합병 이전에 이미 각 분야에 걸쳐 기틀을 정비하고 합병과 더불어 본격적인 수탈에 들어가게 된다. 다시 말하면 어업은 어느 분야보다도 일찍이 일본인에 의하여 점거·수탈되었던 것이다.

37) 青柳南冥, 1908, 『韓國植民策』, p. 130

38) Homer. B. Hulbert, 1906, *The Passing of Korea*, London, p. 271

Ⅲ. 일제의 강점과 한국어업의 말살

1910~45년에 이르는 일제강점기, 한국해역에서의 어업은 양적으로 크게 발전한 시기였다. 그러나 이러한 발전을 주도한 세력은 일본어민이거나 일본의 대규모 어업자본이요, 우리민족의 그것은 오히려 상대적으로 위축되었었다. 더욱 1933년 이후에는 모든 통계에서 민족별 구분이 사라져, 한국어업이 표면상 사라지게 된다. 다시 말하면 한국어업은 일본어업의 일환으로 편입되어 버리고, 다만 한국해역에서의 어업만이 존재하게 되는 것이다. 필자가 「한국어업」이라고 하지 않고 특별히 「한해어업」이라 표기한 까닭이 여기에 있다.

〈표 2-9〉 일제강점기 산업별 구성의 변화 (단위 : 엔, %)

산업별 \ 연도	1911년	1920년	1930년	1939년
농산물	307,236,665 (80.5)	1,270,180,332 (77.1)	692,543,149 (58.9)	1,548,162,011 (39.7)
축산물	23,133,217 (6.1)	56,711,168 (3.5)	31,684,726 (2.7)	96,251,361 (2.5)
임산물	19,795,000 (5.1)	30,206,000 (1.8)	63,360,234 (5.4)	192,603,975 (4.9)
수산물	**9,418,079 (2.6)**	**611,07,642 (3.7)**	**82,887,916 (7.0)**	**327,322,568 (8.4)**
광산물	6,185,958 (1.6)	24,204,688 (1.5)	24,654,463 (2.1)	240,000,000 (6.1)
공산물	15,645,159 (4.1)	204,384,850 (12.4)	280,963,560 (23.9)	1,498,277,426 (38.4)
합 계	381,414,078 (100.0)	1,646,794,680 (100.0)	1,176,094,048 (100.0)	3,902,617,341 (100.0)

자료 : 「조선총독부 통계연보」, 1942

그러면 먼저 이 시기 어업의 변화상을 개관해 보자. 이 기간 중에 이른바 어업에서의 산업혁명이라 칭하는 2대 기술혁신이 일어난다. 그 하나는 1900년 초에 등장한 면망(綿網)의 보급이요, 다른 하나는 1920년대에 등장한 어선의 동력화이다. 특히 후자, 어선의 동력화는, 어업생산력을 제고함과 더불어 어선의 대형화, 어장의 광역화, 어업근거지의 도시화(어촌 → 어항)등과 함께 어업에서의 자본제화(資本制化)를 촉진한다. 그 결과 어업의 생산구조가 바뀌짐은 말할 나위가 없고, 경영형태도 근대적인 자본제 어업에로 탈바꿈하게 만든다.

잠깐 이 시기 한해어업의 변화모습을 몇 가지 통계를 이요해서 살펴보자. 첫째로 1911년 66,356 m/t이던 어획고가 1937년에는 2,115천여 톤으로 물경 32배가 증가한다. 정어리어업의 호황이 사라진 1942년에도 845천여 톤으로 13배나 늘어난다. 둘째, 어업인구는 182,319명에서 319,628명에로 1.8배, 호구는 58,040호에서 141,883호로 2.4배 증가한다. 셋째, 어업의 대표적인 생산수단인 어선은 5배로 늘어난다.[39]

이것들을 총체적으로 반영하는 것이 어업의 전체경제에서의 비중의 변화이다. 어업의 비중은 1911년의 2.6%에서 1939년에는 8.4%로 크게 늘어나, 축산물, 임산물은 물론, 광산물보다도 더 큰 비중을 차지하여, 농업과 공산물에 다음가는 중요산업으로서 일본의 식량사정 완화와 고급 단백질의 공급에 중요한 구실을 하게 되었음은 주지하는 바와 같다.

그러나 이상과 같은 어업의 발전은 일본의 자본제 어업이 주도하였음은 이미 지적한 바와 같다. 어선의 동력화와 대형화에 의하여 새로이 전개된 자본어업은 신기술과 함께 막대한 자금을 필요로 하였기 때문에, 그러한 자본과 기술의 축적을 이루지 못한 우

39) 朴九秉, 1966, 『앞의 책』, pp. 368-9.

리민족의 어업은 절로 영락의 길을 걷지 않을 수 없었고, 우리어민들은 재래식 영세어업이나 연안의 채취어업에 운집하여 더욱 영세화의 길을 내딛거나, 그렇지 않으면 임금노동자로 전락하지 않을 수 없었다.

이와 같은 사실은 민족별 어민의 수와 어구(생산수단)의 보유액을 견주어 보면 쉽게 알 수 있다. 즉 합병 2년 후인 1912년 일본어업자의 수(11,417명)는 전체 어업자(182,319명)의 6.3%에 불과하였으나 그들이 보유한 어구가액은 35%에 달했고, 11년 뒤인 1923년에는 어업인구비는 3.3%에 불과한 반면, 보유 어구가액은 49%로 증가한다. 이러한 현상은 날로 심화되어 1936년에 이르면 2.7%에 불과한 일본 어업자가 60%의 어구를 보유하게 되는 것이다.[40] 이러한 현상은 일본 어업자는 새로운 기술과 근대적인 장비로써 한해어장을 잠식해가고 있음에 반해서 한국어민은 반사적으로 날로 영세화되어 풍도(豊度) 높은 연근해어장으로부터 구축당하고 있음을 말해주고 있는 것이다.

이와 같이 어장으로부터 배제된 한국어민은 어업 임금노동자로 전락하여 저임금과 열악한 노동환경에 시달리지 않을 수 없게 된다. 이러한 사실은 1936년 18.7%에 불과하던 피용자(어업 임금노동자)가 16년 뒤인 1942년에는 25.6%로 증가하고[41] 있는데서 쉽게 입증된다. 또한 이와 같이 증가한 우리나라 어업노동자는 일본인들의 50~60% 수준의 저임금으로[42] 수탈당하지 않을 수 없었다.

요컨대 일제강점은 「한국어업」을 말살하고(1933년부터 통계에서 사라짐), 한국어민을 임노동자로서 예속화함으로써 한일 양국어민

40) 朴九秉, 1966, 『앞의 책』, pp. 344-5.

41) 朴九秉, 위의 책 p. 373.

42) 조선총독부 통계연보. 각년도

은 이제 어장이나 어업이 아닌 노동현장에서 접촉·충돌케 되었음을 의미하게 되는 것이다.

Ⅳ. 어업별 충돌의 사례

위에서 우리는 주로 일본어민의 한해점탈과정을 살펴보았다. 다음에는 19세기말~20세기 초, 한일 양국어민의 충돌사례를 어업별, 즉 ① 지선의 채취어업, ② 근해의 어선어업, ③ 유통과정별로 나누어 그 대표적 사례를 정리해 보고자 한다.

1. 지선의 채취어업에서의 충돌과 저항

일본인들의 한해침탈에 대한 초기의 저항은 주로 지선에서 이루어졌다. 제주도의 전복채취 어업이 그 전형적인 사례이다. 지선어장의 접촉(경합)은 피부와 피부가 맞부딪치는 것이기 때문에 쉽게 감정이 격앙되지 않을 수 없다고 하는 물리적인 환경도 있지만, 보다 중요한 이유는 지선어장은 어민의 기본적 생계가 달려있는 생존의 터이기 때문에 그에 대한 침탈은 바로 생존 그 자체에 위협이 가해지는 것이므로 어민들의 저항은 강해지지 않을 수 없었던 것이었다.

본 절에서는 20세기 초 한일양국어민의 충돌의 모습을 가장 선명하게 보여주는 사례인, 제주도의 전복 채취어업에서의 일인들의 약탈행위와 그에 대한 제주 어민들의 저항의 전말에 대해서 간단히 살펴보고자 한다.

우리나라에서 잠수기어업을 최초로 시행한 사란은 요시무라(吉村興三郎)라는 일인이었다. 그는 1870년대 초부터 남해안의 소안도(완도 관하), 추자도 근해에서 상어잡이를 하고 있었는데, 잡은 상어지느러미를 판매코자 나가사끼를 내왕하던 중, 그곳에서 이미 활용되고 있는 잠수기를 보고 그것을 한국에서 이용하면 크게 수익을 올릴 것으로 생각하여, 1879년 4월, 1대의 잠수기를 들여와 거제도 근해에서 조업하기 시작하였다. 아마 이것이 우리나라 근대적 잠수기어업의 효시가 아닌가 한다. 그 후 그는 비양도(飛揚島)에 출어하였지만 우리 어민들이 투석으로 상륙을 막자, 일단 대마도에 근거지를 두고 통어하게 된다. 그로부터 3년 뒤인 1882년부터는 형제도(兄弟島)에서 조업하다 제주도 대정현의 가파도(加波島)로 옮기려 했으나 여기에서도 상륙을 거절당하자, 그는 어민들에게 성냥, 양초, 설탕 등, 당시의 희귀품으로 회유하여 겨우 뜻을 이루어 상륙하여 그곳을 근거지로 조업하게 된다.[43)]

이와 같이 처음에는 회유 등, 평화적인 방법으로 연안의 전복어장을 잠식하기 시작한 일인들은 잠수기의 증가[44)]와 함께 일본어장이 상대적으로 좁아지자 지척에 있는 전복과 해삼의 보고인 제주도를 그저 바라 볼 수만은 없었던 된 것이다.

이리하여 마침내 제주도민의 생존의 터전이라 할 수 있는 지선의 채취장까지 적극적으로 점탈에 나선 것이다. 일인들이 제주해녀들의 나잠보다 10배 이상의 능률을 가진 신형 잠수기를 가지고 와 마구잡이로 터밭을 침탈하자, 생업을 잃게 된 제주어민들은 필사적으로 저지하지 않을 수 없었고, 따라서 충돌은 불가피하게 된 것이다.

최초의 충돌은 1884년 5월에 일어나는데, 그 전말은 다음과 같다. 후루야(古屋利涉)라는 대마도 사족(士族)이 잠수기회사를 설립하고, 잠수기 2대를 갖춘 3척의 어선을 제주도 연안에 보내어 조업을 시작한 것이 발단이 되었다. 후루야(古屋)의 조업에 반대하는 여론이 비등한 가운데 제주어민을 대표해서 강용기(康龍基) 등이

43) 天野壽之助, 『朝鮮潛水器漁業沿革史』 8면.

44) 1870년대초 長崎縣 관내에만 20여대의 잠수기가 있었다고 한다 (天野壽之助, 『위의 책』. p. 6).

직접 상경하여 정부에 소청하게 되자, 제주목사는 후루야의 조업을 제지하지 않을 수 없었다. 그리하여 빈손으로 돌아간 후루야는 그해 6월 인천의 일본영사관을 통해서 배상금 4,284엔의 지불을 우리 정부에 요구해 온다. 한편 후루야는 "제주통어는 「통상장정」에 의하여 무방하다는 통리교섭사무아문(統理交涉事務衙門)의 확인을 얻어", 그해 10월에 다시 12대의 잠수기를 갖춘 대선단을 이끌고 제주도 연안에 모습을 나타낸다. 그러나 제주목사는 통리아문의 지시가 없음을 이유로 재차 조업을 금지한다. 두 번씩이나 조업을 제지당한 후루야는 우리 정부에 대하여 23,984엔의 손해배상을 요구해 온다. 이 배상 소청은 논란이 거듭되다가 1886년 12월 6일에 결말이 나는데, 결과는 우리에겐 치욕적이요 큰 부담을 안겨주는 것이었다. 내용을 간추리면, ① 후루야의 어선 14척에 대해서 6개월간 제주연안어업을 허용할 것, ② 5년간의 어세 면제, ③ 6,600원(元)의 배상금을 지불할 것[45] 등이다. 이와 같이 1개 민간어업자에 대하여 많은 배상을 물고 6개월간의 어업허가와 5년간의 면세조처를 취하게 한 것은 우리정부에 대한 일본의 압력이 얼마나 강했던가를 짐작케 할 수 있는 일이며, 동시에 일본정부가 한해통어에 대하여 국책으로 얼마나 적극적으로 장려·지원하였던가를 보여주는 좋은 사례라 할 것이다.

이러는 사이에도 생업에 위협을 느낀 제주어민들은 잠수기어선의 통어를 금지해 주도록 제주목사를 통해서 줄기차게 정부에 호소하기도 하고, 집단적으로 상경하여 호소하기도 한다. 그 결과 1884년 9월에는 일시 일본의 제주통어가 금지되기도 하였으나, 이와 같은 금지결정은 일시적인 것에 불과했고, 심지어 금지기간 중에도 계속 침입하여 횡포를 자행하였으니, 그 대표적인 사례만 열거하더라도 '가파도사건'[46], '모슬포사건'[47], '배영리사건'[48] 등 다

45) 수산청, 1968, 『韓國水產史』, pp. 198-99

섯 손가락으로 헤아리기 어려울 만큼 빈발하여 마침내는 살인으로까지 발전하였던 것이다.

그리하여 우리 정부에서는 내무협판 이선득(미국인, W. Le Gendre) 일행을 동경에 파견하여 한일통상장정 제41조 및 한일통어장정을 개정하여, 제주도를 통어구역에서 제외코자 교섭한다. 그러나 일본측의 반대로 뜻을 이루지 못하고 있던 차에, 한반도에서의 일본의 정치적 지배력의 강화와 더불어 마침내 1891년 11월 30일 제주도 금어기간이 만료되자 제주어장은 개방되고 만 것이다.

2. 어선어업에서의 충돌과 항쟁

우리나라의 전통적인 어선어업은 주지하는 바와 같이 동해에서는 명태, 서해에서는 조기잡이가 주종을 이루고 있었다. 일본의 통어는 초창기에는 상어잡이, 대구, 청어 등의 일본인의 기호어종의 포획에 주력하였으나, 그들은 마침내 동해안의 명태잡이 분야까지 진출한다. 그러나 명태잡이에서는 결국 실패하고 만다. 그 이유는 당시 한해에 진출한 일본어민들이 규슈, 쥬고쿠(中國), 시고쿠(四國) 등 비교적 따뜻한 지방 출신들이었기 때문에 추위 속에서 조업하는 명태잡이의 기술과 경험이 부족할 뿐 아니라 혹한에 견디기 어려웠기 때문으로 생각된다.

그러나 서해안의 조기잡이는 사정이 전혀 달랐다. 예로부터 우리나라의 3대 조기어장으로선 연평열도, 어영도, 위도근해(七山灘)를 들고 있는데, 그 중에서도 칠산 바다는 중선(中船)이 간만의 차를 이용하여 많은 어획고를 올리는 대표적 어장이었다. 그런데 일본에선 그 칠산 바다와 해항조건이 비슷한 곳이 바로 규슈의 아리아께가이(有明海)였다. 그곳에선 이미 안강망(鮟鱇網)이라는 우리

46) 『全羅道關革3』(券180689) 高宗 丁亥(1887) 7月 26日字. 참조

47) 『日本外交文書』제20권 (문서번호137). pp. 317-9 참조

48) 『全羅道關革3』 庚寅(1890) 6月 15日 濟州牧報. 참조

의 중선과 비슷하지만 어획능률은 훨씬 높은 어법이 보편화되어 있었다. 안강망을 우리 서해안에서 사용할 수 있도록 개량한 것은 나가사끼현 기술지도자 세이바야시(正林英雄)이었다. 그는 1900년에 우리 서해안에 처음 그것을 도입한다. 일단 도입된 안강망은 급속도로 확대되었다. 위도근해에서의 일본의 안강망 어선의 증가 상황을 보면, 1900년에는 겨우 4척이던 것이 7년 후인 1907년에는 509척에로 급증했고, 1912년에는 1,100척에로 급증했고 종사자는 48백 명을 헤아리게 된 사실이 저간의 사정을 잘 말해주고 있다. 일본 안강망의 척당 평균 어획고는 6백엔에 이르렀다. 1908년경부터는 파산한 한국어민을 어부로 고용하기 시작한다.[49)]

한국어민이 안강망을 이용하여 자영하게 된 것은 겨우 1910년대 말부터였으니 그 사이 한국어민은 조기의 보고 칠산 앞바다로부터 완전히 배제당하고 생업을 잃은 채 일본어업자의 고용살이가 되지 않을 수 없었던 것이다.

이와 같은 상황에서 1909년 5월 발생한 것이 칠산 바다에서의 우리 어민의 결사항쟁이었다. 대한매일신보는 우리어민들이 칠산 앞바다에서 결사대를 조직하여 일인을 다수 항쟁·살해하고 있음을 전하고 있다.[50)] 사건의 전말은 필자의 전고(1994)에서 소개한 바 있으므로[51)] 여기에서는 할애하고자 한다.

이 사건은 두 가지 점에서 대단히 주목할 만하다고 생각한다. 그 하나는 사건이 어선어업에서 발생했다고 하는 점이요, 다른 하나는 조기잡이 어업에서 일어났다고 하는 점이다. 그간의 긴 분쟁사를 통해서 볼 때 많은 분쟁이 있었으나 어선에서의 분쟁은 그리 흔하지 않았다. 어선어업은 지선의 채조포패업과는 달리 양국 어

---

49) 吉田敬市, 『앞의 책』, pp. 190-192

50) 大韓海日申報, 1909년 5월 11일자, 雜報, 「漁民決死」란 참고.

51) 朴光淳, 1994, 「日本의 韓國漁場 侵奪과 漁民의 對應」, 經濟史學會 『經濟史學』, 第18號, p. 85

민이 서로 맞부딪히지 않고 각각 떨어져서 조업할 수 있기 때문에 육체적인 마찰을 피할 수 있었고, 따라서 분쟁이 적었던 것이 아닌가 생각한다. 그런데 이와 같은 어선에서 마저 충돌과 극렬한 저항이 일어났다고 하는 것은 이제 한국어민의 저항이 전면화 되었다는 사실을 말해주는 것이라 할 수 있다.

그러면 왜 이토록 결사대를 조직하여 선상에서까지 항쟁하지 않으면 아니 되었을까. 두 가지 이유를 생각할 수 있다. 그 하나는 한국어민들이 이제 생계의 터전을 전면적으로 침탈당하게 됨으로써 더 이상 물러설 수 없게 되었다고 하는 절박함의 표출이요, 다른 하나는 전국방방곡곡에로 확산된 의병운동의 영향이라고 짐작된다. 즉, 이 무렵에 이르면 의병활동이 도서지방에까지 확산되었고, 특히 영광지방은 호남창의회맹소(湖南倡義會盟所) 휘하의 의병활동이 매우 활발한 곳이었다[52]. 그들의 의병활동은 어민들의 생존권의 확보를 위한 생존권투쟁과 접합되자 보다 극렬해지지 않을 수 없었던 것이다.

그런데 왜 일인들이 이 무렵에 이르면 그렇게 좋아하지도 않는 조기잡이에 결사적으로 나서는 것이었을까. 그 까닭을 한마디로 줄이면 일인의 한국어장의 침탈이 단순히 저들의 수요충족을 위해, 좋아하는 기호 어종만을 잡아가는 데 머물지 않고, 이제 한국인들이 좋아하는 고기를 잡아 한국인에게 판다고 하는, 즉 한국수산업(어로유통)전반을 장악하였다는데 그 이유가 있다 할 것이다.

3. 유통과정에서의 어민의 충돌

다음에는 유통과정에서 야기된 일본인과의 충돌에 대한 우리 관민의 대응에 관해서 간단히 살펴보기로 하자. 일본의 한국어업 침

52) 洪英基 교수에 의하면 영광지역 안에서만 1907년 9월 이후 5회, 1908년 20 여회, 1909년 50회의 의병활동이 있었다고 한다 (洪英基, 1993, 「靈光地方의 義兵活動」, 靈光鄕土文化硏究會, 『韓末靈光義兵史料集』, p. 29).

탈은 점차 어장이나 생산과정에 머물지 않고 어업생산물 및 어업자재의 판매권마저도 장악코자, 어항 및 수산물의 소비수요가 큰 대도시에 각종 수산회사를 조직하여 유통과정을 장악코자 하였음은 이미 언급한바와 같거니와[53], 일인들은 수산물을 독점적으로 매집하기 위해서 어촌에 사람을 풀어 반강제적으로 수산물을 매집하고 있었다. 이렇게 해산물을 강제적으로 매집해가는 사람들을 당시 우리사회에선 「유민」들이라 칭하여 곡식을 해치는 잡초처럼 유해한 사람으로 치부하고 있었다. 그런데 이들 「유민」들의 횡포는 김, 가사리 등 각종 해조류의 주산지인 서남해안일대에서 더욱 자심하였다. 이와 같은 사태에 이르러 1905(광무 7)년 우리 정부에서는 해조류의 주 집산지인 목포[54]에 '가사리회사(加沙里會社)'를 설립하고, 연해 각 군에 대리점을 설치하는 한편 '세칙장정'을 제정하여 김을 모두 그 회사에만 매도케 함으로써 사사로운 매매를 금지시켰다. 이렇게 되자 그간 반 강제로 매집해 가던 일본상인들이 곤란을 겪게 되었음은 더 말할 나위가 없다. 이에 일본 측에서는 하야시(林權助)공사를 내세워 우리 외무대신에게 항의하였으나 우리정부는 가사리회사의 설립은 김의 채취와 판매를 생업으로 삼고 있는 호남연해 도서민들을 「유민」의 강제 매집으로부터 보호하기 위한 조처라며 일본의 요구를 일축하고 있다. 우리의 관민이 함께 일본의 횡포 대응한 사례라 할 것이다.[55]

이상에서 설명해 온 바와 같이 처음 지선의 단순 채취어업으로부터 시작된 일본인의 한국어업 침탈은 점차 어선어업에로, 마침

---

53) 본고 제3장 제2절 참조.

54) 1910년 在한국 각지의 일본영사관에서 일본인에게 급여한 漁業認許可한 총수는 652件인데, 釜山이 371件, 木浦가 112件으로서 당시 어업기지로서의 木浦의 비중을 짐작할 수 있게 한다. (『皇城新聞』, 1902년 3월 2일자, 참조.)

55) 舊韓國外交文書 제36권. 日案 739호 光武 7年 5月 26日.

내는 유통과정에로 까지 확대되어 감에 따라 우리 어민들의 대항도 차츰 생산과 유통의 전면에로 확산되었었고, 합병을 전후해서는 항일의병운동과 연계되어 단순한 생존권투쟁에서 독립운동으로까지 발전하기도 하였으나, 어민들의 항거가비 조직적 · 비상규적이라고 하는 내부적인 취약점과 합병으로 인한 국가의정치적 지배권의 상실이라는 외적환경의 변화와 함께 점차 약화·소진되지 않을 수 없는 운명을 맞게 되었던 것이다. 그리하여 1933년대 이후에는 독자적인 통계마저 잡히지 않아 「한국어업」이라는 용어 자체가 표면에서 일단 사라지고 만 것이다.

V. 맺음말

지리적으로 맞대고 있는 한일양국의 어민은 오래전부터 접촉해 왔고, 그에 따라 충돌도 멈추지 않았다. 그런데 접촉과 충돌의 무대는 극히 최근에 이르기까지 주로 한해였다. 바꿔 말하면 양국어민의 접촉은 일본어민의 한국 해역침범이라는 형태로 이루어졌던 것이다. 따라서 접촉의 양상은 자연이 비평화적·침략적인 모습을 띄었다는데 그 특징이 있다.

그러면 일본인들이 줄기차게 한국연해의 어장과 어업권을 침탈코자한 이유는 어디에 있었을까. 이미 누차 지적한 바와 같이 그 이유는 크게 두 가지로 나눌 수 있다. 그 하나는 어업상의 이익, 즉 이미 포화상태에 달한 일본연해로부터의 탈출구의 탐색이요, 다른 하나는 이른바 국가적 필요라 일컫는 식민지화정책의 일환으로서였다.

사방이 바다로 둘러싸인 해양국가요, 거기에 오래도록 육식(특히 쇠고기)을 금해 온 일본사람들의 식성으로 말미암아 일본사람들에겐 좋은 어장이야말로 농토에 버금가는 귀한 생명의 터전이었다. 따라서 그들이 일의대수를 이루고 있는 풍도 높은 한국어장에 침범하는 것은 어쩌면 자연스러운 일이었는지도 모른다.

다음 통계가 저간의 사정을 잘 설명해주고 있다. 일본이 한국을 강점할 무렵(1910년경)의 한국어장과 일본 연근해어장의 생산성을 비교해보면, 일본어민의 1인당 어획고는 일본연근해에선 43엔 이었음에 반해서 한해어업자의 그것은 200엔을 훨씬 넘고 있었으니[56] 거의 5배에 달한 셈이다. 이는 우리나라 어장의 풍도가 얼마나 높았던가를 말해 줌과 동시에 한해출어가 일본 어민에게 얼마나 많은 초과이윤을 안겨 주었는지를 쉽게 이해할 수 있게 해 주는 것이다. 여기에 국가의 강력한 지원이 있었으니 일본어민들로서는 물실호기(勿失好機), 수단을 가리지 않고 침범해온 것이었다.

그러면 이와 같은 일본의 한해침탈에 대해서 우리어민은 어떻게 대응하였을까. 때론 개인적으로, 때론 범지역적으로 저항을 계속하였으며 그 양상도 다양한 것이었다. 합병을 전후해선 의병활동과 연계되어 생존권투쟁과 독립운동이라는 성격을 함께 띠우기도 하였었다. 그러나 합병과 더불어 일본의 지배가 강화되면서 어민의 저항은 더 이상 지속될 수 없게 되었고, 마침내 1920년대에 들어 동력선을 이용한 일본의 대자본어업이 밀려오면서 한국어업자체가 거기에 예속됨으로써 한국어업 자체가 막을 내리게 된 것이다.

요컨대, 일본의 어업자본은 한해진출을 통해서 국가의 보호아래 거대한 독점자본을 형성하면서, 한국어민을 그들의 조상대대로 물러 받은 생계의 터전에서 몰아내어 임노동자로 예속시켜 한국어업의 자율적인 근대화의 길을 차단했던 것이다. 1945년 해방과 더불어 풍도 높은 한해에서 추출된 일본어민은 불법적인 어로행위를 멈추지 않는다. 여기에 등장한 것이 이른바 「이 라인」(「인접해양에 관한 주권에 대한 대통령선언」1952.1.18)의 선포였다.

---

56) 『제2차한국사정년보』 127면. 朴九秉, 「앞의 책」에서 재인용.

그로부터 1965년 한일국교정상화와 함께 「한일어업협정」이 체결될 때까지는 한일어업관계사상 일종의 과도기라 할 수 있다. 그 후 「한일어업협정」의 발효, 우리의 원양어업의 발전과 함께 잠정적이나마 한일 양국어민은 양국 공동규제수역 안에서 평화적인 경쟁의 시대에 들어서게 된다. 그러나 이러한 평화적인 경쟁의 시대는 그렇게 오래 가지 못했다. 1970년대 말부터 200해리까지를 배타적 경제수역(EEZ)으로 인정하는 새로운 해양법질서가 도래했기 때문이다. 서로 겹친 EEZ를 가지고 있는 한일 양국은 다시 한 번 충돌과 대응책의 모색이라고 하는 새 과제를 안게 되었다.

그러한 국제환경속에서 1998년 9월에 체결된 것이 이른바 「제2차(신) 한일어업협정」이다. 거기에선 상호 200해리가 겹치는 수역 안에 존재하는 독도일원의 수역을 「중간수역」(일본 측은 「잠정수역」)이라 규정함으로써 독도의 영유권 문제와 맞물려 다시 새로운 분쟁의 불씨가 되고 있는 게 오늘의 상황이다. 일의대수를 이루고 있는 한일 양 해역에서의 평화적인 접촉과 이용의 길은 없는 것일까.

메모 (이 글은 졸고, 1994, 「일본의 한국어장 침탈과 어민의 대응」, 경제사학회, 『경제사학』, 제18호를 수정·보완한 것이다.)

한·일간 어업분규와 어업대책(1945~1965)

제3장

Ⅰ. 머리말

삼면이 바다로 둘러싸인 한국, 그리고 나라 전체가 크고 작은 섬으로 구성되어 있는 일본, 이 두 나라는 바다를 사이에 두고 서로 운명적인 접촉을 할 수밖에 없었다. 바다에서 갑자기 폭풍우가 불어 닥쳐 조난의 위기에 처해 상대국에 표류(漂流)했을 때는 인도적인 입장에서 구조(救助)의 손길을 내미는 경우도 적지 않았다. 사고로 목숨을 잃은 시신을 수습하여 서로 송환(送還)하는 시스템도 갖추어져 있었음은 더 말할 나위가 없다. 그러나 서로의 이해관계가 결부된 일이라면 한 치의 양보도 없이 다투는 일도 많았다. 배 바닥에 깔려 있는 송판 한 장 밑이 바로 저승의 세계인 바다를 무대로 삼고 살아가는 양국의 어민들은 밀고 당기는 줄다리기를 수도 없이 되풀이 해왔고 앞으로도 그러할 것이다.[1)]

1) 정성일, <왜 일본은 어업협정을 일방적으로 파기하였는가>, <<한국과

그렇기에 한·일 해역에서 일어난 어업분규는 한일관계사나 양국의 수산업사 측면에서 매우 중요한 문제임에도 불구하고 아직까지도 이에 관한 연구가 그다지 많지 않다. 특히 1945년 제2차 세계대전 이후부터 1965년 한일국교정상화 이전에 이르는 시기의 양국 간 어업분쟁에 대해서는 몇몇 연구자를 제외하고는 연구가 매우 드물다. 이 분야에 대한 가장 대표적인 국내 연구로는 지철근(池鐵根)의 업적을 들 수 있다. 그는 광복 직전부터 수산업 분야의 관료로서 활동한 경력을 지니고 있을 뿐만 아니라, 그 이후에도 줄곧 이 분야의 행정가로서 일하면서 제1차 사료를 모으고 정리하여 그간의 연구업적을 발표한 바 있다.[2] 그 외에도 1965년의 한일회담(韓日會談)[3]이라든가 한일조약(韓日條約)[4] 등을 다루면서 어업문제를 분석한 연구라든가, 1950-60년대 한국경제를 설명하면서 한일 경제관계와 어업문제 등에 대하여 간단하게 언급한 연구가 있는 정도이다.[5] 이 분야의 일본 측 연구로서는 일한어업협회(日韓漁業協會)의 <<일한어업대책운동사(日韓漁業對策運動史)>>를 들 수 있는데, 이 책에서는 1945~ 65년의 한일 간 어업분규를 시대 순으로 정리하고 있다.[6] 이처럼 2차 대전 후 20년 동안의 한일 어업

일본>> 2, 한일관계사학회, 1998, 302쪽.

2) 지철근, <<평화선>>, 범우사, 1979 ; 같은이, <<한일어업분쟁사>>, 한국수산신보사, 1989 ; 같은이, <<논설집>>, 한국수산신보사, 1989 ; 같은이, <<수산부국의 야망>>, 한국수산신보사, 1992 ; 같은이, <<속 논설집>>, 한국수산신보사, 1998 ; 같은이, <<시련기의 수산업사>>, 한국수산신보사, 1998.

3) 이재오, <<한·일관계사의 인식 I—한일회담과 그 반대운동>>, 학민사, 1984.

4) 정재정, <한일 국교정상화조약, 무엇이 문제인가>, <<한국과 일본>>2, 한일관계사학회, 1998, 259-270쪽.

5) 유인호, <<한일경제 100년의 현장>>, 일월서각, 1984 ; 박현채, <<한국경제구조론>>, 일월서각, 1986 ; 한국사회경제학회, <<한국경제론강의>>, 한울아카데미, 1994.

문제가 매우 중요한 테마임에도 불구하고 이에 대한 연구가 활발하지 못하였던 것은 무엇보다도 사료(史料)의 제약 때문이라고 생각된다. 말하자면 분석의 기초가 되는 제1차 사료의 공개가 최근에 와서야 부분적으로 이루어지기 시작했는데, 바로 이러한 사정이 이 분야의 연구를 부진하게 한 가장 큰 원인이었다고 판단된다.

이 글에서는 기존의 연구 성과를 비판적으로 수용하면서 최근에 공개된 일본 외무성(外務省) 자료를 이용하여 1945~65년의 한일 양국 간 어업분규(漁業紛糾)와 그에 대한 대책(對策) 등에 대하여 분석하고자 한다. 즉 이 시기 한·일 해역에서의 어업분규의 특징을 살피고, 그와 동시에 어업분쟁을 최소화하기 위해서는 어떠한 대책이 필요한지 그 시사점을 얻으려고 하는 것이 이 글의 목적이다.

Ⅱ. 어업분규의 역사적 배경

1. 광복 전후 수산업 종사자

먼저 1945년 광복 전후의 시기에 수산업에 종사했던 호구(戶口)의 수를 정리하면 다음과 같다.[7] 일제 강점기의 수산업 호구수는 빠른 속도로 증가하여, 1911년에 72,030호이던 것이 그로부터 30여 년 뒤인 1942년에는 200,048호로 약 2.8배 증가하였다. 그 가운데 한국인[8]이 차지하는 비중이 압도적으로 많았다. 1942년 통계를 보면 한국인 196,814호 일본인 3,232호 외국인 2호로 나타나,

---

6) 日韓漁業協會, <<日韓漁業對策運動史>>, 內外水産硏究所, 1968.

7) <<조선총독부통계연보>>; 지철근, <<시련기의 수산업사>>, 한국수산신보사, 1998, 23쪽 ; 김수희(金秀姬), <<朝鮮植民地漁業と日本人漁業移民>>, 東京經濟大學大學院 경제학박사학위논문, 1996, 31-32쪽.

8) 일제 강점기에는 '한국'이나 '한국인'이 공식 명칭은 아니었지만, 이 글에서는 편의상 광복 이전의 시기에 대해서도 이를 사용하기로 한다.

한국인이 전체의 98.4%를 차지한 반면 일본인은 1.6%에 지나지 않았다.[9] 일본인의 수산업 호구수는 많을 때는 5천 호가 넘었는데, 1930년에는 수산업 총 호구 154,344호 중에서 일본인 호구수는 5,275호로서 전체의 3.4%를 차지하고 있었다.[10] 이것을 보면 일제 강점기의 일본인 호구수의 비중은 후기로 올수록 감소하는 경향을 나타내고 있었음을 알 수 있다.

광복 직후인 1946년의 수산업 호구수를 살펴보면 남한의 경우 총 157,907호였는데, 이것은 1942년에 비해 2만 호 가량 크게 늘어난 것이다. 같은 시기 북한의 수산업 호구수와 관련된 자료가 없어서 남북한의 상황을 비교할 수는 없지만, 남한의 이러한 단기간 내의 수산업 호구수의 급증 뒤에는 특별한 배경이 있었을 것으로 보인다. 말하자면 해외 귀환동포와 북으로부터의 월남 증가, 그리고 비교적 취업이 용이한 까닭에 수산업 외부로부터의 인구전입 등이 그 원인으로 지적될 수 있을 것이다.[11]

한편 일제 강점기의 수산업 인구는 1911년에 228,208명이던 것이 1942년에는 493,022명으로 나타나 약 2.2배 증가하였다. 또 1942년의 경우 남한의 수산업 인구는 351,663명으로 전 수산업 인구(493,022명)의 71.2%를 차지하였는데, 이것은 북한의 수산업 인구보다 훨씬 많은 것이었다. 1942년의 민족별 수산업 인구 통계는 발표되지 않았지만, 수산업 호구수의 비중을 감안할 때 일본인 수산업 인구의 비중은 매우 낮았을 것으로 짐작된다. 광복 직후 남

9) 지철근, <<시련기의 수산업사>>, 한국수산신보사, 1998, 23쪽. 그런데 같은 시기의 수산업 호구수를 어업·양식업·제조가공업 등으로 구분하여 집계한 김수희의 연구결과와 지철근의 집계결과가 약간 차이를 보이고 있다(金秀姬, <<朝鮮植民地漁業と日本人漁業移民>>, 1996, 31-32쪽). 여기에서는 당시의 추세를 파악하는 데 그치는 것이므로 편의상 지철근의 연구결과를 기초로 소개하고자 한다.

10) 지철근, <<시련기의 수산업사>>, 22-23쪽.

11) 지철근, <<시련기의 수산업사>>, 24쪽.

한의 수산업 인구는 1946년에 408,369명이었는데, 이것은 1942년의 남한 수산업 인구보다 6만여 명이 증가한 것이다. 이와 같은 수산업 인구의 급증은 수산업 호구수의 급격한 증가와 마찬가지로 당시 인구의 사회적 이동에 따른 것으로 풀이된다.

2. 광복 전후 어선 세력

수산업 종사자와 함께 어선도 수산업의 중요한 생산요소 중 하나이다. 일제 강점기인 1911년의 어선(漁船)의 수를 보면 11,761척이었는데, 그 이후 해마다 증가하여 일제 말기에는 약 7만 척에 이르렀다고 한다.[12] 먼저 민족별 어선의 보유 상황을 살펴보면 1911년의 경우 한국인 11,100척 일본인 3,197척으로서 총 14,297척이었는데, 1931년에는 그것이 각각 36,368척과 8,067척, 44,435척으로 증가한 것으로 나타났다.[13] 1932년 이후에는 어선의 민족별 보유 통계가 발표되지 않아 그 이후의 사정을 알 수 없지만, 총 어선 중 일본인의 보유 비중은 1911년 22.4%, 1931년 18.2%로 나타나 대체로 전체의 20% 내외였다. 수산업 호구수의 일본인 비중(1930년 3.4%)에 비한다면, 일본인의 선박 보유 비중은 상대적으로 매우 높은 수준이었음을 알 수 있다.

무엇보다도 일본인이 보유하고 있던 선박은 규모가 크고 선질(船質)이 상대적으로 우수한 것이었다. 예컨대 1931년의 동력(動力) 어선은 총 1,682척이었는데, 그 가운데 일본인이 보유한 것이 1,364척으로 전체의 81.8%를 차지하고 있었다. 또 1919년의 민족별 보유 어선의 견적가격(見積價格)을 비교하면, 일본인 보유 선박의 가격이 어로선(漁撈船)은 전체의 40.8%였으며, 운반선(運搬船)

12) 지철근, <<시련기의 수산업사>>, 27쪽.

13) 김수희는 민족별 어선의 보유상황을 어업, 양식용, 수산물 제조판매용 등으로 구분하여 연도별로 상세하게 집계하고 있다. 이에 대해서는 金秀姬, <<朝鮮植民地漁業と日本人漁業移民>>, 1996, 44-46쪽을 참조.

은 무려 전체의 90.2%를 차지하였다.[14] 이처럼 일본인은 수산업 종사자의 비중은 매우 낮았지만, 그들은 한국인에 비해 월등히 우수한 어선을 보유하고 있었던 것이다.

그런데 널리 알려진 것처럼 제2차 세계대전에서 패망한 일본인들은 본국에 귀환할 때 상당수의 선박을 가지고 돌아갔다. 1942년을 기준으로 선박수를 환산한다면, 일본인 보유 선박은 약 10,000척에서 14,000척에 이르렀다고 볼 수 있다. 광복 후 이 가운데 약 3분의 2가 남한에 남아 있었을 것으로 추정한다면, 광복 후 한국의 어선 세력은 그 이전 시기에 비하여 크게 강화되어 있었을 것으로 생각된다.[15]

3. 광복 전후 수산업 생산액

일제 강점기 어획고는 매년 증가하였으며 그 증가 속도 역시 빨랐다. 예컨대 1911년의 어획고(66,356 M/T)가 1942년에는 845,782 M/T으로 증가하였다. 정어리 어업의 발흥으로 어업이 전성기를 구가하던 1930년대에는 어획고가 거의 매년 100만 M/T을 초과하였고, 1937년에는 200만 M/T을 돌파하였다. 이것은 한국인에 의해 달성된 어획고만을 대상으로 한 것인데, 당시 어획고 세계 제1위였던 일본에 이어 단연 세계 제2위를 차지할 만한 어획고였다.[16]

한·일 민족별 어획고를 비교하면 다음과 같다. 그런데 <<조선총독부통계연보>>에는 1932년도까지만 이에 관한 통계가 실려 있어서 그 이후 상황은 알 수 없다. 어획고를 금액으로 환산한 것을 보면 일본인의 어획고 비율은 1910년대에는 43.0%~55.4% 범위

14) 지철근, <<시련기의 수산업사>>, 29-30쪽 ; 사단법인 수우회(水友會), <<현대한국수산사>>, 1987, 199-200쪽.

15) 지철근, <<시련기의 수산업사>>, 31쪽.

16) 지철근, <<시련기의 수산업사>>, 31-33쪽.

에 있었고, 1920년대에는 46.7%~52.3% 범위를 유지하고 있었다. 그 이후 일본인의 어획고 비율은 1930년에는 47.0%, 1931년 46.2%, 1932년 44.7%를 차지하고 있었다. 한 때 일본인의 어획고는 총 어획고의 절반 이상을 차지한 적도 있었으나, 1930년을 전후한 무렵부터 약간 감소하는 경향을 보여 그 비율이 40%대를 넘지 못하였다. 대체로 일제 말기 일본인 어획고는 전체의 약 40% 정도는 유지하였을 것으로 보인다. 바꾸어 말하면 1942년의 한국인에 의한 어획고는 전체의 약 60% 정도를 차지하고 있었을 것으로 생각된다.[17] 그런데 한국인의 어획고만 놓고 본다면 광복 직후가 그 전보다 증가하였던 것 같다. 이것은 앞에서 살펴본 것처럼 광복 후 한국인의 가용어선(可用漁船)의 상대적 증가와 함께 수산인구의 급증 등에 기인한 것으로 보인다.

한편 일제 강점기 양식고(養殖高)는 한국인의 비중이 압도적으로 높았다. 민족별 양식고가 발표된 마지막 연도인 1932년의 경우를 보면, 그 수량과 금액이 한국인은 332,120,400매와 2,042M/T, 2,230천원(圓)이었는데, 일본인의 그것은 13,810,850매와 100M/T, 218천원이었다. 이것을 금액으로 환산하여 비교한다면, 한국인이 전체의 91.1%를 차지한 반면, 일본인은 8.9%에 지나지 않았다.[18] 한국인의 양식 중 가장 많은 비중을 차지한 것은 김 양식이었으며, 그 다음이 굴 양식이었다. 김 양식업은 노동집약적인 영세한 경영이 유리하였기 때문에, 한국의 반농반어(半農半漁) 영세 어민이 겨울철 농한기를 이용하여 김 양식에 많이 종사하였던 것이다. 굴 양식도 그 양식 방법이 투석식(投石式)이라든가 송지식(松枝式) 등 원시적인 것이었는데, 1932년의 경우 총 양식량 2,033M/T 중 한국인이 1,996M/T을 생산하여 그 비중이 98.2%로서 압도적으로 많

---

17) 지철근, <<시련기의 수산업사>>, 36-37쪽.

18) 지철근, <<시련기의 수산업사>>, 40쪽.

았다.[19)]

마지막으로 수산물 제조업 실적을 보면 다음과 같다. 일제 강점기에는 어획고의 급증에 따라 제조고(製造高)도 크게 증가하였다. <<조선수산통계>>에 따르면 1911년의 제조고가 31,316M/T, 2,655천원이었는데, 그것이 30여 년 뒤인 1942년에는 각각 226,047M/T과 146,348천원으로 증가한 것으로 나타났다. 또 제조고를 민족별로 비교해보면 한국인의 비중이 상대적으로 높게 나타났다. 예컨대 1932년의 총 제조금액이 한국인 17,881천원, 일본인 9,502천원으로 나타나 한국인이 전체의 65.3%를 차지하고 있었다. 그러나 광복 직후 한국의 제조고는 크게 감소하였다. 예컨대 1948년은 1942년에 비해 수산물 제조량이 3만M/T 이상 감소하고 있는데, 그것은 광복 직후 정어리 어획고의 감소 등에 기인한 것으로 풀이된다.[20)]

이상과 같이 1945년 광복을 전후한 시기 한반도와 그 주변 해역에서 활동하던 수산업 종사자와 그들의 보유 어선 그리고 수산업 생산액을 민족별로 구분하여 비교해 보았다. 수산업에 종사하는 호구의 수에서는 한국이 90% 이상을 차지하고 있어서 절대적으로 많았다. 그렇지만 어선의 보유비율 그 중에서도 동력선의 비중은 오히려 일본인이 80% 이상을 점할 정도로 그 격차가 심했다. 그리고 한국인과 일본인의 어획고 구성비는 대체로 6 대 4 정도였다. 이것을 보면 한국인의 수산업은 영세성을 면치 못했으며, 규모와 질 측면에서 일본에 비해 열등한 위치에 있었다고 보아야 할 것이다.[21)] 한 마디로 한국의 절대적 열위, 일본의 절대적 우위로

19) 지철근, <<시련기의 수산업사>>, 40쪽.

20) 지철근, <<시련기의 수산업사>>, 41-44쪽.

21) 1910년의 경우를 보더라도 일본은 한국의 1/3 정도의 어선과 어민을 동원하여 우리보다도 오히려 더 많은 어획고를 올리고 있는데, 이러한 현상은 일본의 어로기술과 장비가 앞서 있는 데도 연유하지만, 거기에는

표현되는 이 시기의 수산업 생산력의 격차야말로 1945~65년 시기 한·일 해역에서의 어업분규 발생의 가장 중요한 배경의 하나였던 것이다.

Ⅲ. 어업분규의 실태와 그 원인

광복 이후 한·일 해역에서의 어업분규는 크게 세 가지 측면에서 살펴볼 수 있다. 첫째는 해상에서 어로행위를 하는 어선에 의한 영해 침범이고, 둘째는 의도적으로 다른 나라로 이주하려는 밀항이며, 셋째는 양국의 밀무역 상인에 의한 밀수가 그것이다.

1. 어선의 영해 침범

1945년 8월 15일 일제의 패망으로 일본인들이 한반도에서 물러간 뒤 한국은 정치적 독립을 획득하였다. 그렇지만 1948년 8월 15일 대한민국 정부수립 이전까지는 남한은 미군정에 의해 신탁통치를 받고 있었으며, 일본 역시 연합군사령부의 점령 아래에 있었기 때문에, 정치·외교적으로 한국과 일본이 직접 전후처리를 놓고 협상을 벌일 수 있는 상황은 아니었다.

하여튼 한국과 일본의 영해가 양측의 합의 하에 명확하게 획정된 상태는 아니었지만, 제2차 세계대전 직후 일본은 한반도 연안에 대한 접근이 금지되어 있었다. 그것은 연합군최고사령부(聯合軍最高司令部)가 군사상의 필요에 의해 일본의 어업구역을 제한적으로 허가하였기 때문이었다. 즉 1945년 9월 27일 선포된 '맥아더라인'에 의해 제한된 수역 안에서만 일본의 조업이 포괄적으로 허가되었다.[22] 그러나 이것은 결과적으로 일본 어업의 무절제한 외양

일본정부의 적극적인 보호·장려책이 더해진 결과였음은 더 말할 나위가 없다. 박광순, <일본의 한국 어장 침탈과 어민의 대응>, <<경제사학>> 18, 1994, 78-79쪽.

(外洋) 진출을 견제하는 효과를 가져왔다.

(1) 일본 선박의 침범 회수

<표 3-1>과 <그림 1>은 한국의 영해[23])를 침범한 일본 선박을 연도별로 정리한 것이다.[24]) 현재 기록으로 확인되는 것만 놓고 보더라도 1947～1964년 사이에 총 193회에 걸쳐 351척의 일본 선박이 한국의 영해를 침범하였다가 한국정부에 의해 나포된 것으로 밝혀졌다.[25]) 또 이 기간 동안에 한 해도 빠짐없이 일본 선박의 한국영해 침입과 그에 따른 한국의 일본 선박 나포가 있었던 것을 볼 때, 한·일 해역에서의 마찰과 갈등이 매우 컸음을 알 수 있다.

---

22) 당초 '맥아더라인' 내의 조업 수역 면적은 약 63만여 평방 해리였다. 그런데 이 선은 일본의 집요한 요청에 의하여 1946년 6월 22일에는 약 202만 6천 평방 해리로, 그리고 1949년 9월 19일에는 약 289만 평방 해리로 확장되었다. 다시 1950년 5월 11일에는 일본의 남방 수역이 적도까지 이르게 되었다. 일본의 독립을 인정하는 대일평화조약(對日平和條約)은 1952년 4월 28일에 발효되었는데, 이에 앞선 4월 25일에 '맥아더라인'이 철폐되었다. 지철근, <<시련기의 수산업사>>, 151-152쪽.

23) 여기에서 말하는 한국의 영해(領海)란 반드시 일본정부에 의해서 인정받은 것만 말하는 것은 아니다. 1945~65년 사이에는 한일 양국의 국교정상화가 이루어지지 않은 상태였기 때문에, 영해와 어업전관수역 등을 둘러싸고 양국이 합의한 적은 거의 없었다. 다만 연합군사령부라든가 남한의 미군정 당국에 의하여 일본의 접근이 금지된 한반도 주변수역은 잠정적으로 한국의 영해로 간주하였다.

24) 국사편찬위원회, 대한민국사연표, http://www.nhcc.go.kr ; 日韓漁業協議會, <<日韓漁業對策運動史>>, 부록 연표. 그런데 <부표>에 제시한 것처럼 寺尾五郎 등에 의해 집계된 통계(1947~1962)에 따르면 필자가 집계한 것과 약간 차이를 보이고 있다. 다만 테라오 고로(寺尾五郎) 등이 사용한 제1차 사료가 어떤 자료인지 확실하지 않다.

25) 이 수치는 일본 어선의 한국 영해 침범 전체를 나타내는 것이 아니라, 그 가운데 특별히 한국에 의해 나포된 일본어선의 척수(隻數)와 건수(件數)만을 집계한 것임에 주의할 필요가 있다. 뒤에서 다시 설명하겠지만 당시 일본 어선의 한국 영해 침범 회수는 이보다도 수 십 배 혹은 수백 배 더 많았다고 보아야 옳을 것이다.

일본 선박의 침입과 나포건수를 보면,[26] 1951년(16건)과 1953년(16건), 1954년(21건), 그리고 1955년(16건)에 비교적 많았으며, 다시 1961년부터 침입건수가 증가하고 있다. 침입 선박의 척수도 1950년대 초반과 1960년대 초반에 상대적으로 많았다. 예컨대 1951년에 59척, 1953년 45척, 1954년 44척 등으로 일본 선박의 침입이 전에 비해 많았으며, 그 뒤 감소 경향을 보이다가 다시 1961년부터 증가하고 있었다.

이것은 뒤에서 설명하게 될 한반도 주변 정세의 변화와 깊은 관련이 있는데, 1952년에 이승만 정권에 의해 '평화선'이 선포되고, 그 이후 일본 선박의 한국 영해 침범에 대하여 한국정부가 물리력을 동원해가면서까지 강력하게 응징한 결과, 1956년부터는 침입건수가 눈에 띄게 줄어들었다. 그러나 1960년의 4.19 혁명과 1961년의 5.16 군사 쿠테타 등에 의해 이승만 정권에서 박정희 정권으로의 정권교체가 일어나자 다시 일본 선박의 한국 영해 침범회수가 늘어나고 있었음을 알 수 있다.

한편 한국정부가 나포한 일본 선박과 선원의 석방에 관한 기록은 <표 3-1>에 따르면 1954년부터 나타난다. 즉 위 표에 따른다고 한다면 1954년에 4건의 나포어선과 선원의 석방이 이루어져 그 해에 5백 명이 넘는 일본인이 본국으로 귀환하였다. 그런데 테라오 고로(寺尾五郎) 등이 집계한 통계에 따르면 1947년에 7척 81명에 해당하는 일본 선박과 선원이 한국 정부에 의해 나포되었는데, 그 가운데 어선 1척만이 송환되지 않았을 뿐 나머지는 모두 일본으로 송환된 것으로 되어 있다(<부표> 참조). 또 1948년에도 나포

26) 일본 어선의 한국 영해 침범과 한국 정부의 일본 어선 나포건수에 대해서는 정확한 통계를 구하기가 매우 어렵다. 일본의 한 연구자가 1947년부터 1962년 사이의 나포척수와 인원수, 그리고 석방 혹은 미석방의 규모를 연도별로 밝히고 있으나, 다른 연구자의 집계결과와 차이를 보이고 있다. <부표> 참조.

〈표 3-1〉 일본어선의 영해 침범과 한국의 나포 · 석방 (연도별)

연도	일본어선의 영해 침범과 한국정부의 나포			한국정부의 일본 어선 · 선원 석방			
	건수	척수	비고	건수	척수	인원수	비고
1947	5	9					
1948	7	15					
1949	11	14					
1950	9	13					
1951	16	49					
1952	9	19					
1953	16	45					
1954	21	44		4	2	509+α	
1955	16	30		3		51	
1956	8	17		2	2	?	
1957	6	12		1		11	
1958	7	11		4		922	
1959	8	10					
1960	5	6		4	1	257	
1961	13	14		2		84	
1962	11	16		3	4	38	
1963	14	17		10	11	104+α	
1964	11	10		4	5	18+α	
계	193	351					

자료: 국사편찬위원회, 대한민국사연표, http://www.nhcc.go.kr ; 日韓漁業協議會, 《日韓漁業對策運動史》

된 일본 선박 15척 중에서 5척이 송환되지 않고 한국정부에 의해 압수를 당하였다고 적고 있다. 송환되지 않은 일본 선박의 발생은

'평화선' 선포 이듬해인 1953년에 45척으로서 피크를 이루었고 그 뒤 1955년까지는 28척, 29척에 달했는데, 점차 감소하기 시작하여 1961년 이후 크게 줄어드는 경향을 보이고 있었다.[27)]

〈그림 1〉 일본 선박의 한국 영해 침범(연도별)

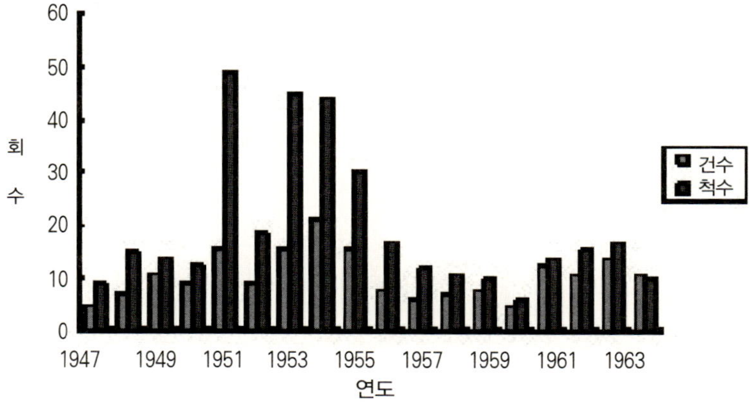

그런데 그 당시는 이른바 한국정부가 선포한 '평화선'을 둘러싸고 한일 간에 긴장과 갈등이 극에 달하고 있었지만, 거꾸로 외교마찰을 해소하기 위하여 억류 선원과 선박의 석방과 귀환이 외교 카드로 제시되고 있었던 것이다. 뒤에서 자세하게 설명하게 되겠지만 당시 일본에 억류 중이던 한국인의 석방과 나포된 일본 선박 및 선원의 석방이 한일 간 외교마찰의 해결 카드로 제시된 셈이다.[28)] 그렇지만 영해와 전관 어업수역 등 근본적인 문제가 해결되

27) 이재오, <<한 · 일관계사의 인식>> Ⅰ, 109쪽.

28) 나포된 일본 어선원(漁船員)에 대해서 한국 정부는 6개월에서 1년 6개월의 실형을 선고하여 그들을 부산의 수용소에 수용하였는데, 침몰사고로 사망한 사람과 억류 중 질병으로 사망한 경우를 제외하고는 인도적인 차원에서 나포된 일본 어선원은 전원 석방되었다고 한다(지철근, <<한일어업분쟁사>>, 248쪽). 그러나 한국 정부는 나포한 일본 어선 중에서 성능이 뛰어난 것은 송환하지 않고 국내에서 사용한 때도 있었다.

지 않고서는 나포와 석방이 되풀이되는 양국간 갈등과 대립은 종식될 수 없었다.

(2) 일본 선박의 침범 원인

일본 어선의 한국영해 침범은 주로 무엇 때문이었을까? 또 맥아더라인이라든가 '평화선' 선포 등으로 일본의 어업수역이 강력하게 제한되고 있었음에도 불구하고, 일본인들은 그것을 무시하여 영해를 침범한 원인은 무엇일까?

<표 3-2>와 <그림 2>는 1947~1964년 동안에 일본 선박의 한국 영해 침범을 월별로 정리한 것인데, 이 자료가 이러한 물음에 대하여 상당 부분 답해 줄 수 있을 것으로 생각된다. 즉 일본인의 한국영해 침범은 월별로 뚜렷한 차이를 보이고 있었다. 말하자면 일본이 한국영해를 침입한 건수와 일본 선박의 척수를 월별로 비교해보면 대체로 1~4월과 9~12월의 비중이 압도적으로 많았다. 말하자면 가을과 겨울에 일본 선박의 한국영해 침입이 많았으며, 상대적으로 늦은 봄에서 여름철에는 그 비중이 매우 낮았다. 이러한 계절적 차이는 어류의 계절별 이동에 따른 어장의 문제와 깊은 관련이 있기 때문일 것으로 생각된다.

또 일본 어선의 한국영해 침범은 지역별로도 차이를 보이고 있었다. 한반도의 서남해안이 동해안에 비해 침범건수가 상대적으로 많았다. 특히 서남해안의 경우 가을과 겨울철에 일본 어선의 한반도 연안 침범이 많았으며, 반대로 여름철에는 침범의 횟수가 훨씬 적었다. 이것은 계절별로 어장의 성어기(盛漁期)가 다른 것과 무관

당시 수산 행정가의 증언에 따르면 송환하지 않은 약 185척의 선박을 한국 정부는 부산수산대학의 실습선이나 각 학교, 연구기관에 기증하였으며, 성능이 우수한 배는 해양경비정으로 사용하고, 나머지는 공매를 통하여 일반에게 유상이나 무상으로 불하함으로써, 우리나라 어선의 성능이나 수산생산을 증대시키는데 한 몫을 담당하였다고 한다(지철근, <<시련기의 수산업사>>, 163쪽).

하지 않을 것이다. 예를 들면 고등어잡이와 조기잡이를 하는 일본 어선의 한국영해 침범이 특정한 계절에 한정되어 있는 것에서도 이를 잘 알 수 있다.[29)]

이러한 사실을 놓고 보면 일본 선박의 한국영해 침입은 근본적으로 어장의 문제에서 비롯된 것이며, 침입 시기는 어장의 성어기와 밀접한 관련이 있음을 알 수 있다. 그런데 더욱 심각한 문제는 광복 직전은 물론 그 이후에도 여전히 한국과 일본의 수산업 생산력의 격차가 해소되지 않고 있었기 때문에 일본 선박의 한국영해 침범이 줄지 않고 있었다는 점이다. 앞에서 언급한 것처럼 한국은 일본에 비해 어선(漁船)의 성능이 크게 뒤지고 어로(漁撈)에 필요한 어구(漁具)라든가 기기(機器)가 낙후되어 있는 데 반해서, 일본은 현대화된 장비와 기기 등을 동원하여 어류의 이동 방향까지도 탐지하면서 한반도 주변해역까지 침범하여 남획을 일삼고 있어서 양국 간 갈등의 골은 더욱 깊어지고 있었던 것이다.[30)]

---

29) 최근의 한 연구에 따르면 청일전쟁(淸日戰爭) 이전까지만 하더라도 일본 어민이 어선을 타고 한반도 주변 해역에서 조업을 할 때 한국인들이 주로 잡는 명태·조기·대구·청어·민어 등은 어획 대상에 포함되어 있지 않았다고 한다. 그런데 일본이 청일전쟁에서 승리한 이후에는 사정이 달라져서 일본 어민들은 경기·황해·평안도 등 서해 북부까지 어장의 침탈을 확대하였다, 뿐만 아니라 그들은 우리 어민들의 대표 어업인 명태(동해)를 비롯하여 조기(서해), 멸치, 대구, 청어(남해) 등 포획 대상을 확장시켜 갔던 것이다. 널리 알려진 것처럼 조기는 예로부터 일본인들의 기호 어종이 아니었는데도, 일본 어민들이 서해의 조기잡이까지 진출한 것은 그들이 한국인들이 좋아하는 고기를 잡아 한국 수산업 전반(어로와 유통)을 장악하였다는 중요한 의미가 있다고 판단된다. 박광순, <일본의 한국 어장 침탈과 어민의 대응>, <<경제사학>> 18, 1994, 71-86쪽.

30) 당시 신문을 보면 일본 어선은 목포 앞 바다에까지 와서 불법적인 밀어(密漁)를 자행하고 있었다고 한다. 동아일보 1949년 7월 9일자 기사에는 영해를 침범한 일본 어선이 하루에 1천여 척이나 되었다고 적고 있으며, 매일 60톤에서 70톤 내외의 일본 어선이 울산 방어진을 비롯하여

〈표 3-2〉 일본선박의 영해 침범 (월별)

월	건수	척수	종별 · 지역별 건수*								
			서남 해안	동해안	충합 (沖合)	연승 (延繩)	선망 (旋網)	트롤	고등어 잡이	조기 잡이	기타
1	19	30	11	2		1	3	3			
2	18	28	12	1	1			1			1
3	22	37	15		1	3		2			
4	13	42	9	2	1	1					
5	9	14	4	1	1	2				1	
6	13	15	4		1	3	3			1	
7	9	11	2			1	2			4	
8	13	21	1	1	1	1	3		7	1	
9	32	61	4	1	2	11	11		1		1
10	14	34	4	1	1	2	3	1	3		
11	14	21	5	2	3	2		1			1
12	18	38	11	1	2	2	1				
계	194	352	82	12	14	29	26	8	11	7	3

자료: 국사편찬위원회, 대한민국사연표, http://www.nhcc.go.kr ; 《日韓漁業對策運動史》

* 종별 · 지역별 일본 어선의 한국 영해 침범

하여튼 광복 직후부터 한일협정(韓日協定) 체결로 전후처리가 마무리 될 때까지 일본 선박의 한국영해 침범은 계속되었으며, 그 때마다 어선과 선원의 나포와 석방은 되풀이되고 있었다. 그런데 한국에 의해 나포된 일본 선박의 척수에 대해서는 정확한 자료를 찾기가 매우 어렵다. 그래서인지 일한어업협회(日韓漁業協會)가 제시한 자료에는 총 327척의 일본 선박이 한국에 의해 나포되었다고

거제도와 제주도 근해에까지 침범하여 도어(盜漁) 작업을 계속하고 있는데, 그들의 어획고가 1천 5백만 관(貫)에 이르러, 이를 방치할 경우 한국 수산계에 적지 않은 파문을 초래할 것이라고 경고하고 있다.

되어 있으며, 그 중 귀환하지 못한 선박이 185척이었다고 한다. 또 오카모토(岡本信男)가 지은 <<일본어업통사(日本漁業通史)>>(1984)에는 한일회담이 타결될 때까지 나포된 일본 어선이 326척인데, 그 중 182척은 한국정부에 의해 몰수되어 일본으로 귀환되지 못했다고 적고 있다.[31] 그런데 많은 논란 속에서도 당시 심각했던 '어선기근(漁船饑饉)' 때문에 한국정부는 몰수한 일본 선박 중 성능이 우수한 것을 해양 경비선(海洋警備船)이라든가 각급 학교나 연구기관이 쓸 실습선(實習船) 등으로 20척 정도를 기증하여 활용하고 있었다고 한다.[32]

〈그림 2〉 일본 선박의 한국 영해 침범(월별)

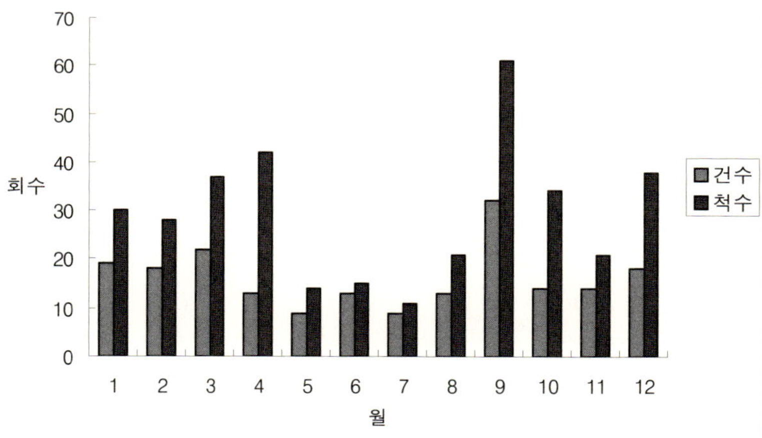

31) 필자가 앞에서 제시한 <표 1>과 <표 2>는 나포(拿捕) 년월일과 선박명이 비교적 정확하게 기록되어 있는 한국과 일본의 자료를 종합하여 정리한 것이다. 그런데 나포된 선원과 선박의 석방과 귀환을 연도별로 자세하게 기록한 자료는 거의 찾아보기 힘들었다.

32) 지철근, <<시련기의 수산업사>>, 163쪽.

2. 밀항

한국정부가 일본 선박의 한국영해 침범 대책에 부심하였다고 한다면, 반대로 일본정부는 한국인의 일본으로의 밀항 단속을 위해 심혈을 기울이고 있었다. 그런데 일본이 한국인의 밀항에 대비하기 시작한 것은 제2차 세계대전 직후로 거슬러 올라간다. 한국과의 거리가 가장 가까운 대마도(對馬島, 일본에서는 쓰시마로 부름)에서는 1946년 9월부터 이미 '대마도에 밀항하는 한국인(조선인)'에 대한 단속을 강화하게 된다. 즉 1946년 9월 나가사키현(長崎縣) 쓰시마지청(對馬支廳)이 결성한 '쓰시마식량대책협의회'에서 미(美) 점령군의 스미스 중좌(中佐)는 "쓰시마에 밀항하는 조선인을 단속하는 것은 그들에 의한 전염병의 확산과 함께, 핍박한 일본의 식량사정이 밀항 조선인의 증가에 의해 악화될 것을 우려하기 때문이다"는 취지의 발언을 한 것으로 되어 있다.[33] 이것을 보면 제2차 대전 직후부터 대마도를 통한 밀항자가 발생하고 있었으며, 미 점령군은 일본의 어려운 식량사정 등을 들어서 한국인 밀항자 단속에 행정력을 집중하고 있었던 것으로 보인다.

한국인 밀항자는 '한국전쟁' 직후 다시 급증하기 시작한다. 특히 일본으로 밀항하는 사람들의 중간 기착지 역할을 했던 대마도는 1950년 6·25 발발 이후 밀항자가 크게 증가하였는데, 쓰시마 근해에서 암약하다 검거된 밀수업자까지 늘어나는 바람에, 이즈하라(嚴原) 구치소의 수용자는 1951년 6월 현재 정원 95명을 크게 초과하는 116명에 달했다고 한다.[34] 밀항자 대책이 시급한 현안으로

---

33) <<戰後對馬三十年史>>, 齊藤隼人, 對馬新聞社, 1983, 17쪽.

34) 그런데 대마도의 구치소(拘置所)가 밀항자(密航者)로 초만원을 이루자, 이들 밀항·밀수업자들을 면회하러 오는 사람들이 하루 평균 30명에 달해, 구치소 직원들은 일요일도 반납해야 할 정도로 바빠졌다고 한다. 뿐만 아니라 면회인의 태반은 교토(京都)·오사카(大阪)·고베(神戶) 지역에서 왔는데, 그들의 숙박과 재소자(在所者)에 대한 물품 반입 등으로

떠오르자 일본의 중의원(衆議院) 행정감사특별위원회에서는 대마도 밀입국 상황을 조사하기 위하여 사사키(佐々木秀也)를 단장으로 하는 자유(自由)·민주(民主)·사회(社會)·공산당(共産黨)의 의원 10명을 중심으로 하여, 야마사키(山崎) 해상보안청차장(海上保安廳次長) 등과 함께, 1951년 6월 27~29일까지 대마도 전도(全島)를 일주하면서 조사를 할 정도로 비상한 관심을 보였다고 한다. 이 때 미즈노(水野) 나가사키현(長崎縣) 국경본부대장(國警本部隊長)이 국경본부장관(國警本部長官)에게 보고한 바에 따르면, "전후(戰後) 1946년부터 1951년 5월까지 한국(조선)에서 대마도로 밀항한 사람이 약 1만 2천 8백 명으로 보이며, 그 중 9,190명을 대마도에서 검거하고 있는데, 도내(島內)의 감시소에서 발견하여 검거한 것은 1,760명이다. 일본 전국 밀항자의 50%는 나가사키현에서 검거되었는데, 그 중 45%를 대마도에서 검거하고 있다. 밀항의 기지는 부산(釜山)·통영(統營)·여수(麗水) 방면이었다."고 한다.[35]

한국인 밀항자의 급증은 한국정부로서도 사회경제적 영향은 두말할 나위도 없이 외교적으로도 크나 큰 부담이 아닐 수 없었다. 그래서 <표 3-3>에서 보는 것처럼 1952년 9월 6일 이승만 대통령은 국무회의 석상에서 일본 밀항자를 철저히 단속하라는 지시를 내리게 된다. '한국전쟁' 종료 후 한국정부는 대일 외교현안의 해결에 더욱 박차를 가하게 되는데, 1955년 10월 주일대표부는 일본 외무성(外務省)에 영해 침범 어부의 인도적 대우와 오무라(大村) 수용소의 억류 동포에 대한 즉시 석방 등을 요구하게 된다.

앞에서 언급한 것처럼 한국에 억류된 영해 침범 일본인의 석방과 함께 일본에 억류되어 있던 한국인의 석방이 계속되었다. 1958년 1월 제1차로 오무라 수용소 억류 동포 69명이 석방되었으며,

인해 약 300만엔이 이즈하라에(嚴原) 떨어지는 경제적 효과도 발생하였다고 현지 신문은 전하고 있다.<<戰後對馬三十年史>>, 43쪽.

35) <<戰後對馬三十年史>>, 55쪽.

〈표 3-3〉 일본의 한국인 밀항자 석방

연	월	일	석방(명)	비 고
1952	9	6		이승만 대통령, 국무회의에서 일본 밀항자 철저 단속 지시
1952	9	6		한국 선박에 대한 일본의 불법검색을 일본정부가 정식 사과
1955	10	26		주일 대표부, 일본 외무성에 영해침범 어부 인도적 대우와 오무라수용소 동포 즉시 석방 요구
1955	12	9		일본정부, 억류 한국인 석방 발표
1956	12	18	?	일본정부, 억류 한국인 전원 석방
1958	1	19	69	일본 제1차로 오무라수용소 억류동포 69명 석방
1958	1	14		사할린동포 328명 일본 도착
1958	1	22	66	일본 제2차로 오무라수용소 억류동포 66명 석방
1958	4	23	251	일본 오무라수용소 억류 동포 251명 부산항에 도착
1959	10	2	178	일본정부, 억류동포 178명을 불법입국자로 인정 귀환 통고
1963	3	20	147	일본정부, 밀입국 혐의로 오무라수용소 억류 한국인 147명 송환계획
1966	2	24	176	일본정부, 밀항한국인 176명 송환

자료 : 국사편찬위원회, 대한민국사연표 ; http://www.nhcc.go.kr

그 해 2월에는 제2차로 오무라 수용소 억류 동포 66명이 석방되었다. 또 그 해 4월에는 오무라 수용소에 억류되어 있던 동포 251명이 부산항에 도착하였으며, 이듬해인 1959년 10월에는 일본정부가 억류 동포 178명을 불법 입국자로 인정하여 귀환하겠다고 한국정부에 통고해 왔다.

그러나 한국인의 일본 밀항은 좀처럼 끊이지 않았다. 예컨대 1960년 6월 5일 대마도에서는 53명의 한국인이 밀입국 혐의로 체포되는 사건이 발생하였다. 즉 대마도의 가미아가타(上縣) 경찰서는 1960년 6월 5일 저녁 9시 반 경 가미쓰시마쵸(上對馬町) 오우라(大浦) 해안의 산 속에 숨어 있던 제주시의 홍성봉(洪成奉, 24세, 무직) 등 53명을 밀입국 혐의로 체포했다. 밀항자 중에는 어린

아이 17명도 섞여 있었다. 이들은 모두 제주시 출신이며, 4일 오후 6시 소형어선으로 부산을 출항, 그날 밤 11시 경 "여기가 오사카" 라고 생각하고 몰래 오우라 해안에 상륙하여 하루 낮과 밤을 잠복하고 있었는데, 그것이 가미가타경찰서의 수색에 의해서 발각되고 말았다. 1960년에 들어와 가미가타경찰서가 붙잡은 밀입국자는 107명에 이른다고 한다.[36] 이처럼 한국인에 의한 일본 밀항은 1965년에 한일협정(韓日協定)이 체결된 이후에도 좀처럼 사라지지 않았다.

3. 밀수

(1) 밀무역

제2차 세계대전 직후 국내외 정세의 혼란을 틈타 한·일 해역에서는 밀무역이 성행하였다. 그 중에서도 한반도와 일본열도 사이의 거리가 가장 짧은 대마도가 밀무역의 거점으로서 활용되고 있었는데, 그것은 당시 교통과 통신의 발달이 제한되어 있어서 물품 및 인간의 이동이 오로지 선박에 의존하고 있었던 상황과 깊은 관련이 있을 것이다. 앞에서 언급한 것처럼 1951년 6월 나가누마(永沼) 이즈하라해상보안부장(嚴原海上保安部長)이 대마도를 방문한 국경본부장관(國警本部長官)에게 보고한 자료에 따르면, 밀무역을 하다가 대마도에서 적발되어 검거된 사람의 수가 1950년에 11건 115명이었으며, 1951년에는 6월까지 5건 43명이었다고 한다. 또 밀무역품은 일본에서 한국(조선)으로 가져오는 것은 의료품(衣料品), 알루미늄제품이 대부분을 차지하였는데, 그 금액이 약 1,500만円이었던 것으로 조사되었다. 한국에서 일본으로 가져가는 것은 페니실린, 다이아칭 등 방출약품(放出藥品)을 비롯하여 설탕 등이 많았는데, 그것을 금액으로 환산하면 230만円에 이르러 한국의 수

---

36) <<戰後對馬三十年史>>, 131-132쪽.

입초과를 기록한 것으로 되어 있다.[37)]

밀무역 거래가 잦아지면서 무역의 규모도 점차 커져 더욱 문제가 심각해지고 있었다.[38)] 그 대표적인 예가 1959년 대마도에서 터진 대규모 밀무역 사건이었다. 그 내용을 보면 한국에서 김〔海苔〕1천 1백만 장을 밀수해 가다가 그것이 대마도에서 발각된 것이다. 이즈하라(嚴原) 경찰서는 1959년 2월 나가사키현 경찰본부의 협력을 얻어 한국의 김 밀수사건을 수사하고, 오사카(大阪) 테츠카야마(帝塚山) 삼강상사(三鋼商事) 상무이사(常務取締役) 다마루(田丸慶次, 50세), 이즈하라쵸 고쿠부(國分) 무역상 아세아상회(亞細亞商會, 矯子飛57세) 외 4명을 세관법 위반 혐의로 체포·조사를 계속했는데, 1959년 3월에는 그 밖에도 사건에 관여한 무역선 4척과 5건 12명을 체포했다. 이 사건의 참고인으로서 오사카 31명, 이즈하라 26명과 오사카 8개소, 이즈하라 15개소가 수색을 당했다. 당시 조사결과에 따르면 한국의 김 1천 1백 4십 6만 6천장, 금괴 3개, 미화(美貨) 1천 2백 2십 5달러 등 총액 1천 2백 6십만 엔과 한국—이즈하라—오사카를 잇는 대형 밀수사건임이 판명된 것이다.[39)]

---

37) <<戰後對馬三十年史>>, 55쪽.

38) 1952년에도 대마도에서 대규모 밀무역 사건이 발각되었는데, 밀수 혐의를 받고 추적으로 받던 사람들이 밀수품 1천만엔을 바다 한 가운데 의도적으로 빠뜨리는 사건이 발생했다. 한국 제주도 출신으로 히로시마현(廣島縣) 오노미치시(尾道市) 미나미구보쵸(南久保町)에 거주하는 남국웅(南國雄) 등이 1952년 3월과 4월 사이에 두 차례에 걸쳐 일본으로부터 약 1천만 엔 상당의 염료와 연필 등을 포장한 밀수물자를 자기 소유의 밀수선에 싣고 대마도로 운반하던 중 대마도 근해에서 발각될 것을 염려하여 그것을 모두 바다 속에 버렸다고 진술했다는 것이다. <<戰後對馬三十年史>>, 53쪽.

39) <<戰後對馬三十年史>>, 111-112쪽.

(2) '변칙무역(變則貿易)'

광복 직후부터 한일협정 체결 이전까지 한국과 일본 사이에는 불법적인 밀무역만 성행하였던 것은 아니었다. 비록 한국정부와 일본정부의 무역 내용에 대한 인식상의 차이가 있어서, 예컨대 한국정부는 그것을 밀무역으로 간주하고 있는데도, 일본정부에서는 그것을 정상적인 무역으로 인정하는 인식상의 불균형이 존재하고는 있었지만,[40] 양국은 필요한 물자의 조달을 위하여 교역을 하고 있었다.

대마도를 통한 한일무역은 1955년에 들어와 더욱 활기를 띠었다. 특히 1955년 7월 하카다(博多) 검역소의 이즈하라 출장소가 개설되면서, 이즈하라를 중심으로 하는 한일 '변칙' 무역은 일본의 조선(造船)·금속(金屬) 분야에서 불었던 붐에 편승하여 더욱 활황을 보였다. 이즈하라 세관지청(稅關支署)의 조사에 따르면, 한국 무역선의 입항은 1955년 7월부터 1956년 7월까지 누계 318척, 수출입액은 3억 3천 1백 8십 2만 엔에 달하고 있었다. 또 수출입별로는 한국이 고철(古鐵)을 1억 8천 4백만 엔 수출하고, 그 대가로 일본에서 수입하는 것은 섬유제품과 화장품 등으로 9천만 엔이 거래되었던 것으로 조사되었다. 이 한일무역에서 매일 2~30척의 한국 무역선이 이즈하라에 입항하고 있었다. 이즈하라 세관지청(稅關支署)의 조사에 따르면 1956년 1월부터 12월까지 1년 동안에 이즈하라에 입항한 한국 무역선은 363척이었으며, 무역액은 4억 5천 8백 만 엔에 달했는데, 이것을 전년과 비교하면 입항수로 약 4배, 무역액은 10배 이상 늘어난 것이다.[41] 이러한 무역의 확대는 부수적으로 선원들에 의한 선구(船具)라든가 선물 등의 구입, 음식, 유흥, 하역인부의 운임 증가 등으로 이어졌는데, 이러한 파급효과를

40) 이것을 가리켜 당시 기록은 '변칙무역(變則貿易)'이라 적고 있다.

41) <<戰後對馬三十年史>>, 96-97쪽.

금액으로 환산하면 1개월에 3백만 엔 이상이나 되었으니, 당시 이즈하라는 마치 '한국의 거리'와 같은 모습을 보이기도 했다고 전한다.[42]

한국과 대마도 사이의 무역이 활기를 보이고 있는 가운데, 이즈하라항에는 1957년 2월 23일 처음으로 정상적인 루트를 통한 무역선이 입항했다. 이 무역선은 연길호(運吉號, 30톤 ; 선주 金成充, 56세)였는데, 한국 제주도에서 전복(全鰒) 1천 관(貫)을 싣고 입항한 것이다. 종래 이즈하라를 중계지로 하는 한국과의 무역은 수입품의 대부분을 금수품(禁輸品)인 고철(古鐵)이 차지하고 있었기 때문에, '변칙무역'이라는 이름으로 행해지고 있었는데, 이 시기에 이르러 정상 루트를 통한 선어개(鮮魚介)의 대일수출이 기대되고 있었던 것이다.[43] 그 결과 대마도를 통한 한일무역은 더욱 그 규모를 확대해 나가고 있었다. 예컨대 1958년 3월 1일부터 10월까지 한일무역액을 이즈하라 세관지서(稅關支署)가 조사한 바에 따르면 4억 1백 9십 4만 엔이었는데, 그 내역을 보면 한국의 수출이 1억 4천 9백 만 엔, 한국의 수입이 2억 5천 2백 만 엔이었다. 한국의 수출품은 여전히 고철이 90%를 차지하였고, 그 나머지 10%가 해초(海草)인 우뭇가사리(天草)였다. 그 대가로 한국은 일본으로부터 화장품과 의료품(衣料品) 등을 수입하고 있었다. 1958년 11월 말 현재 한일 무역선의 이즈하라 입항 수는 589척에 달했는데, 이들 한국 선원들이 음식과 선물 구입 등으로 이즈하라에 떨어뜨리는 돈은 한 달에 1백 5～60만 엔에 이르렀다. 이것은 결과적으로 이즈하라의 지역경제에 커다란 활력을 제공하였던 것이다.[44]

---

42) <<戰後對馬三十年史>>, 94, 96-97쪽.

43) <<戰後對馬三十年史>>, 97쪽.

44) 1955년 7월 하카타검역소(博多檢疫所) 이즈하라출장소(嚴原出張所)의 개설에 의해 시작되었던 한일무역(韓日貿易)은 1955년 90척, 무역액 5천 6백 7십 만엔, 1956년에는 363척, 무역액 4억 5천 8백 5십 만엔, 1957년

그러나 1960년대 중반에 이르게 되면 대마도를 통한 한일무역은 쇠퇴하기 시작한다. 한국과 일본의 국교정상화로 말미암아 일본의 경우 시모노세키(下關)라든가 후쿠오카(福岡), 오사카(大阪) 등이 한국과의 대규모 교역항으로 성장한 탓에 상대적으로 대마도를 통한 루트는 쇠퇴하지 않을 수 없었다.[45] 전후(戰後) 한국정부로부터 밀무역으로 단속을 받으면서도 일본정부로부터는 정상무역으로서 인정받아, 15년 동안 계속된 쓰시마 이즈하라항과 한국 사이의 '편도무역(片道貿易)'이 1968년 12월 15일 폐지되었다. 이로 인해 이즈하라항에 간판을 달고 있던 한일무역업자 5명(한국인 3명, 일본인 2명) 중 한국인 3명은 모두 폐업을 했다.[46] 자연히 대마도에 거주하는 한국인들도 감소하기 시작하였다. 제2차 세계대전 종결 이전까지만 하더라도 약 6천 명의 한국인이 대마도에서 거주하면서, 주로 목탄제조에 종사하고 있었다. 그런데 북한으로의 귀국이라든가 한일무역의 쇠퇴 영향도 있었겠지만, 주로 목탄생산을 그만 둔 한국인의 오사카 방면 전출로 인하여 대마도 거주 한국인이 급감하였던 것이다. 예컨대 1962년 6월 도요타마무라(豊玉村)에서 6세대 18명이 북한으로 귀국하였는데, 이로 인해 대마도의 한국인 재도(在島) 등록자는 1천 6백 6십 명에 지나지 않았다.[47]

에는 447척, 무역액 3억 6천 6백 4십 만엔, 합계 9백척, 무역액 8억 8천 1백 6십 만엔이라고 하는 실적을 올리고 있었다. 또 1959년 1월부터 12월까지 이즈하라에 입항한 한국 무역선은 978척, 무역액은 한국의 수입 3억 3천 4백만엔, 한국의 수출 6억 9천 3백만엔으로서, 1954년 4월 이후 최고의 기록을 나타냈다. 이즈하라쵸 내의 무역상사는 하청업자를 합해서 39, 무역종사에 사용된 배는 240척에 이르고 있으며, 주요 무역항은 한국의 마산(馬山)과 여수(麗水)·통영(統營)·부산(釜山)·삼천포(三千浦) 등으로 1년 동안에 평균 5회는 왕복하고 있는 것으로 보인다. <<戰後對馬三十年史>>, 111, 123쪽.

45) 嚴原町, <<嚴原町誌>>, 1997, 1073쪽.

46) <<戰後對馬三十年史>>, 216쪽.

47) <<戰後對馬三十年史>>, 148쪽. 또 1967년 8월 쓰시마 지청의 조사에

Ⅳ. 어업대책과 현대 한일관계

1. 어업자원 보호정책과 '평화선' 선포

(1) '평화선' 선포의 배경

1945년 제2차 세계대전의 종결과 함께 한국은 일제의 침탈로부터 벗어나 광복을 되찾았지만, 1948년 대한민국 정부가 수립될 때까지 미군정의 점령 상태에 놓여 있었다. 그러나 일본인 소유로 되어 있던 이른바 '귀속재산(歸屬財産)'에 대해서는 1945년 12월 6일 군정명령(軍政命令) 제33호로 법적 근거가 마련되어, 선박이라든가 어장 등 '귀속재산' 처리를 둘러싼 혼란이 줄어들었다. 그러나 '귀속재산'을 둘러싼 혼란이 완전히 수습된 것은 아니었다.[48]

광복 후 한국은 어업문제와 관련하여 크게 두 가지 점에서 시급히 해결하지 않으면 안 되는 과제를 안고 있었다. 그 하나는 일제강점기에 만들어졌던 법령을 광복 후에도 그대로 적용할 것인가 하는 점이었다. 이 문제에 대해서는 결국 1945년 11월 9일 <법령 제27호>에 의하여, "조선어업령(朝鮮漁業令)은 그대로 적용하되, 1945년 8월 9일 이전에 총독부가 허가한 일체의 어업권(漁業權)은 무효로 하고, 앞으로 어업권은 농림부가 공포하는 어업취체규칙(漁業取締規則)에 의하여 허가를 받고 행사토록 한다"고 결론을 맺었다.[49] 다른 하나의 문제는 광복 후 어업행정의 혼란상을 조기에

따르면, 한국인과 북한인의 대마도 거주자는 총 757명이었으며 중국인은 12명에 지나지 않았다. 대마도에는 전후(戰後) 1952년만 하더라도 2천 4백 7십 3명의 한국·북한인이 대마도에 살고 있었는데, 제탄업(製炭業) 등의 부진으로 교토(京都)·오사카(大阪)·고베(神戶) 방면으로 전출이 늘어 매년 거주자가 줄어들었다. 또 1967년 8월 12일 마감한 재일한국인의 귀국 신청을 보면, 이즈하라·미쓰시마·가미쓰시마 등 3개 정(町)에서 21세대 78명이 귀국을 신청했다고 한다. <<戰後對馬三十年史>>, 203쪽.

48) 지철근, <<한일어업분쟁사>>, 한국수산신보사, 1990, 50쪽.

안정시키는 일이었다. 이른바 '통역행정(通譯行政)'의 폐해가 심각하여 각종 이권을 둘러싼 혼란의 가중과 통역자들의 난무로 인한 행정의 난맥상이 극에 달하고 있었다. 이러한 혼란은 1948년 8월 대한민국 정부수립으로 정돈될 수 있었으나, 1950년 6·25 전쟁으로 말미암아 정상적인 업무집행이 곤란하여 사태의 수습은 그 이후로 미루어지고 말았다.[50]

요컨대 한국 정부 입장에서는 일본의 현대화된 장비와 우세한 어선세력을 앞세운 남획 행위를 근절시키는 동시에, 연안 해역의 어족자원 보호와 어민의 이익을 지키기 위한 특단의 조처가 요구되고 있었다. 또 무엇보다도 1952년 4월 28일 미국과 일본 사이의 평화조약('샌프란시스코조약') 발효로 인해 '맥아더라인'이 자동소멸될 운명에 처해 있었던 것을 간파한 한국정부가 6·25 전쟁 중이었음에도 불구하고 철저한 대비를 한 것은 천만다행이었다. 그렇게 해서 1952년 1월 15일 열린 국무회의에서 '인접해양(隣接海洋)에 대한 주권(主權)에 관한 대통령선언(大統領宣言)'으로 의결을 거쳐 마침내 그 해 1월 18일 국무원공고(國務院公告) 제14호로 내외에 선포된 것이다.[51] 이렇게 해서 획정된 것이 바로 '평화선'이다.[52]

---

49) 지철근, <<한일어업분쟁사>>, 50쪽.

50) 지철근, <<한일어업분쟁사>>, 50쪽.

51) 지철근, <<평화선>>, 범우사, 1979, 167쪽.

52) '평화선'의 초안에 해당하는 '어업보호수역(안)'은 당시 수산행정의 책임자였던 지철근의 원안에 '독도를 관할구역 안에 포함시킨다'는 당시 외무부 변영태(卞榮泰) 장관의 수정안을 절충하여, 1951년 9월 7일 임시수도였던 부산에서 열린 제98회 임시국무회의에서 의결을 보았다(지철근, <<한일어업분쟁사>>, 69쪽). 그런데 그 뒤 이것이 '평화선'이란 이름으로 불리게 된 데는 다음과 같은 배경이 있었다고 한다. 즉 이 '선언' 이후 일본은 물론 미국과 영국 등 우방국들까지도 한국정부의 조치가 부당하다는 비판이 제기되자, 한국정부는 1953년 2월 8일 성명을 발표하여, "이승만(李承晩) 대통령 선언의 목적은 한일 양국의 평화 유지에 있

그런데 한국 정부가 '평화선'을 대내외적으로 선포하면서 그 논리적 근거로 삼았던 것은 크게 두 가지였다. 첫째 미국 트루먼 대통령의 '공해의 일정 수역에서의 연안어업에 관한 선언' 등에 뒤이은 중남미 각 국의 '해양자원보전 및 대륙붕에 관한 선언'의 선포라고 하는 국제적 조류를 한국 정부가 적절하면서도 민첩하게 활용한 것이다.[53] 또 다른 하나는 조선총독부령 제109호로 공포된 일제의 트롤어업금지구역 선포라고 하는 역사적 선례를 들 수 있다. 즉 일제 강점기 총독부는 한반도 연안의 자원보호를 목적으로, 일본 본토의 일본인 어업자들을 비롯하여, 식민지 조선 내의 일본인이나 한국인을 가릴 것 없이 트롤어업금지구역을 적용한 적이 있었는데, 일본 스스로에 의한 선례에 기초하여 선포된 '평화선'에 대하여 일본이 논리적으로 반박할 근거는 매우 희박했다.[54]

(2) '평화선' 선포에 대한 일본의 대응

1952년 1월 한국 정부로 하여금 '평화선'을 선포하지 않으면 안 되도록 한 데는 전후 일본의 수산업정책에 따른 한국 연안의 잦은 침범이 그 중요한 요인 중 하나였다. 다시 말해서 제2차 세계대전 이전까지 북양어장(北洋漁場)에서 연어 · 송어 · 게잡이 등을 하던 굴지의 일본 회사들이 패전 이후에는 어장을 서쪽으로 옮겨 저인

다"고 해명한 데서 비롯되었다고 한다. 그러나 일본은 이것을 인정할 수 없다고 하여 1965년 한일회담(韓日會談)이 타결될 때까지 줄곧 '이(李)라인'이라고 불러서 그 의미를 축소 · 격하시키려 하였다(지철근, <<한일어업분쟁사>>, 77-78쪽).

53) "1987년 9월 현재 전 세계 139 연안국 중 103개국이 영해 또는 200해리 경제수역을 선포하는 등, 자국 연안의 자원에 대하여 배타적 권리를 주장하는 이른바 '자원내셔널리즘'이 오늘날에는 보편화 되어 있지만, 당시만 하더라도 영해 3해리와 '공해자유의 원칙'이 국제적으로 적용되는 상황이었기 때문에, 당시의 국제법으로는 많은 어려움이 뒤따랐다." 지철근, <<한일어업분쟁사>>, 67쪽.

54) 지철근, <<한일어업분쟁사>>, 67쪽.

망어업(底引網漁業)으로 전환하였으며, 사할린 연안에서 대구잡이와 고래잡이를 하던 일본의 수산업자들도 동중국해 방면으로 어장을 옮겨 저인망어업으로 전환하였다.

그런데 그것이 결과적으로 일본 어선의 한국 주변수역 침범으로 이어지게 된 것이다.55) 뿐만 아니라 일본의 끈질긴 요청에 의해 점령 당국의 일본에 대한 어로규제가 완화되어, 누구나 어선만 있으면 '맥아더라인' 안에서는 자유롭게 어업활동을 할 수 있도록 한 결과, 1945년에 182만 톤에 불과하던 일본의 연간 어획량이 1952년에는 482만 톤으로 증가하였다고 한다.56) 이것은 바꾸어 말하면 일본의 세계적 수준의 어획고 달성이 한국 근해에 대한 침범과 남획을 통해서 이루어졌다고 말할 수 있을 정도였다.

그래서 한국정부는 기회가 있을 때마다 일본 어선에 의한 남획과 주변수역 침범에 대하여 일본정부에 항의를 하였다. 그러나 '맥아더라인'을 관장하는 '일본점령 연합군 최고사령부'(SCAP ; Supreme Command for the Allied Powers)가 정책을 입안하고, 그 집행을 일본정부에 위임했기 때문에, 일본 측은 자국 어선에 대한 규제를 방관하고, 오히려 그것을 조장하는 결과만을 초래하였다.57) 또 1949년 중국의 공산화는 미국으로 하여금 일본에 대한 당초의 강력한 점령정책을 완화하지 않을 수 없도록 했다. 그 결과 1950년대에 들어와서도 점령정책의 완화에 따라 '맥아더라인'을 넘어서 한국 연안을 침범하는 일본 어선의 행위는 조금도 수그러들지 않았다.58) 특히 제주도와 흑산도를 중심으로 한 제주 서남해역의 주요 어장에서는 일본어선이 선단(船團)을 이루어 남획을 하는 바

55) 지철근, <<한일어업분쟁사>>, 50-51쪽.

56) 和田正明, <<日韓漁業の新發足>>, 1965 ; 지철근, <<한일어업분쟁사>>, 51쪽 재인용.

57) 지철근, <<한일어업분쟁사>>, 63쪽.

58) 지철근, <<한일어업분쟁사>>, 64쪽.

람에 불야성(不夜城)을 이루고 있었다고 한다.[59] 그러나 1952년 4월 28일 대일강화조약(對日講和條約)이 발효되면 '맥아더라인'이 자동 폐기될 것으로 기대하고 있던 일본으로서는, 1952년 1월 18일 한국정부의 '평화선' 선포가 커다란 충격이 아닐 수 없었다.

2. 전후처리와 한일어업협정 체결

(1) '평화선'과 '맥아더라인', 그리고 '클라크라인'

1952년 1월 한국정부에 의해 '평화선'이 선포되기는 했지만 그것으로 전후처리 문제가 완전히 해결된 것은 아니었다. 무엇보다도 한국정부의 '평화선' 선포에 대하여 일본 측이 저항을 하였기 때문이었다. 또 당시로서는 '평화선'이 미국과 영국 등 '우방국'의 승인을 받지 못한 상태였다. 말하자면 '평화선' 선포는 수산능력의 우위를 앞세운 일본의 약탈적인 연안수역 침범과 남획에 대한 한국 측의 주관적인 '방어선'이었다고 해야 할 것이다. 이러한 사정 때문에 '평화선' 선포 이후 한·일 해역에서의 양국 간 갈등과 마찰은 더욱 증폭되고 있었던 것이다.

패전국 일본의 어선에 대하여 제2차 세계대전 이후 월선(越線)이 금지된 규제선은 '맥아더라인'과 '평화선', '클라크라인' 등 3가지였다. 패전 후 일본의 어선에 대한 최초의 제한은 일본이 무조건 항복을 선언한 1945년 8월 15일에 이루어졌는데, 이 날 이후 100톤 이상의 일본 선박(어선 포함)은 항해 자체가 금지되어 있었다. 그 뒤 점차 제한이 완화되어 1945년 9월 27일에 '맥아더라인'이 설정되었는데, 일본 어선은 그 수역 안에서만 조업이 포괄적으로 허용되었다.[60]

그러나 일본의 독립을 인정하는 대일강화조약(對日講和條約)이

---

59) 지철근, <<한일어업분쟁사>>, 65쪽.

60) 지철근, <<시련기의 수산업사>>, 151쪽.

1952년 4월 28일 발효되기에 이르자 그보다 3일 앞선 4월 25일 '맥아더라인'은 철폐되었다. 앞에서 서술한 것처럼 바로 이러한 사태를 예견한 한국정부에 의해 1952년 1월 18일 이른바 '평화선'이 선포되었던 것이다. 그로부터 약 8개월이 지난 1952년 9월 27일에는 연합군에 의해 '한국방위수역'이 설정되었다. '한국전쟁'에 참전한 연합군의 교통선을 확보하고 전시금제품이라든가 적국인의 한국영토 침입을 예방할 목적으로 한국수역에 방위구역을 설정한 것이다. 이 수역을 연합군사령관 클라크 장군의 이름을 따서 '클라크라인'이라고 부르게 되었던 것이다. 그런데 '클라크라인'은 동해에서의 획선을 제외하고선 대체로 한국정부가 선포한 '어업전관수역'과 비슷하였다.[61]

'클라크라인'의 설정으로 한국은 유리해진 반면에 일본은 더욱 불리하게 되었다고 볼 수 있다. '평화선'이 불법적인 것이라고 주장하던 일본도 '클라크라인'을 감히 침범할 수가 없었기 때문이었다. 그러나 '클라크라인'도 '한국전쟁'의 휴전으로 말미암아 1953년 7월 27일 철폐되고 말았다.[62] 그 뒤 일본 어선의 한국 영해 침범이 크게 증가하였으리라는 것은 쉽게 예상할 수 있는 일이다. 앞의 <표 3-1>과 <그림 1>에서 제시하였듯이, 1953년의 일본 어선에 의한 한국영해 침범이 16건, 45척으로서 그 전년도(9건, 19척)에 비해 크게 증가하였다. 1954년에는 그것이 21건, 44척으로 나타나 일본 어선의 영해 침범이 더욱 노골화되었음을 알 수 있다. 이로써 한국과 일본 사이의 갈등과 대립이 한층 심각해지게 되었음은 더 말할 나위가 없다.

---

61) 한국 정부는 울릉도와 독도가 엄연히 한국의 영토이기 때문에 그것이 반드시 '클라크라인' 속에 포함되어야 한다고 UN당국에 강력히 요구하였으나, '클라크라인'이 전시(戰時)를 감안한 일시적인 봉쇄선이라는 이유로 거절되었다고 한다. 지철근, <<시련기의 수산업사>>, 152-153쪽.

62) 지철근, <<시련기의 수산업사>>, 153-155쪽.

(2) 한일회담과 한일어업협정

대일강화조약('샌프란시스코조약')이 발효되는 1952년 4월 28일 이전에 일본과의 국교정상화를 추진하기 위하여, 한국정부는 '한일회담'의 조기 개최를 '일본점령군총사령부'(SCAP)에 요청하였다. 그 결과 1951년 10월 20일 도쿄(東京)에서 양국 대표와 SCAP측 옵서버가 첫 대면식을 가졌다.[63] 그로부터 14년 동안 우여곡절을 거치면서 1965년 6월 22일 양국 대표가 '대한민국과 일본국간의 기본관계에 대한 조약' 등 7개 조약, 협정 및 의정서에 서명함으로써 '한일협정'은 타결을 보게 되었다.[64]

'한일회담'은 제1차 회의부터 제3차 회의까지는 '평화선'의 국제법상 타당성 여부를 놓고 양국이 열띤 논의를 벌였다. 그러다가 1958년 4월에 시작된 제4차 회담 즉 본회의에서부터 분과위원회의 명칭을 고쳐 '어업 및 평화선위원회'라 정하였는데, 어업문제는 법적 논쟁만으로는 해결 불가능하니 다음부터는 '어업자원 보존에 관한 실질적인 문제'를 기술적으로 토의하자고 양측이 합의하였다. 그 뒤 1960년 4·19 혁명과 1961년 5·16 쿠테타 등으로 말미암아 회담이 일시 중단되기도 하였으나, 군사정부 수립 이후 과거의 토의를 계속 진행해 나갔다.

어족자원의 보존과 어민이익의 보호라고 하는 두 가지 목표를 달성하기 위하여 양국 간에 밀고 밀리는 협상이 계속되었으나, 결국 '평화선'은 일본의 강력한 저항에 의해 무력화되고 말았다. 당시 우리나라 해양경찰대의 모자라는 인원과 장비 그리고 예산만으로는, 기관포를 탑재한 경비정과 항공기까지 확보하고 있던 일본을 당해내기는 역부족이었다. 일본 어선들은 매년 연평도 근해(조

63) 지철근, <<시련기의 수산업사>>, 238쪽.

64) '한일회담'과 '한일어업협정'의 체결 과정에 대해서는 지철근의 <<한일어업분쟁사>>와 日韓漁業協議會의 <<日韓漁業對策運動史>>가 자세하다.

기, 5~6월)에 1,300척, 흑산도 근해(조기, 2~4월 ; 전갱이, 7~9월) 에 630척, 그리고 제주도 동방근해(고등어 · 전갱이, 4~12월)에 4,200척이 몰려와 각각 불법어로를 자행한 것으로 드러났다. 게다가 일본 어선뿐만 아니라 중국 어선들까지도 '평화선'을 침범하는 일이 잦았다.[65]

그런데 1965년 6월에 한일어업협정이 체결된 이후에도 한 · 일 해역에서의 양국 간 갈등과 대립은 멈추지 않았다. 1965년 12월 19일 거제도 부근 해역에서 작업 중이던 부산연승조합(釜山延繩組合) 소속 어선이 일본 경비정에 의해 납치되어 대마도로 끌려가 4시간 동안이나 강제로 조사를 받고 석방된 사건이 발생한 것이다.[66] 또 1966년 3월에는 국교정상화 이후 처음으로 우리나라 전관수역을 침범하여 어로작업을 하던 일본 어선을 한국의 해양경비정이 나포하여 일본인 선원을 억류하는 일도 있었다.[67]

하여튼 1965년의 한일어업협정은 양국 국민의 거센 저항과 반대 속에서 체결된 것이기는 하지만,[68] 그것은 1945년 제2차 세계

---

65) 1964년 8월 1일부터 9월 15일까지 45일 동안 일본 어선 1,300여 척이 '평화선'을 침범함으로써, '평화선' 설정 이후 최대수치를 기록하였다. 지철근, <<한일어업분쟁사>>, 473쪽.

66) 1965년 12월 21일에도 부산연승조합 소속 어선이 일본 경비정에 의해 체포되어 폭행을 당한 후 풀려난 일이 있었다(지철근, <<한일어업분쟁사>>, 559-560쪽). 그런데 대마도의 한 사료에는 "한일협정 후 처음으로 한국 어선을 일본의 전관수역 침범 혐의로 체포한 것이 1975년이다"고 적혀 있는데, 이것은 대마도 입장에서 보았을 때 "대마도 부근 영해를 '침범'한 한국 어선의 현장 체포"로서는 이때가 처음이었다는 의미일 것이다.<<戰後對馬三十年史>>, 286쪽.

67) 지철근, <<한일어업분쟁사>>, 559-560쪽.

68) 1965년에 '한일조약'이 체결될 수 있었던 배경으로는 크게 두 가지 점을 생각할 필요가 있다. 그 하나는 미국의 세계전략(특히 아시아정책)이며, 다른 하나는 한국과 일본의 경제적 이해관계이다. 잘 알려진 것처럼 1945년 제2차 세계대전이 끝나갈 무렵만 하더라도 미국의 루스벨트 대

대전 종결 이후 최초로 한국과 일본의 합의 아래 만들어졌다는 점에서 그 역사적 의의가 매우 크다. 그런 의미에서 볼 때 한·일 해역에서의 양국 간 어업분규도 이제 새로운 차원으로 접어들게 되었던 것이다.

Ⅴ. 맺음말

제2차 세계대전의 종결 이후 한국은 일본제국주의 식민지 지배로부터 벗어났다. 그러나 한국과 일본 사이의 전후처리는 20년이

통령이 구상한 동북아시아정책은 일본을 철저하게 약화시키고 전쟁 중 우방이었던 소련·중국 등과 협조함으로써 평화체제를 구축하는 것이었다. 그러나 미국의 이러한 정책은 소련의 동유럽 공산화와 팽창정책 추진, 중국의 공산당 정권 수립, 한반도의 전쟁 등이 이어지자, 미국은 태평양의 안보에 위협을 느낀 나머지, 일본을 강화시켜 그들을 공산권 봉쇄의 일원으로 만들고자 정책을 전환했던 것이다. 1951년 9월 미국과 일본 사이에 체결된 샌프란시스코 강화조약과 미일안보조약이 구체적 실례이다. 미국은 그 연장선상에서 한국과 일본이 국교를 수립하여 지역협력체제를 구축하도록 권고한 것이다. 게다가 1960년대 초반에 이르면 미국의 베트남전쟁 참전이 구체화되면서 한일 국교정상화에 대한 미국의 촉구는 더욱 강력해졌던 것이다. 다른 하나는 한일 양국의 경제적 욕구가 한일조약 체결의 중요한 인자로서 작용했다는 점이다. 1950년대까지 미국의 원조에 의지하던 한국경제가 1960년대에 들어와 경제발전을 추진하고자 할 때 외자도입 루트의 하나로 일본의 자본을 필요로 하게 되었다. 일본 역시 1950년대의 고도성장을 지속하기 위해서는 한국 등 외국시장이 더욱 강력하게 요구되었다. 이러한 미국의 세계전략과 한일 양국의 경제적 이해관계, 이것이 1965년 한일 국교정상화를 가져오게 한 중요한 요인이었던 것이다. 정재정, <한일 국교정상화조약, 무엇이 문제인가>, <<한국과 일본>>2, 한일관계사학회, 1998, 260-261쪽 ; 정재정, <한일 국교정상화조약, 무엇이 문제인가>, <<한일관계 2천년—보이는 역사, 보이지 않는 역사>>(한일관계사학회 편, 경인문화사), 2006, 239-251쪽 ; 유인호, <<한일경제 100년의 현장>>, 146-174쪽 ; 박현채, <<한국경제구조론>>, 257-277쪽 ; 한국사회경제학회, <<한국경제론강의>>, 81-87쪽 ; 이재오, <<한·일관계사의 인식>> Ⅰ, 125-132쪽.

라고 하는 기나긴 세월이 흐른 뒤에야 일단락을 지을 수 있었다. 어찌 보면 36년이라고 하는 오랜 기간 동안의 식민지 지배가 낳은 당연한 결과였는지도 모른다. 하여튼 1945년부터 1965년 사이의 20년 기간 동안 한국과 일본 양국은 어업문제를 둘러싸고 잦은 충돌과 갈등을 겪어야 했다.

전후 어업문제는 크게 어장의 획정과 어족자원의 보호라고 하는 두 가지 관점에서 이해할 필요가 있다. 1945년 8월 15일 일본의 무조건 항복 이후 일본의 어업수역은 크게 제한을 받고 있었지만, 전후 일본의 식량난을 이유로 그 제한은 점점 완화되었으며, 게다가 소련의 팽창주의와 중국의 공산화 등에 따른 미국의 세계전략 변화가 일본 어업에 대한 제한 완화를 더욱 촉진하였다. 광복 직후 어선세력 등이 상대적으로 열세에 놓여 있었던 한국에 비해 우수한 선박과 장비, 기술력 등을 보유한 일본은 한반도 주변수역을 침범하는 일이 잦았다. 양국 간 충돌은 피할 수 없는 상황에 빠지고 말았으며, 독도의 영유권 문제를 비롯하여 전관어업수역의 획정, 어족자원의 보호 등을 둘러싸고 두 나라는 첨예하게 대립하고 있었다.

따라서 이 기간 동안에 양국은 첨예한 대립과 갈등의 대가로 수많은 대가를 치러야만 했다. 우선 한국영해를 침범한 일본의 어선원들은 한국정부에 의해 나포되어 억류생활을 하지 않으면 안 되었다. 일본 측의 한 자료에 따르면 이 기간 동안 한·일 해역에서 한국정부에 의해 나포된 선박이 총 327척이었으며, 억류 어선원이 3,911명에 달했다고 한다. 또 한국정부에 의해 몰수된 어선·어구·포획물 등의 손해액이 32억円에 이르렀으며, 억류로 인한 휴업손실과 어선원들의 임금 등을 감안한다면 90억 엔을 넘는 손해를 입었다고 그들은 분석하고 있다.[69] 구체적인 통계는 제시되어 있지 않지만 일본 어민들 못지않은 피해를 같은 시기의 한국 어민

69) <<嚴原町誌>>, 1072쪽.

들도 입고 있었을 것으로 생각된다.

한편 이 기간 동안에 한국과 일본은 밀항(密航)과 밀수(密輸)를 둘러싸고도 갈등을 일으키고 있었다. 일본 밀항 등의 혐의로 수용소에서 억류생활을 하다가 귀환한 한국인이 1958년부터 1966년 사이만 하더라도 887명에 이르고 있었다(<표 3> 참조). 또 국교가 정상화되지 않은 상황에서도 두 나라 사람들은 밀무역에 열중하기도 하였다. 특히 가장 가까운 거리에 위치한 지형적 특성을 살려서 대마도가 밀무역의 거점이 되어 있었다.[70]

이처럼 1945～1965년 사이에 한·일 해역에서는 영해(領海)의 침범과 나포(拿捕), 밀항(密航)과 밀수(密輸) 등을 둘러싸고 첨예한 대립과 갈등이 지속되고 있었다. 그 대가로 양국이 치러야 하는 희생이 매우 컸을 뿐만 아니라, 1950-60년대의 세계정세와 국내외 경제환경의 변화 등으로 말미암아, 양국은 더 이상의 갈등과 대립을 극복하지 않으면 안 되는 단계에 이르게 된다. 즉 1952년 '평화선(平和線)' 선포의 시기에서 1965년 '한일조약(韓日條約)'의 시기로 전환하면서 양국관계는 새로운 차원으로 변모하게 되었던 것이다. 물론 1965년 한·일 국교정상화 이후에 한·일 해역에서의 불법적인 영해 침범이 완전히 사라진 것은 아니었지만, 그 이전 시기에 비해 그 횟수가 크게 줄었을 뿐 아니라, 그에 대한 대응도 양국이 합의한 조약(條約)에 근거하게 되었다는 점에서, 그 이전 시기와는 근본적으로 다른 특성을 보이고 있었다고 할 수 있을 것이다.

---

70) 한국에서는 6·25 전쟁 중에 발생한 고철(古鐵) 등을 대마도를 통해 일본으로 수출하고, 그 대신 일본으로부터 의료품(衣料品)이라든가 화장품 등을 수입하고 있었다. 그런데 특히 고철 같은 물품은 한국에서는 금수품(禁輸品)으로 되어 있었기 때문에 이것은 명백히 '밀무역'에 해당되었으나, 당시 일본에서는 이에 대한 제한이 없어서 그것을 정상적인 무역으로 간주하고 있었다. 이러한 사정을 감안하여 당시 기록에는 '변칙무역(變則貿易)'이라 적혀 있음을 알 수 있다. <<嚴原町誌>>, 1073쪽.

〈부표〉 한국 정부의 일본 어선 나포

연도	나 포		송 환		침몰 / 사망		미송환	
	척수	인원수	척수	인원수	척수	인원수	척수	인원수
1947	7	81	6	81	0	0	1	0
1948	15	102	10	102	0	0	5	0
1949	14	154	14	151	0	3	0	0
1950	13	165	13	165	0	0	0	0
1951	43	497	42	497	0	0	1	0
1952	10	132	5	131	0	1	5	0
1953	47	585	2	584	0	1	45	0
1954	34	454	6	453	0	1	28	0
1955	30	498	1	496	0	2	29	0
1956	19	235	3	235	0	0	16	0
1957	10	98	0	98	0	0	10	0
1958	9	93	0	93	0	0	9	0
1959	10	111	2	77	0	0	8	0
1960	6	52	0	0	1	0	6	0
1961	15	154	11	1,154	0	0	4	0
1962	0	0	0	0	0	0	0	0
계	282	3,511	115	3,417	1	8	167	0

자료 : 寺尾五郎 외, 〈日韓會談〉, 《アジア・アフリカ講座》III(日本と朝鮮), 勁草書房, 1965, 107쪽 ; 이재오, 《한・일관계사의 인식》 I, 학민사, 1984, 109쪽 재인용.

메모 (이 글은 『한일관계사연구』 제14집(한일관계사학회, 2001. 4)에 수록된 것을 일부 수정・보완한 것임.)

한·일간 어업교섭 과정

제4장

Ⅰ. 머리말

우리나라는 삼면이 바다로 둘러싸인 해양국가로서 대륙붕의 면적이 넓고 조경어장(潮境漁場)이 형성되어 수산업에 천연적인 조건을 갖추고 있다.

그러나 한국은 근대화의 지연으로 어장의 이용과 개발에 후진성을 면할 수 없었고 20세기 초 일제의 강점으로 연근해의 황금어장을 외세에 수탈당하는 수모를 겪게 되었다. 광복이후에도 우리나라 주변 해역을 둘러싼 한일 간 어업 분규는 지속되어 왔다. 이는 우리나라 주변해역의 어업자원이 세계적으로 유래를 찾기 어려울 정도로 다양하고 풍부하기 때문이다.

특히 어업노동의 대상인 어업자원은 해양에서 자연적, 자율적으로 갱신되는 무주물(無主物)이기 때문에 그 물적선취(物的先取)가 유효하게 기능하는 산업이다. 따라서 공해(公海)에서의 어업자원을 둘러싼 국가 간의 경합은 치열할 수밖에 없게 된다.

이러한 이유에서 1948년 이후에도 바다를 사이에 둔 한일어민 간의 분규는 끊이지 않고 지속되어 왔다.

최근에는 이러한 어업분규가 새로운 국면을 맞고 있다. 즉 1965년 한일어업협정 이후 계속되어 오던 한일 간의 어업관계가 일본의 우리나라에 대한 일방적 200해리 경제수역 선포로 국가간의 심각한 분규로 비화되었다. 그리고 이러한 대립관계는 1998년 9월 새로운 어업협정을 체결하기에 이르렀다.

본고에서는 1965년 어업협정 체결이후부터 신어업협정 체결까지의 기간을 중심으로 그간의 정부의 협상과정과 민간의 분규를 중심으로 분석하고자 한다.

Ⅱ. 한·일어업협정의 체결과 어업교섭

1. 한·일어업분규와 어업교섭

어업이 하나의 산업으로 성립하기 위해서는 생산의 물질적 기초로서 어장과 노동력 및 생산수단으로서 어선, 어구 등의 자본요소가 필수 불가결하다. 어장은 어업생산활동이 실제로 행하여지고 있거나 행할 수 있는 특정수계 부분으로서 모든 수계가 어장이 되는 것은 아니고 천연적으로 형성된 지형과 해심, 해온, 조류, 기후 등이 적절하게 합치되는 곳으로써 일정한 조건을 갖추고 있는 곳이라야 하는데[1] 그것은 만인의 자유이용을 원칙으로 하는 개방적인 원근해어장과 배타적, 독점적 사적 이용이 인정되는 연안어장으로 구분된다. 한국의 연근해 어장은 천혜의 해양 생물자원이 서식하는 곳으로 어장으로써 호조건을 갖추고 있다. 조선조에는 연안어장을 중심으로 관가 및 토호들에 의하여 어장사점(漁場私占)

1) 岡本清造,『水産經濟學』. 恒惺社厚生閣. 1966. 884쪽.

이 이루어져 왔으며 일제기에는 일본인들에 의한 이른바 근대적 어업권제도의 확립을 통해 연안어장을 분할하고 日本人들에 의한 배타적, 독점적 지배를 인정하게 되었다. 해방이후에는 한일어업협정 체결이전까지 한일 간의 어업분규의 끊이지 않았는데 그 근본적인 원인은 수산업에 내재하는 산업적 특성 때문일 것이다. 즉 수산업의 생산수단은 어업생산수준을 결정하는 물적기초가 된다. 어업의 물적 생산수단을 대표하는 것은 어선과 어구이다. 그런데 이와 같은 어선과 어구 등은 공업생산력에 의존하는 산업적 연관에 의하여 규정되어 진다.[2)] 특히 어업생산의 장소 즉 어장은 수계이므로 어장에의 왕복, 수산생물자원 체포 등 제반생산활동에 있어서 어선은 필수 불가결하다한 생산수단이다. 또 어장자체가 어선의 대소, 속도, 항속능력에 의하여 크게 제약을 받게 된다. 그러므로 어업생산의 발전은 생산수단인 어선의 생산부문인 공업의 발전에 크게 제약받아 왔다고 볼 수 있다. 이러한 수산업의 산업적 특성은 광복이후 한일 간의 어업분규에 있어서 하나의 특성이기도 하다.

광복과 함께 일본인들이 일시에 퇴거하자 한국의 수산업 생산량은 크게 위축되었다. 일인들의 퇴거는 생산수단인 어선과 어구도 함께 퇴거한 까닭이다.

한국 어민들은 풍부한 수산자원을 눈앞에 보면서도 어업생산수단의 불비로 인하여 출어할 수 없는 형편이었다. 따라서 한국정부는 맥아더 라인 이후 1952년 "평화선"을 선언하여 일본 어선들의 한국근해 접근을 저지하고자 하였다. 이것은 연근해 수산생물자원의 보호를 위한 불가피한 조치였던 것이다.

그러나 일본어민들은 당시 우리보다 월등히 성능이 좋은 어선과 어구 등을 동원하여 한국의 평화선을 침범하여 어족자원을 남획하였다.

---

2) 大海原 宏,『現代水産經濟論』. 北斗書房. 1982. 1쪽.

특히 전후 일본 어업정책의 근간은 어장의 외연적 확대정책이었다. 자국의 어업내부에 축적된 사회, 경제적 모순과 곤란을 「연안에서 근해로, 근해에서 원양으로」어장을 확대하여 해소하려는 어업전환 정책으로 한일어민간의 충돌은 불가피한 것이었다.3)

이러한 원인을 내포하고 있는 한일 어업분규는 1950년대 전후 한국 측 어민들의 격렬하고 대규모적 규탄이 있었고, 일본 어선들은 대규모 선단을 편성하여 제주도와 흑산도를 중심으로 한 남서해역의 어장에 불야성을 이루고 있었다.4)

이처럼 어장의 이용을 두고 빚어진 양국어민들의 갈등과 분규는 해양생물자원의 경제적 가치가 그만큼 크기 때문일 것이다. 당시 양국은 모두 전후의 피폐한 경제상태에 있었기 때문에 식량자원의 확보, 어민의 취업, 국가의 교역경제에 수산업이 중요한 산업이었기 때문이다.5)

2. 한 · 일 어업협정의 체결

(1) 어업협정의 내용

1965년 한 · 일국교정상화와 함께 어업 분야에선 「한 · 일 어업협정」을 체결하여 어장을 둘러싼 한 · 일간의 분규를 종식하고 새로운 어업질서를 유지하게 되었다. 한 · 일 어업협정은 본 협정 이외에 ①부속서 ②직선기선에 관한 교환문서 ③한국어업에 관한 수역설정의 건 ④한 · 일간의 어업 ⑤표식에 관한 공문 ⑥어업협력에 관한 공문 ⑦대한민국외무장관성명에 관한 구술서 ⑧일본외무대신의 성명에 관한 구술서 ⑨대한민국농림장관의 성명에 관한 구술서 ⑩일본농림대신의 성명에 관한 구술서 ⑪안전조업에 관한 왕복서

3) 農山漁村文化協會, 『新海洋時代の漁業』. 1988. 293쪽.

4) 水産會, 『現代韓國水産史』. 1987. 1149쪽.

5) 池鐵根, 『韓日漁業紛爭史』. 1990. 44쪽.

한 ⑫토의기록 ⑬민간어업협정 등으로 복잡하게 되어 있다.[6)]

본 협정의 주요내용을 정리하면 다음의 6개함으로 분류할 수 있을 것이다.

① 배타적 관할권을 행사하는 어업에 관한 수역(전관수역) 설정 권리 인정

② 잠정적 규제조치 적용수역(공동규제수역) 설정

③ 공동규제수역내의 위반어선 단속과 재판권에 기국주의(旗國主義) 채택

④ 자원조사수역의 설정

⑤ 협정의 원활한 수행을 위한 어업공동위원회 설치

⑥ 안전조업과 해상질서 유지를 위한 민간어업 협정의 체결

상기①항의 전관수역 설정권의 인정은 본 협정 제1조의 기선으로부터 12해리를 "어업에 관한 수역"으로 정하고 배타적 권리를 인정케 하는 것이다.

이는 국제해양질서의 관행에 따른 것으로 보인다. 한편 직선기선에 관해서는 체약국의 일방국에서 어업전관수역에 있어 직선기선을 사용한 경우에는 타방의 체약국의 협의하도록 하고 있다. 그리고 한국은 "직선기선에 관한 교환공문"에 의하여 다음과 같은 기선을 획선하였다.[7)]

1. 장기돌단과 달만갑의 돌단을 직결하는 만폐쇄선
2. 화암추와 범월갑의 돌단을 직결하는 만구폐쇄선
3. 15m암, 생도, 홍도, 간여도, 상백도, 거문도의 각각 남단을 순차로 연결하는 직선
4. 소령도, 서격열비도, 어청도, 직도, 상왕등도와 횡도(안마군도)

---

6) 농림부 자료. 1996.

7) 『韓日漁業協定施行에 따른 관계법령집』. 농림부. 1966. 84쪽.

의 각각서단을 순차로 연결하는 직선

그리고 기선, 획선에 있어서 제주도주변에 대하여서는 제주도를 본토에 포함시키느냐 분리하느냐에 관하여 양국의 의견이 대립되어 외측한계선을 표시하여 한국의 어업에 관한 수역에 관한 교환공문으로서 다음과 같이 획정하였다.

(1) 북위 33도 48분 15초와 동경 127도 21분과의 교점, 북위 33도 47분 30초와 동경 27도 13분과의 교점 및 우도의 진동 12해리의 점을 순차로 연결한 직선
(2) 북위 33도 56분 25초와 동경 125도 55분 30초와의 교점과 북위33도 24분 20초와 동경 125도 56분 20초와의 교점을 연결하는 직선

다음으로 ②항의 "공동규제수역"은 본 협정 제2조에서 정하고 있는 것으로 한국의 어업에 관한 수역과 비규제수역인 공해의 중간수역이다. 이 공동규제수역의 외곽연장은 약860이 되고 있는데 그 내용은 다음과 같다.[8)]
가. 북위 37도 30분 이북의 동경 124도의 경선
나. 다음 각점을 차례로 연결하는 선.

① 북위 37도 30분과 동경 124도의 교점
② 북위 36도 45분과 동경 124도 30분과의 교점
③ 북위 33도 30분과 동경 124도 30분의 교점
④ 북위 32도 30분과 동경 126도의 교점
⑤ 북위 32도 30분과 동경 127도의 교점
⑥ 북위 34도 34분 30초와 동경 129도 2분 50초의 교점
⑦ 북위 34도 44분 10초와 동경 129도 8분의 교점

---

8) 앞의 책. 6-7쪽.

⑧ 북위 34도 50분과 동경 129도 14분의 교점

⑨ 북위 35도 30분과 동경 130도의 교점

⑩ 북위 37도 30분과 동경 131도 10분의 교점

⑪ 우암영고정

공동규제수역에서는 잠정적 어업규제조치를 실시하는 내용도 포함되었다. 본 협정 제3조에는 어업자원의 최대의 지속적 생산성을 확보하기 위하여 필요한 보전조치가 필요한 과학적 조사에 의하여 실시될 때까지 저인망어업, 선망어업 및 60톤 이상의 어선에 의한 고등어 낚시어업에 대하여 잠정적 어업규제조치를 실시하는 것으로 하였다.

규제대상어업은 대형기선저인망, 중형기선저인망, 새우트롤, 기선선망, 고등어채낚기어업으로 비교적 규모가 큰 업종들이다. 부속서에는 최고출어척수 또는 톤수, 어선규모, 망목, 집어등의 광력 등에 관하여 제한조치를 하고 있고, 또한 증명서와 표식에 대해서도 규정하고 있는데 요약해 보면 <표 4-1>과 같다.

(2) 어업협정 이후의 어업생산

한·일어업협정에 따라 공동규제 대상이 된 근해어업의 생산량 추이를 분석하여 동 협정이 어업생산량에 어떻게 영향을 주었는지를 살펴보자.

먼저 <표 4-2>에서 협정체결 이전인 1962년부터 체결직후인 1967년까지 근해어업의 어획량은 다소의 기복을 보이고 있으나 꾸준한 증가세를 보이고 있다. 대형기저인선망어업은 1962년의 26,831톤에 비하여 1967년도에는 2.8배인 76,761톤의 어획량을 보여 2.8배의 성장세를 보이고 있다. 중형기선망어업도 1962년 15.758톤에서 1967년 34,097톤으로 2배의 성장세를 보이고 있다. 이는 어구와 장비가 개량되고 어선의 대형화와 능률화에 따른 것으로 보인다.

새우트롤어업도 1967년 3,569톤으로 3.2배의 신장률을 보이고 있다. 새우트롤은 1962년 허가어업으로 제도화된 어업으로 어장의 개척과 어선의 대형화, 어구의 개량으로 꾸준한 성장세를 보이고 있다.

기선선망어업은 1967년도 생산량이 6,206톤으로 이는 선망어업의 주대상어종의 자원감소와 관련된 것으로 보인다.

동기간의 어업별 어획고 추이를 살펴보면 <표 4-3>과 같다.

〈표 4-1〉 잠정적 규제조치내용

업종별	출어척수의 최고한도		어선규모의 제한	망목 제한	어획량 제 한	집어등의 광력제한
	기간	척수				
대형기저	11.1~ 익년 4.30 5. 1~10.31	270 100	(1) 50톤이상 70톤이하 (2) 트롤 어업에 대하여는 100이상 550톤이하	54㎜이상	30,000M/T	
중형및 새우트롤	1.1~12.31	115	30톤이상 50톤이하, 30톤이상 60톤미만의 새우트롤은 포함	33㎜이상	10,000M/T	
기선선망	1.16~5.15 5.16~ 익년1.15	60 120	40톤이상 100톤이하	선망의 중요부문 33㎜이상	110,000M/T	1통당 10kw 이하의 등선 2척
고등어 채낚기	6.1~12.31	15	60톤이상 100톤이하		110,000M/T	7.5kw이하의 등선 1척 100kw이하

주: ① 한일어업협정부속서 5~6에 의하여 50톤 이상 기저어선에 대하여는 최고출어척수의 15%까지, 50톤 미만의 기저어선에 대하여는 20%까지 감찰을 각각 증가 발급할 수 있으며,
② 동 합의 기사록 2-a에 의하여 동 어획량의 10%까지 어획할 수 있다.
③ 한국도 어획량 150,000M/T에 대하여 제한을 받으나 어종별 내지에는 제한을 받지 않는다.

자료: 수산청

〈표 4-2〉 연도별 근해어업 생산량 추이 단위 : M/T

어업별＼연도별	1962	1967	1972	1977	1978	1979	대차(%) 67/79	구성차 (79)
합 계	64,844	121,773	294,542	496,437	526,288	536,400	440	100
대형기선	32,027	76,761	133,665	185,803	205,429	211,344	275	39.4
중형기선	10,562	34,097	78,405	95,232	86,312	68,064	199	12.7
동해구 트롤및기타	51	3,569	3,352	44,151	53,340	68,259	1,912	12.7
기선선망	20,426	6,206	77,498	168,997	178,467	186,656	3,000	34.8
근해포경	1,778	1,140	1,622	2,254	2,740	2,077	117	0.4

〈표 4-3〉 어업별 어획고 추이 단위 : M/T

구분＼연도별	1962	1963	1964	1965	1966	1967
원양어업	657	2,558	2,605	8,563	26,852	40,484
근해어업	65,154	92,635	95,875	123,627	102,651	121,773
연안어업	385,573	351,288	425,815	429,757	481,707	490,928
계	451,384	446,481	524,295	561,947	611,210	653,185

자료 : 수산청

우리나라 전체 어업생산량은 1967년 653,185톤으로 1962년 이후 연평균 8.9%의 성장률 보이고 있다. 같은 기간 원양어업은 61배의 생산량 증가를 보이고 있으며, 연안어업은 연평균 5.4%의 성장세를 보이고 있다.

이러한 사실에서 한·일 어업협정체결 결과가 한국의 어업생산량에 부정적으로 영향을 미친 것으로는 보이지 않으며, 자원량에서 차이가 없다면 당시 어업은 어구, 어법과 어선의 성능 등 자본장비율의 크기에 영향을 받았던 것으로 보인다.

1970년대의 어획량 추이를 분석해보면 이러한 사실은 더욱 분명해 보인다. 1979년도 근해어업의 총생산량은 536,400톤으로 1967년의 생산량 121,773톤에 비해 4.4배의 성장률을 보이고 있다. 대형기선저인망어업은 동기간에 2.75배, 중형기선저인망은 1.99배, 동해구 트롤은 1.912배, 기선선망은 3,000배 정도의 획기적인 성장세를 보이고 있다.

〈표 4-4〉 근해어업 중요어업별 어선세력

연도 / 구분 / 어업별	1970		1972		1976		1977		1978		1979	
	척수	톤수	척수	톤수	척수	톤수	척수	톤수	척수	톤수	척수	톤수
	530	50,147	414	35,498	539	47,476	455	41,537	525	50,554	524	49,023
대형기저	148	4,783	145	6,966	163	6,477	158	7,312	104	5,260	139	6,492
중형기저	26	2,163	26	1,756	18	1,262	19	1,468	46	2,589	47	2,823
동해구트롤	130	5,743	179	11,565	252	14,886	101	9,911	314	28,736	366	36,388
근해포경	20	892	27	1,381	24	1,390	25	1,242	25	1,554	23	1,425

주 : 1977년 이후의 기선선망은 대형선망수치임 자료 : 수산통계연보(1980)

이러한 근해어업의 생산량 증가는 어선의 척수나 톤수의 증가에 의한 것이 아님은 확실하다. 한·일 공동규제 수역이 주 조업구역인 근해어업은 출어척수와 톤수가 규제되고 있기 때문이다.

<표 4-4>에서 보면 기선선망의 경우를 제외하면 어선의 척수와 톤수에서 큰 변화를 보이지 않고 있다, 이는 그동안의 어업생산량 증가가 어선의 현대화와 어구, 어법의 개량을 통해서 이루어지고 있음을 보여 준다.

3. 협정위반사례

1965년 한·일 어업협정 제6조에는 한·일 어업공동위원회의 설치를 명문화하고 있다. 이 위원회는 협정의 목적을 달성하기 위한 것으로 양국 각 3인의 위원을 두며 사무국 설치를 규정하고 있다. 한편 제7조에는 8개항의 위원회 임무를 규정하고 있는데[9] 그 내용은 다음과 같다.

(a) 양 체약국이 공통의 관심을 갖는 수역에서의 어업 자원의 연구를 위하여 행하는 과학적 조사에 대하여 또한 그 조사와 연구의 결과에 의거하여 취할 공동규제 수역 안에서의 규제 조치에 대하여 양 체약국에 권고한다.
(b) 공동 자원조사 수역의 범위에 대하여 양 체약국에 권고한다.
(c) 필요에 따라 잠정적 어업 규제 조치에 관한 사항에 대하여 검토하고, 또한 그 결과에 의거하여 취할 조치(당해 규제 조치의 수정을 포함함)에 대하여 양체약국에 권고한다.
(d) 양 체약국 어선간의 조업의 안전과 질서에 관한 필요한 사항 및 해상에서의 양 체약국 어선간의 사고에 대한 일반적인 취급 방침에 대하여 검토하고 또한 그 결과에 의거하여 취할 조치에 대하여 양 체약국에 권고한다.
(e) 위원회의 요청에 의하여 양 체약국이 제공하여야 할 자료, 통계 및 기록을 편집하고 연구한다.
(f) 본 협정의 위반에 동등한 형의 세목제정에 대하여 심의하고 또한 양 체약국에 권고한다.
(g) 매년 위원회의 사업보고를 양 체약국에 제출한다.
(h) 이 외에 본 협정의 실시에 따르는 기술적인 제 문제에 대하여 검토하고 또한 필요하다고 인정할 때에는, 취할 조치에 대하여 양 체약국에 권고한다.

어업공동위원회의 제1차 정기연차회의 전기회의는 1966년 2월 서울에서 열려 「한・일 어업공동위원회 의사규칙」(全文 22개조)을 채택하고 제15조 1항에 의거하여 운영소위원회와 어업자원소위원

---

9) 농림부. 앞의 책. 1965. 10-11쪽.

회의 상설화를 결의하였다. 이후 위원회는 서울과 도쿄에서 매년 개최되었으며 의제는 위원회의 설치 취지에 따라 한일 간 어업협정의 준수사항인 ①어업협정사항 수행 ②양국 간 어선사고 방지대책 ③자원조사 및 보호와 관련된 사항이 주류를 이루고 있다.

그런데 어업협정체결 이후에도 어장을 둘러싼 양국 어민간의 경합은 계속되고 있음을 볼 수 있다. 양국어민들의 공동규제 수역에서의 협정위반과 양국어업전관 수역의 침범사례들이 빈번하게 발생하고 있고, 양국어선간의 충돌이나 어구의 피해에 대한 보상 문제가 양국 간 중요 현안이 되고 있다.

먼저 협정내용에 따라 한일양국의 공동순시선에 의한 위반건수는 1966년부터 1985년까지 한국 측 14건, 일본 측 9건으로 20년간 23건만 적발된 것으로 보고되고 있다.[10] 이는 한일공동순시선이 연6회 정도만 출어하기 때문에 어장에서의 상황을 정확히 반영한 것으로 볼 수는 없을 것이다.

양국어선의 12해리 전관수역 침범사례를 보면 <표 4-5>와 같다.

〈표 4-5〉 일본어선의 전관수역 침범

연도별	수산청 집계	해경대 집계	계
1966	1건	11건	12건
1967	30건		30건
1968	34건	8건	42건
1969	27건		27건
계	92건	19건	111

자료 : 수산청

10) 水友會,『現代韓國水産史』. 1987. 1264쪽.

〈표 4-6〉 우리나라 어선의 침범

연도별	일본 수산청 적발	일본 해상보안청 적발	계
1966	150척	192척	342척
1967	442척	197척	639척
1968	880척	711척	1,591척
1969	341척	388척	729척
계	1,813척	1,488척	3,301척

자료 : 수산청

1966년 이후 4년간 일본어선이 한국 전관수역을 침범하여 적발된 건수는 111건으로 집계되고 있다. 일본 어선들은 주로 제주도 조해를 중심으로 침범하였다.

한편 한국의 어선들은 같은 기간 3,301건이 적발되었는데 주로 대마도 근해에서 적발되고 있다. 이처럼 양국의 단속건수에 편차가 큰 것은 사실의 정확한 반영으로 보기는 어려운 점이 있을 것이다. 일본의 단속선과 한국의 단속선 사이에는 그 성능에 차이가 클 것으로 보이기 때문이다. 한편 위반선에 대한 처리는 대부분 경고 처분하였고 허가취소 1건과 어업정지 17건, 계선 6건으로 처분하였다.

〈표 4-7〉 침범어선처리현황

구분 / 연도별	허가취소	어업정지	계 선	경 고	계
1966				342건	342건
1967		1건		638건	
1968		12건	6건	1,573건	1,591건
1969	1건	4건		724건	729건
계	1건	17건	6건	3,277건	3,301건

자료 : 수산청

〈표 4-8〉 어선 간 사고

연도별	사고건수	해결건수	금 액	비 고
1966	8	8	585,710원	어구 8건
1967	14	14	2,761,928	어구 13건 선체 1건
1968	17	17	1,892,416	어구 15건 선체 1건
1969	10	10	1,438,881	어구 7건 선체 2건
1970 (4月末 현재)	15	2	111,118	어구 12건 선체 3건
계	64	51	6,790,053	미결 13건은 배상청구 중

자료 : 수산청

한편 어선간의 충돌에 의한 어선의 피해와 어구의 손상은 한국 어민들에 상당한 타격을 준 것으로 보인다. 어선간의 사고통계<표 4-8>에 의하면 1966년부터 1970년 4월말까지 사고건수는 64건으로 배상금액이 6,790,053원으로 나타나고 있다. 이러한 피해는 일본어선의 가해행위에서 비롯된 것이며, 피해 배상의 지연으로 어민들의 불이익이 컸음을 당시의 우리 정부 훈령에서도 확인할 수 있다.[11)]

4. 어업협정 이후의 어업분규와 어업교섭

(1) 북해도 주변어장을 둘러싼 분규

한일어업협정체결 당시 양국의 어업세력을 비교해 보면 일본이

11) 외무부. 「한일어업공동위원회 정기 연차회의 대표단에 대한 훈령」. 1968. 6. 11.

일방적으로 우세하였다. 원양어업분야에서는 더욱 그러했다. 다시 말하면 일본은 한국어선의 연근해 조업은 염려하지 않아도 되었다.[12] 그러나 한국은 대일청구권자금의 상당부분을 어업진흥에 투자하여[13] 근해어업과 원양어업을 집중 육성한 결과 1977년을 기점으로 한일어업관계가 역전되어 한국어선의 일본해역(대화퇴, 북해도, 성리본 해역 등) 이용실적이 일본어선의 이용실적을 상회하게 되었다.[14]

이렇게 되자 한국의 트롤어선들이 많이 출어하였던 북해도 수역을 둘러싼 한일어업분규가 격화되었다. 한편 80년 초반 서일본, 산음(山陰), 구주(九州), 장기(長崎) 등 각 지방에서 한국의 게, 장어통발, 쥐취잡이, 오징어 어선들의 무질서한 조업과 전관수역의 침범 등으로 어업자원을 고갈시키고 있다하여 일본의 각 관계단체에서는 상호 연락을 취하고 1977년 5월 일본정부가 경제수역의 선포당시 한국에 대하여 적용을 제외한바 있는 조항을 삭제하고 이를 한국에도 적용하여 한국어선을 일본 연안으로부터 축출하여 줄 것을 정부 및 국회에 진정을 하기 시작하였다. 그리하여 일본의 서부 각현(各縣)은 물론 태평양연안 각현에서도 우리나라 오징어 낚시, 봉수망어선의 조업을 막아 이에 호응하여 한일어업분규는 북해도 트롤어선 조업분규와 함께 전국적인 문제로 확대되었다.[15]

북해도 주변어장에서의 한국 트롤선 조업은 1977년 3월 미국과

12) 朴光淳, 「한일어업분규의 과정과 전망」, 『전남지역 경제조사』. 1998. 62호. 4쪽.

13) 1966년부터 1975년까지 한국은 신조선 건조에 1,646,3만U$을 투입하여 기선저인망어선 100톤급 28척, 50톤급 38척, 근해어선 70톤급 6척과 연안 중형 465척, 소형 514척 등을 건조하였다. 「水協中央會, 수협조사월보 1973. 3월호.」 14-21쪽.

14) 金 昇, 『漁村漁業制度의 社會經濟的 調吉硏究』. 항하사. 1999. 496쪽. 池鐵根, 앞의 책. 1990. 559쪽.

15) 池鐵根, 앞의 책. 561쪽.

소련의 200해리 선포로 캄자카근해 황금어장을 잃은 중형트롤선과 소형트롤선이 캄자카에서 선수(船首)를 남으로 돌려 북해도 주변 어장에서 본격적으로 작업하기 시작하였다.[16)]

북해도 주변어장은 거안 12해리 외측에서는 일본의 정치성(定置性) 어구(漁具)인 자망(刺網)이나 연승(延繩)만 없으면 어디서나 조업할 수 있어 상당히 호황을 누리며 조업하였다. 또 1978년과 1979년에는 우리나라 수산진흥원의 오대산호(1,126톤급 2,600마력)로 북해도근해 트롤금지구역 외측해역의 어장환경과 중요자원 조사를 실시하여 중요어장으로 부상시켰다. 이러한 일본 북해도 연안 어민과 끊임없는 조업 분규으로 1980년 이후 제주도 근해어장의 일본 어선의 조업과 관련 한일 양국정부간에 자율규제에 의한 조업과 자국어선 지도에 대한 합의 즉「북해도 연안과 제주도 연안 조업자율규제에 관한 3년간의 한일정부간 서한에 의한 합의사항」이 이루어지게 되었다.[17)]

북해도 주변 영해 12해리 밖에서 자유롭게 조업하던 한국 트롤선이 까다로운 조건에 묶여 어려운 조업을 하게 된 것은

첫째, 1977년부터 소련의 200해리 선포로 북해도 주변조업이 본격화되자 정치성(定置性) 어구인 북해도 연안어민의 저자망(底刺網), 저연승(底延繩), 통발 등과 운용어구인 우리나라의 트롤사이에 같은 어장에서 일어난 불합리한 조업으로 일본측의 연안 어구 피해가 증가하고 저어(底魚) 자원에 영향을 미친다는 주장,

둘째, 북해도 어민은 한국에 대해서 적용을 제외하고 있는 200해리 어업수역법의 적용 또는 외국인은 어업수역에서 수산자원의 보호 또는 어업조정을 위해 필요한 해역에서는 어업 또는 수산 동식물을 채포해서는 안 된다는 어업수역에 관한 잠정조치법의 실시

16) 池鐵根, 앞의 책. 563쪽.

17) 池鐵根, 앞의 책. 563쪽.

에 대한 강력한 요구,

셋째, 양국정부는 한일 전체 어업관계로 이를 조정하려 했으나 한일쌍방의 주장은 기본적으로 평행선을 그어오다가 수차에 걸친 실무자 회의로 한국 트롤선의 척수, 조업기간, 조업해역을 제한하여 어획노력을 삭감하려 하고 자원에 대한 부하(負荷)를 경감함과 아울러 연안어민의 어구피해를 방지하려고 하였다.[18]

한편 한국측으로서는

▲ 일본이 어업수역법을 적용하지 않는 한 영해 12해리 밖은 엄연한 공해로서 한국선(韓國船)의 조업이 경제적으로 성립될 수 있는 조업조건을 일본측이 인정할 것을 주장하며,

▲ 제주도 주변수역은 한국 연안어민의 주요한 어장으로서 주요어기에는 일본의 저망선(底網船)의 조업을 배제한다고 주장하여 일본에서 주장한 이론을 역으로 주장하였으며,

▲ 일본측이 주장한 북해도 주변어장에서의 일본선과 같은 크기의 저망선 조업을 불가능하다고 주장하고,

▲ 옷타트롤 금지구역 및 정치망 금지기간 준수를 조업조건이 다른 한국선에 요구함은 조업금지를 의미함으로 부당하다고 하였고,

▲ 명태는 한국 국민의 귀중한 단백원으로 국내 수급상 확보되어야 한다고 주장하였다.

수차에 걸친 정부간 실무자회의 결과로 정부간 자율규제에 대한 합의는 타결되었으나 일본 어선들이 많이 출어하는 제주도 주변어장에서의 한국 측의 대폭적인 양보가 있었다. 그러나 양국 간의 합의 후에도 여러 가지 제한조건 때문에 북해도 연안 어민과의 분규는 계속되고 있다.

---

18) 池鐵根, 앞의 책. 566쪽.

〈표 4-9〉 북해도수역 연도별 출어수 및 생산량 단위 : M/T

연 도	출어수	생산량	당평균생산	비 고
1977	30	142,903	4,763	
1978	30	162,346	5,412	
1979	25	125,048	5,002	
1980	23	76,252	3,315	정부간 1차 합의
1981	17	52,882	3,111	
1982	17	33,863	1,993	
1983	17	41,913	2,465	정부간 2차 합의
1984	16	40,109	2,507	
1985	15	56,000	3,733	
1986	14	-	-	

자료 : 遠洋漁業協會, 「遠洋漁業統計」. 각년도 Vol. 1~Vol. 8

한편 북해도 주변수역에서의 한국트롤선의 생산실적을 표에서 보면 초창기인 1977년에서 1979년까지 30척이 출어하여 연간 162,346M/T의 실적을 올리며 호황을 누렸다. 그러나 정부간 1차합의가 이루어진 1980년부터 2차합의가 이루어진 1983까지 어획량이나 척당 생산량은 계속 감소함을 볼 수 있다. 이러한 현상은 정부간 합의에 의한 자율규제로 출어척수의 감소도 있었으나 일본어민들의 한국어선에 대한 집요한 조업방해가 계속되었기 때문이다.[19)]

당초 양국정부간의 합의내용과 취지를 볼 때 일본측은 북해도 주변수역에서 한국어선이 응분의 조업을 할 수 있도록 종래와 같은 일방적 어장사용 또는 이용 상태를 고집하는 일이 없도록 북해도 어업자를 지도, 이해시키고 한국 측은 정부 간 합의수역 내라 할지라도 일본 연안어선의 조업을 전적으로 배제하는 것은 아니라는 것을 한국 어업자에게 지도 이해시키기로 하여 상호 어장을 효

19) 池鐵根, 앞의 책. 566쪽.

율적으로 이용할 수 있도록 일정수역을 구획하여 조업시기를 정하여 어업분규를 사전에 방지하려고 하였다. 그러나 양국정부의 기본정신과 취지와는 달리 일본측의 의도는 채산성이 좋은 한국의 중형트롤선을 철수하였으므로 소형선인 17척이 조업한다 해도 제한된 조업구역에서 일정기간 일본의 정치성어구를 한국선의 조업구역에 부설해 버리고 운용어구인 한국의 트롤선은 조업할 곳이 없으므로 저절로 어획부진이 되어 다른 어장으로 철수할 것으로 믿고 정부 간 합의 후에도 조업방해는 그치지 않고 연안 가까운 곳에 좋은 어장이 많이 있음에도 불구하고 멀리 나가서 한국선이 조업할 수 있는 좋은 구역에만 어구를 분산 설치한 후 일본 관선의 방송을 통하여 정치성 어구를 부설하였으니 접근하지 말도록 주의시킨 후에는 한국선 옆에 일본의 관선이 따라다니면서 일본어구에 너무 가까우니 투망하지 말라는 등 조업방해를 더욱 강화했다.[20)]

이상과 같이 북해도 주변의 트롤어장은 협소하고 시기적으로 제한하고 있어 한국 트롤선만 이용한다 해도 좁은 어장에서 일본측의 허위어구부설 어구피해발생통보, 한국선의 진로방해, 항해하는 한국어선 목격 후 어구파손 가해선 주장 등 갖은 방법으로 안전조업을 방해하므로 한국어선이 응분의 조업할 수 있도록 어장 이용에 있어 어구부설을 집약화시켜야 하며 일본의 어구피해는 증거를 제시하여 정확하게 청구되어 한다고 주장한 결과, 한국어선 조업가능 구역은 한국어선만의 조업구역이 아니고 日本측에서 정치성 어구인 선망이나 통발 등을 먼저 부설해 버리면 철거할 때까지 한국어선은 조업도 못한다는 주장으로 맞서 한국어선으로서는 가장 어려운 시기를 겪었으며 이때 어획도 <표 4-9>에서 보는 것처럼 극도로 부진했다.[21)]

---

20) 池鐵根, 앞의 책. 575쪽.

Ⅲ. 200해리 해양체제와 어업분규

1. 200해리 체제의 전개

1982년 12월 제3차 11기 UN해양법회의에서는 12해리 영해와 200해리 경제수역 등을 근간으로 하는 조약 안에 세계117개국과 2개 지역이 서명함으로써 자유해양시대에서 해양 분할의 시대에 들어갔다고 할 수 있다. 사실 1974년 여름 카라카스에서 열린 제3차 UN해양법회의에서 실질적인 토의가 있기까지는 누구도 200해리 경제수역이 현실화하리라고는 믿지 않았고, 믿으려고도 하지 않았다.

그 동안의 공해자유의 원칙은 1609년 네덜란드의 그로티우스가 주장한 「해양자유론」에서 비롯한 것으로 그로티우스(H. Grotius)는 당시 식민지 확대 시대에 일부 국가들이 자국의 식민지 어업발전, 무역보호 등을 위해 해양을 분할점유하고 있었음에 대해 네덜란드의 해양진출을 도모하고자 해양에서의 자연법의 부활을 주장한 것이었다. 해양자유론에 대하여 영국의 셀든(J. Selden)은 「해양점유론」으로써 자국의 기득권을 보호하려 하였지만, 공해자유의 원칙은 자본주의철학의 자유방임의 선언으로서 정착하게 되었고, 이는 결국 영해12해리제와 결부되어 「좁은 영해와 넓은 공해」라는 해양질서가 형성되었다.[22)]

그러나 제2차 세계대전이후 해양을 둘러싼 국제질서는 변화하기 시작했다. 영해 및 어업, 경제수역의 확장요구가 전후 독립된 국가들의 국제무대에서의 발언권이 강화되면서 나타나게 되었다.[23)] 그것은 소련, 중국 등 강력한 사회주의국가의 존재와 다수의 개발도

21) 池鐵根, 앞의 책. 575쪽.

22) 平澤 豊,『日本水産讀本(弟2版)』. 東洋經濟新報社. 1979. 21쪽.

23) 黒澤一淸, 200かいり.「漁業專管水域設定の意義についの産業的 考察」.『水産經濟研究』. 1979. 3. 2쪽

상국의 출현에 의해 그들의 발언권이 강화되었기 때문이다. 동서관계보다 남북관계가 국제정치의 관심사가 되었다. 또한 선진국들에 의한 원조, 무역 등이 큰 효과를 가져오지 못했기 때문에 발전도상국들은 자원의 확보에 힘을 쏟게 되었다. 지구의 자원은 유한하다는 인식이 이들 도상국들의 사고에 강하게 작용하며 자원민족주의가 대두되었다.

이러한 정치적 이유 외에 어업에 관하여 볼 때 어선이 대형화되고 어법이 능률화됨에 따라 어장이 점차 황폐화되고 각국의 어선이 동일어장에서 조업하게 되자 자원의 황폐화와 조업상의 분규를 방지할 필요가 제기되었다. 이러한 해양 분할의 조짐은 1945년 9월 28일 미국의 투르만 대통령은 대륙붕과 어업보존수역에 관한 2개의 선언에서 시작되었다. 전자는 미국에 인접한 대륙붕의 지하 및 해상의 천연자원에 대한 미국의 주권적 권리를 선언한 것으로, 당시 시작된 멕시코만의 해저석유발발에 있어 타국을 배제하고자 한 것이었고, 후자는 미국과 관계국과의 합의하에 연안에 접하는 공해에 자원보존수역을 설정하고 이 안에서의 어업활동의 규제와 관리를 받는다는 것이었다. 뒤이어 멕시코, 파나마, 아르헨티나가 대륙붕선언을 했고 이보다 되에 칠레, 페루 등은 200해리 자원에 대한 주권선언을 했고, 브라질은 연해선언을 하기에 이르렀다.

이처럼 해양체제를 둘러싼 혼란이 계속되자 이를 해결하기 위하여 개최된 것이 1968년 제1차 UN해양법회의이며 이어서 1960년 제2차 1973년부터 제3차 회의 열리게 되었다. 이 회의는 개발도상국의 200해리 요구와 선진국의 국제해협의 자유통항권 요구와의 타협 결과로써 남북 간의 대항운동을 기반으로 열리게 된 것이다.[24]

---

24) 長谷川 彰, 「200海里體制化以降の 國際漁業關係の變容」. 『水産經濟研究』. 1987. 7쪽.

「좁은 영해, 넓은 공해」제는 해양국, 선진국들은 유리한 체제일지라도 다수의 연안국, 발전도상국들은 바다를 이용하고 싶어도 할 수 없기 때문에 불리한 체제이다. 방치해 두었을 때 선진국에 의해 해양자원은 독점되어 버릴 염려가 있다. 그러므로 국제정치에 있어서의 역학관계 변화에 의해, 다시 말하면 선진국의 무력적인 힘에 의해서보다는 해양제도가 놓여있는 역사적 환경에 의해서 변화할 수밖에 없다고 하겠다.

여기서 200해리 체제의 국제 정치적, 경제적 의미를 검토해 보자.

먼저 수산업이 자본재 경제의 재생산구조의 일환(一環)을 구성한다는 것은 자명하다. 따라서 수산업이 일국에서 차지하는 위치는 그 국민경제의 사적구조(史的構造), 지리적, 문화적 조건에 의해 큰 차이가 나게 된다. 또 수산업이 자본재 경제의 일부를 형성한다는 것은 이윤추구 동기가 작동하는 자본운동의 한 분야로 존재한다는 것을 의미한다.[25] 결국 수산업의 생산수준은 그 물적기초를 공업생산력 즉 어업용 생산수단의 생산에 의존하게 되는 것이다. 그동안 세계적으로 어업생산력이 높았던 국가들은 소련을 제외하면 모두가 선진자본주의 국가들이었다. 이들 국가는 자국주변의 호어장과 결합된 공업발전으로 높은 어업생산력을 유지해 왔던 것이다. 이러한 의미에서 이 체제는 긍정적인 측면도 있다.

첫째 일부 발전도상국들의 경제발전에 도움이 된다는 점이다. 좁은 영해 제도 하에서는 발전도상국은 기술, 자본시장 등의 결여 때문에 목전의 자원을 외국이 이용하게 되고 경우에 따라서는 자원고갈이 되어 가는 것을 보고만 있어야 할 것이다. 200해리 체제 하에서는 이러한 자원을 자국의 경제발전에 직, 간접으로 이용할 수 있다.

---

25) 平澤 豊, 앞의 책. 23쪽.

둘째, 해양자원의 유지, 관리에 긍정적 영향을 미칠 수 있다는 점이다. 예컨대 원양어업이 그 전형적인 예가 된다. 출어국의 입장에서 보면 원양어업이지만, 입어를 허용하는 국가의 입장에서는 연안어장 내에서의 어업이다. 원양어업은 대형어선을 필요로 하고 항해일수도 길게 되어 고비용의 부담을 안게 된다. 또 대형어선은 어장의 이동이 가능해 특정어장에 집중적으로 쇄도해 특정자원의 상태를 가져올 수도 있다. 자신들의 소중한 어장이라면 누구나 난획되는 것을 무관심하게 보고 있지 않을 것이다.

그러나 과연 이렇게 낙관적인 견해로 보아도 좋을 것인가?

「좁은 영해, 넓은 공해」라는 구체제를 유지할 수 없다는 점과 새로운 해양질서의 형성이 필연적이라 할지라도 200해리 체제가 선택 가능한 신해양 질서 중에 가장 합리적인 것은 아니다.[26] 인류의 공동재산이라고 하는 해양자원의 합리적 이용에 있어서나 연안국에서처럼 사적 영유(領有)는 문제가 많은 체제이기 때문이다. 첫째, 200해리 체제에서 최대의 이익을 향유하는 나라는 미국 캐나다, 오스트레일리아 등의 선진국 중에서 자원부국들이다. 이들 한나라들이 더욱더 많은 자원을 획득하게 되었다. 물론 발전도상국 중에도 넓은 해역을 획득한 나라들이 있다. 예컨대 인도, 칠레, 브라질, 필리핀 등이다. 그러나 이런 국가들의 대륙붕은 협소하고 바다는 넓어도 어장의 풍도(豊度)는 높지 않다.

제3차 NU해안법 회의는 남북격차 시정을 목표로 한 77그룹 국가들에 의해서 추진되었지만 실제에는 아프리카의 연안국처럼 연안선이 극히 짧고 바다로부터의 혜택을 거의 받지 못하는 나라들도 많아, 결국에는 남북격차를 확대하는 결과를 초래하는 모순을 가져왔다.

둘째는 생물자원의 합리적 이용이라는 면이다. 특정 연안성의

---

26) 平澤 豊, 앞의 책. 23쪽.

어족은 제외하고, 많은 수산자원이 바다의 경계를 넘어 회유한다. 일국이 적정한 자원관리를 한다고 해도 인접국의 협조가 없으면 그 효과를 볼 수 없다. 더구나 많은 국가들은 어식민족이 아니고, 스스로 어업기술자본도 없고 그런 의욕도 없다. 이런 국가들은 입어료 등을 받아서 자국의 재정을 보충하거나, 소수의 어민을 보호하거나 무역상의 유리한 조건으로서 200해리를 이용하게 된다. 이것도 발전제상국의 경우는 필요한 치라고 할 수 있겠지만 미국과 같은 자원대국이 아닌 행동을 보이는 것은 지주적 소유의 폐해를 드러내 보이는 것이다.

셋째는, 경계를 둘러싼 분규의 증가, 군비의 강화와 같은 우려이다. 예컨대, 일소 관계 속에서의 소위 북방사도(北方四島)라든가 한일관계에서 독도를 둘러싼 마찰 등에서 볼 수 있듯이 섬의 귀속은 일국의 외교상, 행정상 양보할 수 없는 문제로 된다. 무인도 등의 귀속은 영해 12해리 시대에는 주로 국민감정의 문제였는데, 200해리 시대에는 경제적 이익이 크게 되었다.

이러한 200해리 해양체제를 놓고 UN해양법회의가 계속되고 있는 가운데 1976년 12월 소련이 200해리 어업전관 수역을 선포하였다.

1977년에는 EC 9개국과 캐나다, 노르웨이, 인도, 스리랑카 등이 200해리 어업전관 수역을 선포하여 200해리 체제가 세계적 추세로 변화되었다.

2. 신어업협정의 체결

(1) 협정체결의 추진과정

1982년에 체결된 UN해양법이 1994년부터 발효됨에 따라 한일 양국도 1995년에 동 법을 비준하였다.

해양법협약의 발효에 따라 우리나라의 주변국인 중국, 일본, 러시아, 북한 등도 모두 12해리 영해와 배타적 경제수역 등을 선포, 시행하고 있으며 우리나라도 1996년에 배타적 경제수역 법을 선포하여 영해 및 접속 수역법에서 공포한 직선기선으로부터 그 외측 200해리의 선까지에 이르는 수역 중 영해를 제외한 수역을 배타적 경제수역으로 하며, 대향하거나 인접하고 있는 국가간의 배타적 경제수역의 경계는 국제법을 기초로 관계국과의 합의한 따라 획정한다고 규정하고 있다.[27)]

〈표 4-10〉 주변국의 해양관할권 선포현황

구분	영 해	접속수역	대 륙 붕	배타적 경제수역
한국	- 12해리(일부3해리) - 직선기선 및 통상기선	24해리 (1995)	- 1970년 - 자연연장, 중간선	- 선포(1996.8. 8) - 시행(1996.9.10)
일본	- 12해리(일부3해리) - 직선기선 및 통상기선	24해리 (1996)	- 중간선 원칙(1978)	- 선포(1996.6.14) - 시행(1996.7.20)
중국	- 12해리(1992년) - 직선기선제도(1996.5) - 발해만(역사적 만)	24해리 (1996)	- 자연연장 및 합의	- 선포 및 시행 (1998.6.26)
북한	- 12해리 - 동해(직선기선) 동한만(내수)	×	- 동해측: 자연연장 - 황해측: 중간선	선포(1997) - 중간선원칙적용
러시아	- 12해리 - 통상(1960),직선(1984) - 피터대제만(역사적 만)	×	- 중간선원칙	선포(1983) - 합의원칙

자료 : 정갑용 외 , 「배타적 경제수역 선포와 공역관리체계 구축에 관한연구(II)」(한국해양수산개발원, 1997. 12), 3면 및 1998年 6月 26日字, 中華人民共和國歸屬經濟區和大陸架法(中華人民共和國主令 第六號), 玉永秀 外. 「新韓日漁業協定 發效에 따른 國內漁業對策」. (한국해양수산개발원. 1998. 7면) 참조.

27) 玉永秀 外, 『新韓日漁業協定 發效에 따른 國內漁業對策』. 한국해양수산개발원. 1998. 6쪽.

한편 일본이 선포한 배타적 경제수역 및 대륙붕에 관한 법률에서도 기선에서 200해리 이내의 수역을 배타적 경제수역으로 하며 대향하는 국가간의 경계는 중간선에 의한다는 취지의 규정을 두고 있다. 한편, 일본은 1996년 영해 및 접속수역에 관 법률과 동 시행령을 개정하여 직선기선제도를 대책하고 1997년 1월 1일부터 시행하고 있는데, 일본은 북해도지역, 대마도지역, 동일본지역, 대마도지역, 시코쿠지역, 기이 이즈지역, 오키나와지역 및 큐슈지역 등 8개 권역으로 나누어 모두 194개 기점에 대하여 직선기선을 설정하여 확장된 영해의 기선을 설정하고 있다.[28)]

이와 같이 국제사회에서 새로운 어업질서가 등장함에 따라 한국과 일본은 양국 간에 새로운 어업질서를 정립해야 할 필요성을 공감하였다.

위에서 고찰한 바와 같이 1965년 어업협정 체결 후 한일어업분규는 상호협정 위반어선 등이 지속적으로 존속하였음에도 불구하고 1970년대 중반까지는 큰 분규는 없이 안정을 유지하였다. 그러나 1977년 미국과 소련의 200해리 선포로 북양어장을 잃게 된 우리 트롤어선들이 대체어장으로 개발한 북해도 주변어장을 둘러싸고 심각한 분규가 제기되었다. 또한 제주도 주변 어장에서는 일본 저인망 어업자와 우리 어민들 사이에서 분규가 계속되었다. 이러한 배경 하에서 1980년초 일본어민들의 강한 불만과 일본 국내 국민정서가 기존의 한·일어업협정을 파기하고 200해리 어업수역(EFZ)을 한국에 적용할 것을 요구해옴에 따라 1980년 9월 한일 양국간에 조업자율규제제도를 도입하여 외교적 위기를 넘기기도 했다.

이에 따라 한·일 양국은 어업실무자협의를 통해 1980년 11월 ~1983년 10월까지 '북해도 연안과 제주도 연안 조업 자율규제에

---

28) 玉永秀 外, 앞의 책. 8쪽.

관한 3년간 한·일 정부간 서한에 의한 합의 사항'(제1차 조업자율규제)이 이루어지게 되었다. 이 규제의 내용은 당시 북해도 주변에 출어하고 있던 한국 측 트롤어선을 당초 23척에서 17척으로 줄이는 것이었다. 1983년 11월 1일부터 1986년 10월 31일까지 시행할 3년간 조업에 대한 양국정부의 2차 합의는 1차 합의사항과 크게 바뀌지 않았으나 북해도 주변어장에서의 일본 어민들에 의한 한국어선에 대한 조업방해는 계속되었다.[29] 이렇게 되자. 제2차 조업자율규제기간이 끝나가는 1986년 북해도 어장을 중심으로 한·일간 조업분규가 다시 격화되었다.

1987년도에 개최된 한·일 어업실무자 회의에서는 양국이 지금껏 주장해왔던 것과 크게 다른 내용이 쟁점으로 등장하였는데 일본 측은 종래 자기들이 주장해오던 12해리 어업전관수역안을 버리고 각국이 연안에서 40~50해리까지를 어업전관수역으로 설정하되 과거 어업실적을 인정해주자는 주장을 하였다. 또한 동시에 기국주의를 포기하고 연안국주의로의 변경을 주장하였는데 이와 같은 내용은 한·일 어업협정 당시 한국이 주장하던 것과 비슷한 내용이었다.[30] 이에 대해 한국 측은 현행 어업규제조치는 상호 존중하되 기국주의는 그대로 유지해야 한다고 주장하였다. 결국 한일어업교섭은 1987년 10월 서울에서 열린 양국 수산청장회의에서 합의되었다. 이에 의하면 북해도 주변에서 조업하는 한국어선은 1991년 4월 30일까지 옷타트롤 금지수역에서 단계적으로 철수하게 되었다. 또한 제주도 주변에서의 일본의 이면저예망(以面底曳網)어선은 1991년 4월 30일까지 88척을 44척으로 삭감하고 동시 출어척수도 54척에서 28척으로 삭감토록 하였다.[31]

29) 池鐵根, 앞의 책. 577-578쪽.

30) 玉永秀, 앞의 책. 9쪽.

31) 池鐵根, 앞의 책. 610쪽.

1991년 12월에는 제3차 조업자율규제가 만료됨에 따라 한·일 양국은 자율규제조치기간을 1994년 12월까지 다시 3년간 기간연장을 실시하였으며, 1995년에는 자율규제조치기간을 다시 2년간 연장하여 1996년 12월까지 효력이 존속하도록 하였다. 1995년에 이루어진 최근의 자율규제조치는 북해도 지역의 한국 트롤어선을 종래보다 더 감축시키는 대신 일본은 제주도 수역에 출어하는 이서저인망의 허가척수를 감축시키도록 하였다.[32)]

한편 미국과 구소련은 1977년 자국의 200해리 배타적 경제수역을 선포하게 되었다. 일본은 당시 북태평양과 캄챠카반도 등에서 많은 어획을 하고 있었는데, 미국과 구소련의 200해리 배타적 경제수역 선포에 큰 영향을 받게 되었다. 이에 대한 대응책으로 일본도 200해리 어업수역을 선포하였는데, 동해, 남해 등에 대해서는 선포를 유보하였다. 즉 200해리 어업수역은 구소련, 미국 등에 대응하기 위해 태평양쪽으로만 설정하고 자국의 어업이 성행하는 동해, 남해 등에 대해서는 선포를 유보하였다.

한편 UN해양법이 1994년 11월 6일을 기해 발효하자 1996년에 한국과 일본은 200해리 배타적 경제수역을 선포하게 되었다. 이와 같은 주변여건이 변화함에 따라 1996년에 들어 양국은 한·일어업협정을 개정하기 위한 본격적인 논의가 이루어지기 시작하였다.

양국은 동년 5월부터 11월까지 3차례에 걸친 양국 실무자 회담을 가졌으나 결론에 이르지는 못하였다. 한편 일본은 동년 12월 국내법이라는 이유를 들어 자국의 영해법을 기존의 통상기선(normal baseline)에서 직선기선(straight baseline)으로 개정하여 1997년 1월 1일부터 시행하겠다는 의사를 전달해 왔으나 한국정부가 이에 대해 적극 대응한 흔적은 보이지 않고 있다.[33)] 이후

32) 玉永秀, 앞의 책. 9쪽.

33) 金 昇, 앞의 책. 502쪽.

1997년 3월부터 6월까지 3차에 걸친 어업실무자 회담으로 이어졌다.

한편 일본은 동년 6월 8일부터 7월 8일까지 기존의 자율규제수역에서 조업하던 한국어선 5척을 나포하여 외교 분규를 야기함으로써 한일어업 실무자 회담이 중단되었다. 이후 동년 8월부터 한일어업 실무 회담이 속개되어 미타결점을 제외한 잠정합의에 이르렀으나, 1998년 1월 23일 한일어업협정의 종료를 일방적으로 파기하였다. 이후 수차의 각종 어업협상을 통해 1998년 9월 25일 신한일어업협정이 체결되었다.

(2) 신어업협정의 내용

① 배타적 경제수역(EEZ)

어업협정은 전문과 17개조문의 본문 그리고 2개의 부속서와 합의의사록, 양측 외교부장관의 서한 등으로 구성되어 있다. 주요내용은 양국의 배타적 경제수역을 협정수역으로 하며 (제1조) 호혜의 원칙에 입각하여 자국의 경제수역에서 타방 당사국 국민의 어업활동을 일정조건하에서 상호 허용하는 내용으로 되어 있다.

어업협정에서는 한·일간에 동해 및 남해상에서 양국의 EEZ의 주장이 중복되므로, 기선에서 약 35해리 정도의 폭을 가진 수역에서 등량조건의 상호입어를 허용하는 배타적 경제수역을 설정하기로 하였다. 또한 어업협상에서는 배타적경제수역의 출발선이 되는 기선의 설정방법에 대한 논의가 있었는바, 어업협정에서는 어떠한 기선을 기준으로 하는 것인가에 대한 명확한 언급 없이 어업협상과정에서 자국이 스스로 합리적이라고 생각하는 기선에서 약35해리의 폭을 가지는 배타적경제수역을 제시하고, 일부 수역에서는 상호주의 정신 하에서 서로 가감하는 방법을 사용하였다. 결과적으로 EEZ의 외곽선은 개념상으로는 존재하나 한·일 양국 모두

좌표로 명시하지는 않고 있다.[34]

배타적 경제수역에서는 협정 및 연안국의 관계법령에 따라 입어허가를 허용하는데 이는 해양법 협약상 EEZ내에서 연안국이 해양생물자원의 개발, 보존, 이용에 관한 주권적 권리를 가지므로 외국인의 어업은 연안국의 허가에 의하여 시행한다는 원칙을 수용한 것이다. 자국의 배타적 경제수역에서 타방 체약국의 국민과 어선에서 허용할 어획량과 조업조건을 매년 결정하고 이를 타방체약국에 통보하는데, 어획가능 어종, 어획량, 조업구역, 기타 조업조건을 매년 결정하여 타방에 통보한다. 또한 이러한 결정을 함에 있어서 한·일어업공동위원회의 협의결과를 존중하고 해양생물자원의 상태, 자국의 어획능력, 상호입어의 상황 및 기타 관련 요소를 고려한다.

한편 어업협상에서는 중간수역의 설정에 있어 동쪽 한계선 문제가 상당한 논란을 불러일으켰는데, 협정대상수역의 동쪽한계에 대하여 한국은 독도로 기점으로 하는 한국의 EEZ한계는 E136°까지라고 주장하였으나, 일본은 한국이 울릉도를 기점으로 하여도 200해리 이상 멀리 떨어진 북해도상에까지 한국이 어업권을 주장할 수 없다는 논리에서 한국의 EEZ한계는 E135°30′선으로 하고 있다.

일본이 동쪽한계선을 135도로 주장한 배경은 한국, 일본, 러시아의 3국간 등거리점이 동경 134도 부근이고 울릉도로부터 200해리 배타적 경제수역을 설정한다 해도 동경 135도 부근이 되며, 1977년 러시아와 협상결과에서도 동경 135도 이동 수역에서 200해리 배타적 경제수역을 설정한 바가 있다는 것이었다. 그리고 1998년 1월 23일 일본이 협정 종료 통보를 한 것도 동경 135도를 양보할 수 없다는 것이다.

---

34) 王永秀, 앞의 책. 13쪽.

이에 대해 우리나라는 독도를 기점으로 할 경우 200해리 배타적 경제수역의 한계는 동경 136도라고 주장하였는데, 동쪽한계선 문제에 양국이 첨예하게 대립하게 된 것은 이 부근에서 오징어 등이 대량으로 어획되는 대화퇴어장이 위치하고 있기 때문이었다. 결국 양국 주장의 중간선인 135도 30분이 동쪽한계선으로 설정되었는데, 이는 일본 측이 1977년 이후 고수해온 135도의 경계를 양보하게 한 것에 의의가 있다고 할 수 있다.[35]

② 중간 수역

중간수역은 독도문제로 인해 한·일간 중간선에 의한 배타적 경제수역의 경계를 획정하기가 어려운 현실을 감안하여 양국의 주장이 중복되는 수역에서 공동으로 어업을 허용하는 한시적 성격의 수역이라고 할 수 있다. 결국 어업협상은 영유권 문제에 관한 한 현상유지를 하면서 동시에 200해리 제도의 도입취지도 살리는 두 가지 목표를 달성하기 이한 것이다.[36] 어업협상에서는 중간선을 중심으로 한 배타적 경제수역을 설정하는 문제가 깊이 논의되었으나, 1997년에 와서는 잠정수역안에 대한 논의가 시작되었다. 그것이 1998년 협상이 타결되면서 중간수역으로 확정되었다. 동해 중간수역의 법적 성격은 분명하지 않다. 동해 중간수역에 있어서 양국은 해양생물자원의 보존관리를 위하여 자국의 국민과 어선에 대하여 적절한 조치가 취하도록 되어 있다. 이는 어업규제조치를 취하는 권한을 각자 자국의 국민과 어선에 대해서만 행사할 수 있도록 규정한 것으로서 공동으로 행사하지 않음을 의미한다.

이는 바로 공해에서의 선박에 대한 통상적인 관할권 행사방식과 동일한 것이다. 따라서 동해 중간수역의 법적 성격은 공동관리수

35) 王永秀, 앞의 책. 15쪽.

36) 백진현, 「호혜적 어업환경구축에 한걸음」. 『현대해양』. 1998. 11월호. 56쪽.

역도 아니고, 1965년 협정상의 공동규제 수역도 아닌 것이다.[37]

어업협정에서는 동해 및 제주도 남부의 일부 수역에서 어업에 관한 법적용이 상호 배제되는 일정 범위를 정하였는데, 수역의 범위를 정하는 것이므로 협정상의 공식 명칭이 없이 위도와 경도로 구성되는 좌표만 표기하고 있다. 따라서 본토나 섬은 협정의 대상이 아니고 중간수역의 일부도 아니므로 지명이나 좌표가 표기되지 않았으며, 독도와 그 영해는 EEZ의 정의 및 제1조에 규정된 협정 수역의 범위에 의하여 협정의 대상이 아니므로 중간수역의 일부도 아니다.

이러한 중간수역은 독도문제나 양국 간 중복되는 관계로 인하여 한·일간에 중간선에 의한 배타적 경제수역의 경계를 획정하기가 어려운 현실을 감안하여 양국의 주장이 중복되는 수역에서 공동으로 어업을 허용하는 한시적 성격의 수역으로, 동해상의 중간수역과 남해상의 중간수역으로 나뉘어져 있다.

협정의 목적을 효율적으로 달성하기 위하여 한·일 어업공동위원회 설치를 규정하고 있다. 위원은 대표 1인, 위원 1인으로 구성하고 별도의 하부기구를 두며 회의는 매년 1회씩 교대하여 개최하기로 명문화되어 있다. 어업공동위원회의 기능은 조업조건에 관한 사항, 조업질서 유지에 관한 사항, 동해 중간수역에서의 생물자원의 보존관리에 관한 사항과 협정실시와 관련된 사항에 대하여 협의하고 그 결과를 양 체약국에 권고하며 양국은 위원회의 권고를 존중하는 것으로 되어 있다.

배타적 경제수역에서는 협정 및 연안국의 관계법령에 따라 입어허가를 허용하는데, 양국은 자국의 배타적 경제수역에서 타방 체약국의 국민과 어선에게 허용할 어획량과 조업조건을 매년 결정하

37) 최종화, 「새 한일어업협정의 구성과 법적 성격」. 『수산경영론집』 1998. 12월. 12쪽.

고 이를 타방체약국에 통보한다. 어획가능어종, 어획량, 조업구역, 기타 조업조건을 매년 결정하여 타방에 통보하며, 이러한 결정을 함에 있어서 한·일 어업공동위원회의 협의 결과를 존중한다.

어업협정에 의하면 한·일간 배타적 경제수역에서의 기존 조업실적은 향후 협정의 해석이나 적용에 관한 양국 간 분규는 협의에 의하여 해결하나 분규가 협의에 의하여 해결되는 아니하는 경우에는 양국의 동의에 의하여 다음에 정하는 절차에 따라 해결한다.

첫째, 어느 일방체약국의 정부가 타방체약국의 정부로부터 분규의 원인이 기재된 당해 분규의 중재를 요청하는 공문을 받은 경우에 있어서 그 요청에 응하는 통보를 타방체약국 정부에 대하여 행할 때에는, 그 분규는 그 통보를 받은 날부터 30일의 기간 내에 각 체약국 정부가 임명하는 각 1인의 중재위원과 이와 같이 선정된 2인의 중재위원이 그 기간 후 30일 이내에 합의하는 제3의 중재위원 또는 그 기간 후 30일 이내에 그 2인의 중재위원이 합의하는 제3국의 정부가 지명하는 제3의 중재위원과의 3인의 중재위원으로 구성된 중재 위원회에 결정을 위하여 회부된다. 다만, 제3의 중재위원은 어느 일방체약국의 국민이어서는 아니 된다.

둘째, 어느 일방체약국의 정부가 기간 내에 중재위원을 임명하지 못한 경우, 또는 제3의 중재위원 또는 제3국에 대하여 정하고 있는 기간 내에 합의되지 아니하는 경우, 중재위원회는 각 경우에 있어서 정하고 있는 기간 후 30일 이내에 각 체약국 정부가 선정하는 국가의 정부가 지명하는 각 인의 중재위원과 이들 정부가 협의에 의하여 결정하는 제3국 정부가 지명하는 제3의 중재 위원으로 구성된다.

셋째, 양국은 자국의 정부가 임명한 중재위원 또는 자국의 정부가 선정하는 국가의 정부가 지명하는 중재위원에 관한 비용 및 자국의 정부가 중재에 참가하는 비용을 각각 부담한다. 제3의 중재위원이 그 직무를 수행하기 위한 비용은 양국이 절반씩 부담한다.

넷째, 양국 정부는 이 조의 규정에 의한 중재위원회의 다수결에 의한 결정에 따른다.

3. 신어업협정과 독도

영유권에 관한 분규가 있는 독도를 두 체약국 간에 합의된 중간수역 안에 위치하게 한 것은 이러한 잠정수역의 합의로써 분규도서에 관한 당사국으로서의 지위까지도 합의한 것으로 해석될 수 있으므로 한국이 독도 영유권에 관하여 일본과 동등한 권한 밖에 갖고 있지 않다는 결과가 되리라는 비판적 견해가 제기 되고 있다.[38]

새로운 어업협정에서는 울릉도와 독도 사이에 0.4해리 정도의 중간수역을 남김으로써 독도문제를 완전히 해결하지 못했으며, 이는 독도가 한국의 고유한 영토이며 독도주변의 중간수역은 공해로 취급해야 한다는 종전의 입장에서 후퇴한 것이라는 견해가 그것이다.[39] 이번 어업협정이 동해 중간수역이 됨으로써 독도영유권이 훼손되었다는 것이다. 그것은 첫째로 동해 중간수역에 독도가 포함되고, 동수역은 공동관리 수역이므로 독도가 우리의 영토권에서 분리하여 공동관리 대상이 됨으로써 독도영유권을 우리가 전적으로 소유한 국제법적 지위를 일본과 양분하게 되었다는 것이다. 둘째로 어업협정은 독도에 대한 도서 분규가 있음을 묵인한 것이며, 이는 향후 독도영유권에 영향을 미칠 것이라는 점이며, 셋째로 울릉도와 독도가 약 0.4해리(740m) 분리되어 일본이 어로감시 등을 구실로 하여 합법적으로 접근할 수 있게 되었으며, 이는 우리의 독도주변 해역에 대한 배타적 이용가능성을 방해하여 해상안보에 위협을 주는 것이라는 점이다. 넷째로 어업협정 제15조에서는 단지 체약국의

---

38) 최종화, 앞의 책. 15쪽.

39) 金 昇, 앞의 책. 510쪽.

입장을 해하지 않는 것으로 되어 있기 때문에 이는 독도가 일본영토이며 한국이 불법점유하고 있다는 일본주장도 해하지 않는 것으로 해석할 수 있으므로, 동 조문이 독도영유권에 대한 보장 장치를 마련하였다고 볼 수 없다는 점 등을 들 수 있다.[40]

이와 같은 주장에 대하여 어업협정상 동해 중간수역은 공해의 성격을 가지므로 독도의 영유권에 영향을 미치지 않는다는 주장의 논거는 다음과 같다.[41]

첫째, 어업협정은 영유권에 대한 협정이 아니고 어업에 관한 협정이다.[42] 어업협정은 어업수역을 합의에 의하여 배분하고 어족자원의 관리 및 획득에 관한 법질서를 정하는 것이므로, 독도의 영유권 문제에는 영향을 주지 않는다.

둘째, 어업협정상 어업협정의 대상이 되는 것은 배타적 경제수역이나 중간 수역 등의 어업수역이고 독도 및 주변해역이 중간수역에 위치한다고 하더라도 어업협정의 대상수역이 아니다.

셋째, 어업협정의 전문은 한·일간의 자원의 보존, 관리 및 이용을 위한 어업질서 및 협력관계를 발전시키기 위한 것임을 규정하고, 협의 제15조에서 협정의 어떠한 조항도 어업에 관한 사항 이외의 국제법상 문제에 관하여 양국의 입장을 해하지 않는다고 규정하므로, 어업협정은 독도영유권 문제와는 관련이 없다.[43]

어업협정은 배타적 경제수역을 합의에 의하여 배분하고 어족자원의 관리 및 획득에 관한 법질서를 정하는 것이기 때문에 영토권 문제와는 상관이 없다. 특히 어업협정의 전문에서 본 어업협정이 한·일간에 해양생물자원의 합리적인 보존, 관리 및 최적이용을 위한 새로운 어업질서를 확립하고 어업분야에서의 협력관계를 더

---

40) 王永秀, 앞의 책. 30쪽.

41) 王永秀, 앞의 책. 30쪽.

42) 이서항, 「한일어업협상 경과와 협정내용」. 『현대해양』. 1998. 11. 58쪽.

43) 이서항, 「한일어업협상 경과와 협정내용」. 『현대해양』. 1998. 11. 59쪽.

욱 발전시키기 위하여 협정을 체결한다는 점을 명시하고 있고, 협정본문에서도 동협정의 적용범위가 영해외측에 설정된 양국의 배타적 경제수역에 적용된다고 명시하고 있으며, 협정의 어떠한 조항도 어업에 관한 사항 이외의 국제법상 문제에 관하여 양국의 입장을 해하지 않는다고 규정하고 있다.

이상에서 보면, 어업협정의 체결로 인하여 한국과 일본이 독도에 대하여 사실상의 분규관계에 있고, 한국이 독도의 실효적으로 지배하고 있다는 기존의 독도의 법적 지위에 변화가 있다고 볼 수 없는 것이다.

Ⅳ. 신어업협정과 한국어업

1. 상호입어에 대한 기본합의 내용

한·일 어업협상 타결로 국내어업부문이 입게 되는 피해는 크게 세 가지 관점에서 고려할 수 있는데, 조업어장 축소, 일본 배타적 경제수역 내에서의 어획고 감소, 일본 배타적 경제수역 내 조업이 일본 측의 단속권 형사로 인한 조업위축이 바로 그것이다. 그 동안 한국은 일본 근해에서 연평균 약 22만 톤, 일본은 한국 근해에서 약 11톤의 어획고를 올린 것으로 나타나고 있다.<표 4-11> 이에 따라 어업협정에서는 양국은 각자의 경제수역에서의 타방 체약국 국민에 대한 전통적 어업실적을 인정하여 일정수준의 상호입어를 보장하기로 하였다. 1999년도 한일양국의 경제수역에서의 상호입어에 대한 합의 내용은 <표 4-11>과 같다.

<표 4-11>에 의하면 일본 경제수역내의 한국어선 입어 허용 척수는 14개 업종에 1,567척이며 한국 경제수역에서의 일본어선 출어척수는 1,575척이다. 그러나 타방 체약국으로부터 할당받은 어획허용량은 한국이 일본에 비해 1.5배가 많다. 그러나 어가에 대한

〈표 4-11〉 1999년도 한-일 양국 경제수역 상호입어에 관한 기본 합의 내용

한국어선의 일본 경제수역 입어 허용 내역			일본어선의 한국 경제수역 입어 허용 내역		
구 분	어선수 (척)	입어허용 (t)	구 분	어선수 (척)	입어허용 (t)
계	1,567	149,218	계	1,575	93,773
대형선망어업	205(35)	70,000	대・중형선망	349(60)	76,987
오징어채낚기	558	20,735	오징어채낚기	350	4,126
장어통발어업	68	1,500	붕장어통발어업	4	10
골뱅이통발어업	5	250	이서저인망어업	48	7,323
기타통발어업	44	613	근해중형저인망	84	597
대형트롤어업	84	4,897	고정식자망어업	17	200
대형기선저인망	55	2,873	복어연승어업	240	1,408
중형기선저인망	20	4,000	끌낚시어업	396	886
자망어업	50	900	가다랭이채낚기	48	1,196
연승어업	402	1,998	외줄낚시어업	12	20
낚시어업	8	39	만세기어업	15	500외줄
대게저인망어업	30	500	대게통발어업	4	500
북해도트롤어업	6	15,300	복어반두어업	4	11
꽁치봉수망어업	32	25,613	도미양태망어업	3	8
			청새치돌봉어업	1	0.5
			기타어업	504	3,332

통계가 없으므로 유불리에 대한 결론은 어렵다고 하겠다.

2. 예상되는 어업피해

한일어업협정의 체결결과 어장의 상대적 축소로 가장 직접적 영향을 받게 된 어업은 근해어업이라고 할 수 있다.44)

이 중 조업어장 축소는 북해도 및 서일본 수역에서의 직접적인

44) 최종화, 「한일어업협정 국내대책 시급하다」. 『현대해양』. 1998. 11. 53쪽.

〈표 4-12〉 한·일 어업협정에 의한 일본 측 수역에서의 어획예상가능량　단위 : M/T

구 분		1994	1995	1996	평 균
연근해	고등어	59,453	48,168	74,633	60,751
	오징어	33,078	33,434	22,510	29,674
	전갱이	12,921	2,774	1,770	5,822
	정어리	7,876	2,915	2,440	4,410
	대 게	1,117	885	590	864
	가자미	5,634	5,335	4,072	5,014
	붕장어	1,702	2,089	2,115	1,969
	먹장어	0	0	1,540	513
	골뱅이	1,943	1,428	1,310	1,560
	도루묵	390	400	540	443
	도미류	543	344	500	462
	복 어	640	542	500	561
	갈 치	2,462	3,573	471	2,169
	삼 치	766	1,757	15	846
	기 타	14,141	15,195	16,204	15,180
	소 계	142,666	118,839	129,210	130,238
원 양	명 태	65,000	62,251	44,538	57,263
	꽁 치	30,246	29,043	17,550	34,271
	오징어	1,221	1,280	330	944
	기 타	0	749	853	534
	소 계	96,467	93,323	63,271	93,012
합 계		239,133	212,162	192,481	223,250

자료 : 해양수산부

어장축소를 의미하는데 가장 확실하게 피해를 예측할 수 있는 부분이다. 북해도에서의 조업어장축소로 그 동안 일본의 배타적 어업수역에서 조업이 가능하였던 명태트롤어업, 꽁치 봉수망어업 등의 어장을 상실하게 된다. 또 중간수역의 동쪽한계선이 135도 30분으로 확정됨에 따라 대화퇴어장을 상실하게 된다.

일본 배타적 경제수역 내에서의 어획고 감소는 동 수역에 있어서 어종에 따라 1-3년간 부분적인 조업실적을 인정하되, 그 이후는 어종에 따라 조업실적의 인정정도가 다르다. 따라서 어종에 따라 피해정도가 다를 것으로 예상된다. 즉 <표 4-12>에서와 같이 북해도어장의 명태는 협정시행 첫해가 되는 1999년에는 1만 5천 톤으로 어획량이 제한되며, 2000년부터는 금지된다. 또 대게는 협정시행 후 2년간은 기존조업실적(약 1,000톤으로 추정)의 50%를 인정하여 조업을 보장하며, 2001년부터는 조업허용량이 없어지게 된다. 기타 어종에 대해서는 3년간은 상호 입어허용량이 되도록 연차적으로 감축 조정키로 함으로써 균형을 유지하는 등량주의를 채택하였다.

<표 4-12>에 의하면 일반어종의 기존조업실적(1994-96년의 일본경제수역내의 연평균 어획실적)은 16만 5,123톤으로서 2001년까지는 기존조업실적이 인정되지만 2002년 이후는 등량상호입어가 된다면 약 11만 톤으로 감소하게 된다. 또 명태는 기존조업실적이 5만 7,263톤이지만 협정 첫해인 1999년부터 1만 5천 톤으로 줄어들며, 2000년 이후는 어획허용량이 없어지게 된다. 아울러 대게는 2000년까지는 기존조업실적인 864톤이 어획가능하나 2001년 이후는 어획이 불가능해지게 된다.

이상을 종합할 때 어획량적인 측면에서만 1999년에 당장 4만 2,263톤의 어획량이 감소하게 되며, 그 이후 어획 가능량이 점점 늘어나 2002년 이후는 11만 3,250톤이 줄어들 것으로 예상된다.

또 <표 4-13>에는 기존조업실적으로 인정받은 어종별 어획량이 나타나 있다. 이에 의하면 통 22만 3,250톤 중 연근해어업에 의해서는 13만 238톤이, 원양어업에 의해서는 9만3,012톤이 어획되는 것으로 나타났다. 연근해어업에 의해서는 고등어가 6만 751톤으로 가장 많고, 그 다음이 오징어로서 2만 9,674톤이며, 그 외 전갱이, 가자미 정어리 등의 순서를 보이고 있다.

〈표 4-13〉 한국의 일본수역에서의 어종별 기존 조업실적 단위 : M/T

구 분	기존조업실적	1999	2000	2001	2002이후
일반어종	165,123	165,123	165,123	165,123	110,000
명 태	57,263	15,000	0	0	0
대 게	864	864	864	0	0
어획가능량	223,250	180,987	165,987	165,123	110,000
감소예상량 (기존대비)	0	42,263	57,263	58,127	113,250

자료 : 해양수산부

주: 꽁치봉수망은 1995-97년 평균자료

한편 이상과 같은 어획량감소는 양적인 측면에서 고찰한 것으로서 어획금액으로 환산하면 <표 4-13>과 같다.

이에 의하면 2002년 이후의 어획금액 감소는 1,400억-2,400억원 정도가 되는 것으로 나타났는데, 피해금액이 달리 추정된 것은 어종별 적용 어가가 다르고, 연도별 적용물가상승률 등이 다르기 때문이다. 또 계측방법에 있어서도 다소 상이한 경우가 있다고 할 수 있다. 피해액 추정결과 수협중앙회가 해양수산부보다 감소예상액이 큰 건으로 추정하였다. 어종별로 명태와 대게는 비슷하게 나타나고 있으나 일반어류에서 큰 차이를 보이고 있는데, 이는 어종별 어획자료가 정확하게 타나나지 않은 데 기인한다고 할 수 있다.[45]

한·일 어업협정 타결로 받게 되는 어획량 감소를 직접영향이라고 한다면, 어획물이 감소됨으로써 국내의 다른 산업에 미치는 영향은 간접영향이라고 할 수 있다. 한·일 어업협정이 타결됨으로써 받게 되는 국내영향은 이와 같은 직접영향과 간접영향을 모두 합친 것이라 할 수 있다.

45) 王永秀, 앞의 책. 38쪽.

〈표 4-14〉 협정에 의한 일본 측 수역에서의 어획 감소예상액 비교(2002년 이후)

단위 : 억원

구 분	해양수산부	수협중앙회
일반어류	905	1,920
명 태	365	365
대 게	120	120
합 계	1,390	2,405

간접영향은 흔히 전방효과와 후반효과로 나타날 수 있다. 전방효과는 생산투입재 부분에 나타나는 것으로서 어떤 산업이 성장하면 관련 투입재 수요도 늘어나고, 쇠퇴하면 투입재 수요가 줄어드는 효과를 일컫는다. 또 후방효과는 가공, 유통부문에 나타나는 것으로서 생산물을 이용하여 2차적으로 유통된다든지, 가공된다든지 함으로써 최종 소비되기까지 다른 산업에 파급되는 영향을 일컫는다. 간접영향은 2차적인 생산효과로 계측될 수도 있고, 고용자와 관련된 고용효과로 계측될 수도 있다. 이와 같은 간접영향은 산업연관표에 의해 감응도계수와 영향도계수를 이용하여 계측할 수 있으며, 고용효과는 고용계수가 이용된다.

한편 간접영향은 산업연관표를 이용하여 계측할 수는 있지만, 실제로 피해로 이어질지는 다소 의문의 여지가 있다. 즉 후방효과의 경우 한국 어선에 의해 잡는 어획량은 줄어들지만, 줄어든 양만큼 수입증가가 된다고 볼 수 있다. 수입증가는 직접적인 피해는 되지만, 수입 수산물 역시 유통이나 가공단계를 거쳐야 하므로 실제 피해로 이어지는 부분은 미미할 뿐만 아니라 계측하기도 어렵다. 또 전방효과의 경우, 조업에 참여하는 어선수가 줄어들지 않는 한 조업은 지속되어야 하므로, 그 역시 피해가 그렇게 크지 않을 것으로 예측된다.

다만 한·일어업협상 타결로 직접 어장이 축소되는 업종과 심각한 직접피해로 어업경영수지가 크게 악화될 것으로 우려되는 업종에 있어 어느 정도 어선감척이 이루어지는 것이 필연적인바, 이 경우 감척되는 부분만큼에 대해서는 간접피해로 연결될 수 있을 것이다.

한·일 어업협정과 관련하여 어획량이나 어획금액과 더불어 향후 피해를 입을 것으로 예상되는 어선수를 추정하는 것은 중요한 일이 된다. 이는 향후 어업공동위원회를 통해 공동자원조사를 하거나 TAC설정 등에 있어서 어선수가 중요한 고려사항이 되기 때문이다. 또 국내대책을 수립함에 있어서도 결국은 어선별로 대책이 수립될 수밖에 없기 때문이다.

한·일어업협정에 의해 직접적으로 피해를 볼 것으로 예상되는 어선을 추정하기는 어려운 일이라 할 수 있다. 왜냐하면 어선별로 조업허가구역이 설정되어 있는 것이 아니기 때문에 어군을 좇아 이동하는 어선수를 일일이 파악하기가 어려운 것이다. 더구나 일정 기간, 예컨대 1년간의 어선수를 파악한다는 것은 실제적으로는 불가능한 일이라고도 할 수 있다. 그럼에도 불구하고 한·중·일간 당해 수역에서의 어선세력을 가늠해 본다는 것은 위에서 언급한 바와 같이 중요한 의의를 지니게 된다.

한·일 어업협정에 의해 피해를 입게 되는 어선척수를 추정하기 위해서는 어획자료를 토대로 어떤 형태로든지 추정을 할 수밖에 없다. 이와 같은 추정에는 중간선을 기준으로 한 배타적 경제수역하에서 해구별 업종별 어획량 자료가 이미 밝혀져 있기 때문에 이를 토대로 평균 어획량을 사용하여 추정에 임할 수가 있다. 즉 <표 4-15>에는 비록 가상 중간선 하의 일본수역에서의 어획량이기는 하나 업종별 어획량이 나타나 있는데, 이는 이번 한·일 어업협상 타결로 인한 어획피해 규모와 비슷하게 나타나 있다. 즉 표에서의 통어획량은 13만 3,300톤이지만 북해도 공해상에서 원양어업에 의해서 어획되는 9만 6,467톤을 합하면 기존 어획실적으로 인정받은 22만 3,250톤과 비슷하게 된다.

한편 3년 후에는 명태와 대게를 제외하고는 등량상호입어를 하기 때문에 구체적으로 어느 업종이 피해를 볼 것인지 정확하게 알 수는 없다. 다만 북해도 트롤어업은 큰 영향을 받을 것이나 같은 원양어업에 의해 어획되는 원양 꽁치봉수망어업은 북해도나 태평양연안에서 일본의 꽁치 어획량이 상당히 많이 어획되고 있으므로 큰 피해는 입지 않을 것으로 예측된다. 따라서 등량상호어획이 이루어지게 되면 어획감축이 확정된 명태와 대게를 제외한 5만 5,100M/T 정도는 이들 근해 업종에서 감축도리 것으로 예상할 수 있다. 이는 이들 업종에 의한 어획량의 약 40%가 넘는 물량으로서 근해어업으로서는 상당한 영향을 받지 않을 수 없을 것이다.

영향의 정도를 업종별로 보면 앞의 <표 4-14>에서와 같이 한·일 어업협정으로 인해 대화퇴 어장이 상당부분 상실하게 되어 오징어채낚기어업(근해채낚기어업)에서 큰 영향을 받을 것으로 추정되며, 그 외 어업은 서남구기저, 근해통발 등의 업종도 상당한 영향을 받을 것으로 예상된다.

아울러 현재 일본수역에 이어하는 어선을 보면 <표 4-15>에서와 같이 대형선망이 280척(통수기준으로는 41통)으로 전체 어선의 85.6%가 되며, 근해낚기어업은 320척으로서 36.3%, 근해연승 등 기타업종은 605척으로서 52.9%가 된다. 그 외 대형트롤이 40척, 대형기저회끌이가 55척, 근해유자망이 98척, 서남구기저가 18척, 근해통발이 86척으로 나타나 있다. 물론 이때의 어선척수는 어획량을 척당 연간 평균어획량으로 나눈 것이기 때문에 실제 입어척수와는 관계가 없다. 따라서 보다 정확히 표현한다면 입어상당 추정 어선척수라고 할 수 있다.

〈표 4-15〉 일본 측 가상 200해리선(중간선)에서의 한국어획실태 추정(1996년 기준)

단위 : M/T, 척, %

업 종	어 획 량	입어상당 추정 어 선 척 수	총어선대비 비 율
대 형 트 롤	8,000	40	40.4
대형기저쌍끌이	-	-	-
대형기저외끌이	4,000	55	69.6
대 형 선 망	75,000	280	85.6
근 해 안 강 망	-	-	-
근 해 채 낚 기	33,000	320	36.3
근 해 유 자 망	2,000	98	9.8
서 남 구 기 저	7,000	18	22.5
동 해 구 트 롤	-	-	-
동해구기저외끌이	-	-	-
근 해 통 발	23,000	86	16.1
근해연승등기타	2,000	605	52.9
합 계	133,300	1,482	27.7

자료 : 한국농촌경제연구원. 「경제수역선포에 따른 한·중·일 어업관계 및 국내 어업대책」 1996.

V. 맺음말

1965년 체결된 한일 어업협정은 광복이후 계속되어 온 격렬한 어업분규를 종식하고 새로운 어업질서가 형성되는 계기가 되었다. 협정에 따라 전관수역과 공동규제 수역 등을 설정하여 양국어선들이 규제수역 내에서 자유롭게 어업활동을 유지할 수 있었기 때문이다. 물론 협정이후에도 협정을 위반하는 양국의 어선들이 다수가 있었음에도 심각한 분규를 야기하지는 않았다. 1966년부터 1969년까지 일본어선들이 우리나라의 전관수역을 침범하여 적발된 건수는 111건이었다. 한편 우리 어선의 적발건수는 3,301건으로 나타나고 있다. 그러나 대부분이 경고처분으로 처리되었다.

한일 간의 어업분규가 다시 심각하게 전개된 시기는 1977년 이후부터다. 이 시기는 전세계적으로 해양질서의 재편기로서 세계각국이 경쟁적으로 200해리 경제수역을 선포하였다. 1977년 미국과 소련이 200해리 경제수역을 선포하자 그 동안 미국과 소련 주변해역에서 조업하던 양국어선들은 축출되었고 새로운 어장을 찾게 되었다. 이에 따라 한국어선 30척이 그 대체어장으로 북해도 근해어장을 개척하게 되었다. 1977년부터 시작된 이들의 조업은 성공적이었고 1978년 30척의 어획고는 16만 2천 M/T이었다. 그러나 이들의 어업활동이 한일어업협정에 위반되지 않았으나 북해도 어민들의 강력한 반발과 저항에 부딪쳐 정부간 협상으로 해결하게 되었다. 한편 제주도 해역에서는 일본어선들의 협정위반과 자원남획으로 제주 어민들과 계속 분규를 야기하였다.

이렇게 한일 간에 어업분규가 이어지고 있는 사이에 1982년 UN해양법이 체결되고 1994년부터 효력이 발생하게 되었다. 이렇게 되자 한반도 해역에서는 중국, 일본, 러시아, 북한 등도 모두 12해리 영해와 200해리 배타적 경제수역을 선포하게 되었다. 우리나라는 1996년 200해리 배타적 경제수역을 선포하게 되었다.

이와 같은 여건의 변화에 따라 한일양국은 한일 어업협정을 개정하기 위한 논의의 필요성을 느끼게 되었다. 그러나 한국은 어업협정의 개정이 기존의 공동규제수역의 축소를 가져와 한국어민에 불리할 것으로 판단하여 소극적 자세를 보였다. 그러나 일본은 자국어민들의 강한 불만이 정치적 부담으로 느껴지자 협상을 서두르게 되었다. 그리고 일본정부는 1997년 1월 1일부터 자국의 영해법을 기존의 통상기선에서 직선기선으로 변경하여 실시한다고 발표하였다. 한편 일본은 1997년 6월부터 7월사이 기존의 자율규제수역에서 조업하던 한국어선 5척을 나포하여 외교분규를 야기하였다. 또한 일본은 1998년 1월 23일에 한일 어업협정의 일방적 파기를 선언하였다. 이러한 한일 간의 어업분규는 수차례의 어업협상을 통해 1998년 9월 신한일 어업협정으로 마무리되었다.

신어업협정은 양국 간의 배타적 경제수역을 획선하고 양국 간에 수역이 겹치는 부분에 대하여 중간수역을 설정하는 것으로 되어있다. 중간수역은 독도주변의 동해중간수역과 제주도 주변의 남해중간수역을 두고 있다.

동해중간수역의 동쪽 경계선은 135°30′선으로 획선 되었는데 이에 대해 독도를 기점으로 한국의 동해 EEZ한계는 136°라는 주장이 제거되는 등 상당한 논란이 일었다.

지금까지 살펴본 1965년 이후의 어업분규의 성격은 초기에는 평화선을 폐지하여 우리나라 주변해역에 진출하려는 일본어민들의 강한 요구에서 비롯된 것이다. 당시 한국 어선들은 일본에 비해 성능이나 기능에 뒤떨어져 있었기 때문에 한일어업협정에 규정한 일본근해에 진출이 불가능했다.

따라서 협정초기에는 일본 어선들에 의한 어장이용 강도가 훨씬 높았다. 그러나 1977년을 기점으로 한국의 어선들이 성능이나 기능이 향상되어 어장이용 강도가 높아지자 분규가 심화되고 있음을 볼 수 있다. 이러한 한일 간의 어업관계 변화와 함께 최근에는 중국과의 어업협정도 체결되었다. 우리나라 주변수역의 어업자원을 두고 각국의 경합은 격심할 것으로 예상된다. 어업자원은 국민의 식량자원과 국제적 교역품으로서 그 중요성이 갈수록 커지고 있다. 수산업에 대한 정부의 관심과 수산업 육성의지가 필요할 것으로 보인다.

메모

(이 글은『韓國島嶼硏究』제19권, 제1호 (韓國島嶼學會.2007,6)에 수록된 내용을 수정·보완한 것임)

한·일 어민의 접촉과 마찰의 사례

— 독도의 경우 —

제5장

Ⅰ. 머리말

요즘 한반도를 사이에 두고 동서 양쪽에서 우리의 고유한 역사를 왜곡하고 예로부터 우리가 영유해 온 영토를 자기들 땅이라 주장하여 분쟁화하려는 기운이 높아지고 있다. 즉 서쪽에선 중국이 최근, 이른바 '동북공정'라는 명목아래 고구려사 및 발해사를 자기들 역사라 주장하며 현재 중국의 판도 안에 있는 우리의 많은 역사유적을 자기들 것이라 강변하는가 하면, 이어도에 대해서 이의를 제기하고 있다. 그러면서도 불법하게 취득한 '간도'(間島)에 관해서는 한마디의 해명도 없다.

동쪽에선 '독도문제'를 위요하고 일본과의 사이에 계속되고 있는 해 묵은 한 일 간의 마찰과 분규가 끝일 줄 모른다. 일본은 연전에도 "해양조사 운운"하며 독도주변을 맴돌면서, '독도는 역사적, 국제법적으로 일본의 영토'라는 주장을 굽히지 않더니, 금년에는 마침내, 저들의 중학교 사회과교과서 새 학습지도요령 해설서에 "한국이 독도를 불법점령하고 있는 것"처럼 우회적으로 표현하고, 문부과학성(文部科學省) 관리들은 일선 교육기관에 그렇게 지도하도록 권유하는 등, 분쟁지구로 만들려고 기도함으로써 독도문제는 다시 한 일 간의 핫이슈가 되고 있다.

영토는 한 국가의 존립기반이며 국가의 통치권 행사의 기본적인 장소적 한계를 형성한다. 따라서 영토의 안정성은 안전보장의 중요한 요소로서 국민의 생명과 기본권의 보장에 직결된다. 그러나 아무리 "명명백백한 자국의 영토라도 주장하지 않는 자에게는 돌아오지 않는다"고 한다(李漢基, 1969). 독도문제는 오래전부터 많은 사람들에 의해서 논의되어 온, 어쩌면 진부한 주제일지도 모른다. 그럼에도 불구하고 우리가 이 문제를 계속 연구해야 하는 까닭은 일본의 억지가 살아지지 않기 때문이다. 필자가 이 문제를 재론하는 소위도 여기에 있다.

가깝고도 먼 나라 일본. 가깝기 때문에 자주 갈등과 마찰이 빚어진다. 독도문제, 어업권문제가 그 대표적인 사례이다. 주지하는 바와 같이 일본은 "독도가 일본 땅"이라 주장한다. 과연 그런가? 여기에서는 일본 측 주장의 허구성을 분석·구명하여, "독도는 우리 땅"임을 밝혀보고자 한다. 먼저 한일 양국의 공식 입장을 정리해보자.

일본 측의 주장: "다케시마(竹島)는 역사적 사실에 비추어보거나, 또한 국제법상으로도 명백한 우리나라의 고유한 영토이다" (일본 외무성 홈페이지)

한국 측의 입장: "독도(獨島)는 국제법적, 역사적, 지리적, 실효적으로 한국이 영유하고 있는 우리의 영토이다"

과연 일본이 주장한대로 독도는 역사적 및 국제법적으로 일본 땅인가? 일본의 주장을 역사적인 사실과 국제법적인 측면으로 나누어 살펴보고자 하거니와, 먼저 일본의 주장이 1905년 독도의 영토편입 당시의 "무주지선점론(無主地先占論)"에서 전후(1951년 대일평화조약 체결 후)에는 "고유영토론(固有領土論)"으로 달라졌다는 점을 지적해두고자 한다. 다시 말하면 1905년 일본이 독도(리양코도)를 일본영토로 편입(실제론 침탈)하면서는 '무주지 선점의 국제법' 이론에 의거했다고 주장했었고, 그것이 전전의 공식입장이었다. 그러나 전후에는 "1905년의 각의결정 및 시마네현(島根縣) 고시에 의한 죽도(독도)의 시마네현에의 편입조치는, 일본정부가 근대국가로서 죽도(독도)를 영유할 의사를 재확인 한 것"이라 말하고 있다.

왜 일본의 입장이 이렇게 달라진 것일까? 그 이유는 뚜렷이 밝히지 않고 있으나, 아마도 전후 일본영토의 범위를 결정한 연합국 측의 기본방침인 카이로선언 및 포츠담선언에 대처하기 위한 것이 아닌가 한다(內藤正中 金柄烈, 2007: 101).

주지하는 바와 같이 카이로선언은 1943년 미 중 영 삼국 수뇌가 모여 카이로에서 발표한 선언으로, 일본영토에 대한 전후의 처리방침이 담겨 있다. 우리와 관련된 조항은 제3항인데, 거기에는 "폭력 및 강욕(强慾)에 의해 일본국이 약취한 타의 모든 지역을 방기(放棄)해야 한다고 선언하고 있다. 여기에서 말하는 타의 모든 지역이란 제1항에서 명기한 태평양의 제도서, 제2항에서 열거한 중국의 만주와 대만 이외의 모든 지역을 말하는 것으로, 바로 우리 한반도와 주변도서를 지칭하는 것이다.

포츠담성언은 1945년 8월, 일본이 연합국에 무조건항복 할 때, 일본천황이 신의를 가지고 확실하게 이행할 것을 약속한 바로 그 선언으로, 거기에는 "카이로선언의 조항은 이행되어야 하며, 또한 일본국의 주권은 본주, 북해도, 구주, 사국 및 우리가 결정하는 제소도에 국한되어야 한다."고 명기하고 있다. 그리하여 그 후속조치로서 1946년 1월 29일에 발표된 '연합국총사령부SCAPIN677(「약간의 외곽지역의 일본으로부터의 정치상 및 행정상의 분리에 관한 각서」)에서 일본정부의 행정권이 정지되는 지정지역속에 조선관계의 것으로선 울릉도 제주도와 함께 독도(죽도)가 명시되어있다. 이어서 동년 6월 22일에는 이른바 맥아더 라인에 관계되는 「일본국의 어업 및 포경업허가구역에 관한 각서」(SCAPIN1033)가 발표되는데, 독도(죽도)는 그 조업구역 밖에 있어 일본어선의 독도(죽도) 접근을 금지하고 있는 것이다 (內藤正中 외, 2007 : 101~102). 이것이 독도(죽도)에 관한 미국을 포함하는 연합국 측의 기본정신이요 입장으로, 이러한 기본입장과 정신은 1951년의 「대일평화조약(속칭 샌프란시스코 강화조약)」에서도 조금도 달진 점이 없는 것이다.

따라서 독도문제의 핵심은, 일본이 1905년에 자행한 '독도의 영토편입'이 과연 저들의 주장처럼 일본정부가 고유영토를 근대국가로서 영유할 의사를 재확인한 것이었던가, 아니면 탐욕과 폭력으로 약취해간 것이었던가를 밝히는데 있다고 하지 않을 수 없다. 일본이 독도가 역사적으로, 또한 국제법적으로 자기들 땅이라 주장하는 근거를 바로 1905년 1월 28일, 노일전쟁 중에 자행한 "독도의 영토편입"(고시는 동년 2월 22일)의 정당성(당시에는 무주지선점설에서 전후에는 고유영토설)에 두고 있기 때문이다. 본고는 먼저 이 부분에 관해서 역사적으로 고찰해 보고자 한다.

다음으론 국제법적 전거로 삼고 있는, 1951년의 「대일평화조약」에서의 독도의 법적지위에 관해서, 전후 일본과 구 식민지와의 관계를 처리하기 위하여 연합국이 결의·선포한 「카이로선」'과 「포츠담선언」 및 「그 밖의 여러 조치」들, 그리고 조약의 초안 작성과정에서 오락가락한 독도의 지위변동과 그 귀결에 관해서 고찰함으로써 독도가 국제법적으로도 우리 땅임을 아울러 구명하고자 한다.

그간, 이 문제에 관해서는 한일 양국의 많은 연구자들이 혹은 단행본으로, 혹은 논문으로 연구 성과를 발표하고 있다. 그런데 한 가지 눈에 뜨이는 사실은 일본의 연구자들 사이에는 "독도가 일본 땅이 아님"을 객관적인 사료분석을 통해서 지속적으로 주장하는 학자가 있는 반면[1], 한국 측 연구자들 사에서는 "독도가 한국 땅이 아니라" 주장하는 연구자는 한사람도 없다. 필자의 과문 탓이 아니라고 생각한다. 이러한 현상은 한국인의 지나친 내셔널리즘 때문이라고는 절대 생각하지 않는다. 오히려 한국에 몸담고 살면서 우리역사를 몸으로 배워 온 사람이면 독도가 우리 땅이란 사실은 너무나도 자명한 역사적 사실이라는 것을 체득하고 있음에 반해서, 일본 측에서는 "1905년의 불법편입"을 정당화하려고 애쓰는 나머지, 사료를 자의적으로 해석하거나, 본문은 제쳐두고 그 주(註)에 얽매이는가 하면, 국가의 정사(正史)는 제쳐두고 개인의 수록(隨錄)을 중시하여[2] 견강부회하는 연구자도 나타나게 되는 것 같다. 그와는 달리 일본에도 사료를 객관적이며 공정하게 해석하여 진실을 밝히고자 하는 양식 있는 학자들이 활동하고 있다는 사실을 말해주는 것이라 생각한다.

본고에서는 먼저 독도에 관한 지리적 개황과 역사적 줄거리를 살펴본 뒤에, 일본의 애도막부(江戶幕府)와 명치정부의 독도에 관

1) 예컨대, 시마네대학의 명예교수인 内藤正中, 도쿄대학의 梶村秀樹, 교토대학의 堀和生교수 등을 들 수 있다.

2) 『新增東國與地勝覽』45권의 본분에는 명백하게 울진현 소속으로 于山島와 鬱陵島를 두 개의 섬으로 기록되어 있는데도 그 註에 '一說 于山鬱陵本一島'라 첨언되어 있음을 내세워 양도가 동일한 섬이라는 설을 주장하는가 하면, 『文獻撮錄』이라는 조선말엽의 개인의 수록(隨錄)에 "于山, 于陵, 蔚陵, 武陵, 磯竹 등은 모두 鬱陵이 轉訛된 것이다"라는 일절을 가지고, 『지리지』나 『승람』과 같은 정부가 다수의 연구자들로 하여금 편찬케 한 문헌에 울릉도와 우산도(독도)가 별개의 섬으로 되어 있는데도, 굳이 한 섬으로 주장하는 따위가 그 대표적인 사례라 할 것이다.

한 인식과는 정반대로 자행한 '1905년의 독도의 불법적인 영토편입'과 무주지선점설(無主地先占說) 및 고유영토론(固有領土論)의 허구성을 밝히고, 이어서 일본이 '국제법 운운' 할 때 으레 내세우는 「'1951년의 대일평화조약'」에서의 독도의 법적지위에 관해서 고찰해 보고자 한다.

Ⅱ. 독도의 지리적 · 역사적 개관

1. 지리적 개관

독도는 동경 131도 52분 22초, 북위 37도 1분 18초에 위치하는, 동서 두 개의 섬과 주변의 60여개의 암초들로 형성된 바위섬으로, 총면적은 186,121평방미터(56,301평 8홉), 최고봉은 서도의 168m (40여년 전의 자료에는 174m)이며 동도의 해발은 98m이다. 동도 동남방에는 촛대같이 높이 솟은 바위섬이 있어 멀리서 바라보면 마치 세 개의 봉(峰)으로 성립된 것 같아, 조선 성종(成宗)조에는 '삼봉도'(三峰島)라 칭하기도 하였다(申奭鎬, 1948:17). 1902년 미국 군함 뉴욕호가 측정한 바로는 동경 131도 55분, 북위 37도 9분 30초로서(李漢基, 1969 : 229) 오늘날과 약간의 차이가 있으나, GPS의 발달에 의한 측량기술의 정확성을 감안한다면 오늘날의 측정치가 보다 정확하지 않을 가 생각한다. 행정적으로는 오래도록 강원도 울진현에 속해 있다가 1914년 경상북도로 이관되어, 현재는 '경상북도 울릉군 울릉읍 독도리 산1~37'(서도 1반 산1~26, 동도 1반 산 27~37)이다.

수년전 선우영준 박사가 일본의 국립공문서관에서 찾아낸 '기죽도약도'(磯竹島略圖)라는 지도에 의하면, 독도(松島)는 '일본 서해 오끼(隱岐)의 후쿠우라(福浦)로부터 서북방향 80해리(우리 측 자료에는 86리)정도', '송도로부터 기죽도(울릉도)까지는 서북방향 40

해리(우리 측 자료에는 49해리) 정도' 라 적고 있는 바, 그 거리는 독도-오끼도 간의 절반 밖에 되지 않아, 독도가 울릉도의 속도라는 사실을 간접적으로 보여주고 있다. 또한 "기죽도로부터 조선국을 원망(遠望)하면 해상으로 95리에 해당한다"고 기록되어 있다.

그런데 필자가 우리 측 자료를 제쳐두고 이 '기죽도약도'를 주목하는 까닭은, 그것이 일본 내무성이 판적(版籍)을 정리하기 위하여, 1877년 3월 17일자로 독도(송도)의 처리여부를 태정관(太政官)에게 품신한 질의에 대해서 당시 명치정부의 최고기관인 태정관이 동년 3월 29일자로 보낸 회신에 첨부해서 보낸 지도라는데 의미가 있다고 생각했기 때문이다. 회신의 내용을 상세히 다루는 것은 다른 기회로 할애코자하거니와, 결론만을 말하면, "품신한 죽도외 1도의 건은 본방에 관계가 없다고 알아주기 바람"이란 내용이었다. 즉 "외 1도"란 바로 독도를 지칭하고 있는 것이며, 따라서 독도는 "일본 땅이 아니라"는 결론이었다.

다음에는 어업자원 및 생물상을 간단히 살펴보자. 독도는 남북으로 왕래하는 철새들이 쉬어가는 휴식처로서, 황로, 흑 비들기, 흰 갈매기, 까마귀 등이 주로 쉬어가며, 서식하는 조류(鳥類)는 바다제비, 괭이갈매기, 황조롱이, 물수리, 노랑지빠귀 등 22종을 헤아린다. 특히 괭이갈매기는 동도의 남서 암벽에 2천~3천여마리가 서식하고 있는 것으로 보고되어 있다.

식물(植物)은 그렇게 다양하지는 않다. 섬의 경사가 급하여 토양이 발달하지 못하고 빗물이 곧 배수되어 수분이 부족하기 때문이다. 그러나 울릉도에서 씨앗이 날라와 살게 된 50~60종의 풀과 나무가 자라고 있다. 그 중 초본류는 민들레, 괭이밥, 강아지풀, 질갱이, 억새군 등이며, 분화구 주변 및 동남쪽 암벽에는 도깨비 쇠고비 등이 자생한다. 목본류는 해송, 바위수국, 사철나무, 개머루, 곰솔, 붉은 가시딸기, 줄사철, 동백 등이 있는데 조림한 것이 많다.

독도주변에는 어패류와 해조류 등, 수산자원이 풍부하여 우리나라 주요어장의 하나이다. 1940년대까지 물개가 집단으로 서식하였으나 그 후 미군기의 폭격과 일본어부들의 남획으로 사할린 쪽으로 떠났던 것이 요즘 몇 마리씩 나타나고 있다고 한다. 또한 독도 주변의 해저에는 새로운 에너지 자원이 무한이 매장되어 있어 각광을 받고 있다.

독도는 해양성 기후로 평균기온은 연중 영상, 연근해의 표면수온은 3~4월에 10℃ 정도, 8월에는 25℃이다. 한류인 북한해류는 이 섬 부근에서 선회하며, 난류인 쓰시마해류는 더 북상하여 선회한다. 독도어장에서는 오징어, 명태, 대구, 문어, 새우 등이 주로 잡히며, 미역, 다시마, 전복, 소라, 해삼, 김 등도 풍부하다. 이처럼 풍부한 수산자원은 일본으로 하여금 끊임없이 영유권을 주장케 하는 이유의 하나라 할 것이다.

2. 문헌상에 나타나는 명칭의 변천과 독도의 역사

다음에는 문헌상에 나타나는 독도의 명칭과 그 변화를 통해 독도의 역사를 간추려보면서, 한 일간의 쟁점을 검토해보고자 한다. 독도는 오늘날도 그러하지만 예로부터 울릉도의 기록과 함께 문헌상에 나타난다. 『삼국사기』의 「신라본기(新羅本紀)」와 「열전(列傳)」에 의하면, 512년(지증왕 13) 이사부(異斯夫)가 「우산국(于山國)」을 신라에 복속시켰는데, 그 우산국은 오늘의 울릉도와 독도인 우산도로써 형성된 고대부족읍락국가의 하나였다. 이와 같이 독도(우산도)는 우산국의 일부로서 512년에 울릉도와 더불어 신라에 의해 영유되어, 줄곧 우리의 고유영토로 존재해 왔던 것이다. 그런데 일본인 중에는 우산국은 울릉도를 지칭한다거나, 혹은 우산도(독도)와 울릉도는 하나의 섬이라는 입장을 취하는 사람이 있다.

우산도가 처음으로 독립해서 우리문헌에 나타나는 것은 『세종실록 권153 지리지(1432년)』이다. 동지의 강원도 울진현조에 "우산·무릉 두 섬은 현(울진)의 바로 동쪽바다 가운데 있는데 두 섬의 거리가 멀지 않아 날씨가 청명하면 바라 볼 수 있다 (于山·武陵 二島在縣正東海中 二島相距不遠 風日淸明則 可望見)"라고 기록되어 있다. 무릉(武陵)도는 울릉도의 이칭(異稱)인데, 이 밖에도 울릉도는 우릉도(羽陵島), 울릉도(蔚陵島), 기죽도(磯竹島) 등의 별칭이 있으며, 고려시대에 잠시 '우산도'라 부르는 때도 있었는데, 그것을 전거(典據)로 일본인들 중에는 울릉도와 독도는 두 섬이 아니고, 한 섬이라는 일도설(一島說)을 줄기차게 주장하는 사람도 있다.

이러한 일도설의 증거로 예시하고 있는 것이 바로 "신증동국여지승람"의 주(註)와 조선조말의 어느 개인의 수록(隨錄)인 "문헌촬록(文獻撮錄)이다. 즉 『여지승람』 권45의 본문에는 "우산도와 울릉도 (일설 무릉, 일설 우릉), 두 섬은 현의 정동 바다가운데 있다." (于山島 鬱陵島 一云 武陵, 一云 羽陵, 二島在縣正東海中)고 명백히 두 섬으로 기록되어 있는데, 그 주기에 "일설에는 우산과 울릉은 본시 같은 섬이라는 설도 있다."(一說 于山鬱陵本一島)는 것을 보충삼아 소개하고 있을 뿐이다.

또한 "문헌촬록"에는 "울릉도는 울진의 정동해중에 위치하고 있다. 일기가 청명하면 섬의 산봉우리와 험한 연맥을 뚜렷이 볼 수 있다. 섬의 토지가 비옥하다. 거기에서 대죽(大竹)이 산출되므로 그 섬을 죽도라고 하고, 삼봉이 있으므로 삼봉도라고도 한다. 우산, 우릉, 울릉, 무릉, 기죽(磯竹) 등은 전와된 것이다."라고 적고 있다. 이 기록이 얼마나 부정확한지는 울릉도에 세 봉우리가 있어 삼봉도라 한다는 구절을 보면 쉽게 짐작할 수 있다. 위에서 지적한 바와 같이 동해상에 세 봉우리가 있는 섬은 독도뿐이요, 따라서 성종(成宗)시에는 독도를 삼봉도라 부르기도 하였던 것이다.

그런데도 일본사람들은 위의 두 기록을 전거로 울릉도와 독도가 두 섬이라는 것을 부인하고 애써 한 섬이라 주장하며, 독도의 존재를 부인하려는 사람이 이른바 독도문제의 대가라는 가와가미(川上健三)이다. 그는 "우산도는 존재하지 않을 뿐 아니라, 그것이 오늘의 죽도에 해당된다는 것은 있을 수 없다."고 단정한다. 그러나 1693년 이른바 안용복사건을 위요하고 조선조정과 도꾸가와 막부 사이에 오간 외교문서에는 "이들 두 섬"이라는 용어를 계속 사용하고 있다 (川上健三, 1966:94～120). 이로 미루어 볼 때 1도설을 주장하는 것은 발견에 의한 이른바, '미완성권원'(inchoate title)을 부인하려는 목적이 숨겨져 있는 것이라 하지 않을 수 없다 (李漢基, 1969:231).

한편, 일본의 학자들 중에는 독도에서 울릉도는 보이지마는 울릉도에서 독도는 20해리를 나가지 않으면 바라볼 수 없다고 주장하면서, 그러한 단정의 근거로서 제법 과학적인(?) 공식을 들고 있다. 그러나 이 식의 큰 잘못은 눈높이(眼高)를 겨우 4m로 잡고 있다는 데 있다. 그가 눈높이를 4m로 잡은 것은 2.5m 높이의 갑판(甲板)에서 1.5m의 키를 가진 사람이 선 경우를 상정한 것인데, 왜 산(고지)위로 올라가는 것을 생각하지 못하였을까. 아니면 일부러 그렇게 낮게 잡은 것일까. 후자라 단정하지 않을 수 없다. 울릉도의 최고봉인 성인봉(985m)에 올라가면 174m의 높이를 가진 독도(서도)를 충분히 볼 수 있으며, 옛날보다 대기가 훨씬 오탁해진 최근에도 울릉도의 200m이상의 고지에서는 청명한 날이면 독도를 육안으로 바라볼 수 있다. 그리하여 그 광경을 촬영한 사진들도[3)]

3) 울릉군청에 근무하는 김철환씨는 육안으로 독도를 보고 그것을 촬영하여 "신 경북일보"(1999년 12월 11일자)에 게재한바 있으며, 유명한 재일 서지가인 최서면 국제한국연구원장은 전문 사진가에게 의뢰하여 2007년 11월 2일 오전 7시 14분, 울릉도의 안평전(해발 380m)에서 독도를 선명하게 촬영하여 일간신문에 게재한 바 있다(중앙일보, 2008. 7.

있다.

다시 얘기를 조선시대로 돌아가자. 조선정부는 15세기후반부터 울릉도 일원에 대해서 공도정책(空島政策)을 실시하여 사람들을 이주케 한다. 고려 말이래 우리연안을 끊임없이 침범하는 왜구에 대비하며, 일부 부세와 군역을 피해 은거하는 범법자를 단속하기 위해서였다. 그러나 이러한 공도정책은 결코 섬을 포기하거나 주권을 포기하는 것이 아니었다. 즉 울릉도와 그 부속도서인 독도는 결코 무주지(無主地)가 아니었던 것이다. 자주 수토사(搜討使)를 보내 섬의 상황을 살핀 것을 보면 저간의 사실을 쉽게 알 수 있다.

그런데 1617년, 요나고(米子)의 오다니(大谷甚吉)라는 자의 상선이 조난해서 우연히 울릉도에 표착(漂着), 그곳의 물산이 풍부함을 보고 돌아가, 무라카미(村上市兵衛)와 함께 막부에 도항허가(渡航許可)를 신청하게 된다. 다음해 허가를 얻은 이래 양가는 윤번으로 울릉도에 배를 보내 도벌과 밀어 등을 자행해 왔다. 이들은 이러한 행위를 「죽도배령(竹島拜領)」이라 칭하고 있으나, 막부가 그들에게 내준 것은 어디까지나 「도항면허(渡航免許)」였던 것이다. 일본의 유명한 국어사전인 『광사원(廣辭苑)』에는 "도항(渡航)이란 배나 비행기로 바다를 건 내는 것. 해외에 가는 것"이라 풀이하고, 이어서 "도항면장은 여권과 같음"이라 규정하고 있다. 이렇게 볼 때 당시 그들은 물론, 막부도 독도(송도)는 어디까지나 외국령, 즉 한국령으로 인식하고 있었다고 보지 않을 수 없다.

아무튼 양가의 사람들은 울릉도를 오가면서 그 도중에 있는 독도(松島)에서 잠시 어렵(漁獵)을 행하였던 모양으로, 1661년경에는 새로이 독도(당시는 松島)에의 "도항면허"를 신청해서 얻는다. 다만 양가의 목적은 어디까지나 죽도=울릉도였고 송도=독도어업은 도중에 잠시 행하는 부수적인 것에 불과했다. 또한 두 섬의 크기

21일자).

는 사뭇 달라 당시의 사료에서도 "죽도지내송도"(竹嶋之內松嶋), "죽도근소지소도"(竹嶋近所之小嶋), "죽도근변송도"(竹嶋近辺松嶋)와 같이 송도(독도)는 죽도(울릉도)의 속도로서 취급되어 있었다(堀和生, 1987:101). 이와 같이 일본인들 자신이 예로부터 독도(송도)를 죽도(울릉도)의 속도(屬島)로 보고 있었다는 사실은, 오늘날 문제가 되고 있는 「1951년의 대일평화조약」 제2조a항(영토)의 해석에 있어서 중요한 의미를 갖는 것이라 생각된다.

그러나 우리가 잠시 섬을 비운 사이 일본인들이 자기나라의 도항면허를 가지고 울릉도에 불법으로 들어 와 도벌과 밀어를 자행한 사실을 가지고, 오늘날 "독도가 일본의 고유의 영토"라 주장하는 유일한 증거로 삼고 있으니, 견강부회도 너무 심하다 하지 않을 수 없다.

하지만 일본인들의 불법적인 도벌과 밀어가 언제까지고 계속될 수는 없었다. 마침내 1693년 동래 어민 안용복(安龍福)등에 의하여 발각되어 불법으로 울릉도에서 조업하던 일본인 어부들과 충돌을 빚게 된다. 이 충돌은 이른바, '죽도일건(竹島一件)'이라 불리우는 외교적 사건으로 발전하게 되었는데, 그 전말은 이미 많은 연구자들에 의해서 소상히 구명되고 있으므로 여기에서는 그 결말만을 적어두기로 하겠다. 즉 안용복의 두 번에 걸친 도일 항의에 의하여 1696년 1월 오다니· 무라가미 양가의 '죽도도항금지', 1699년 1월 막부에 의한 울릉도의 조선영토 정식승인에 의해서 이 사건은 결착되었으니, 어쩌면 우리에겐 전화위복이라고도 할 수 있을 것이다.

그런데 여기에 한 가지 적어두지 않을 수 없는 사실이 있다. 그것은 2005년 5월 16일, 사건 발생 309년만에 일본 島根縣 隱岐郡 海士町의 村上助九郎씨 댁에서 발견된, 이른바 『안용복관련고문서(安龍福關連古文書)』이다. 거기에는 안용복이 일본 어부들의 침법을 항의하기 위하여 1696년 2차로 도일하였을 때, 그는 「조선지팔도(朝鮮之八道)」라는 문건을 지참하고 있었다. 그 문건에는 자산도(子山島. 독도)가 울릉도와 함께 강원도 난에 "차도중죽도송도유지(此道中竹嶋松嶋有之)"라 적혀 있다(사진 참고). 안용복은 그 지도를 조사관 에게 제시하며 "이 섬이 조선의 강원도에 속하는 자산도(子山島)"라는 사실을 진술하고 있는 기록 등이 담겨 있는 것이다 (內藤正中외, 2007: 46~47, 147~149). 안용복의 2차 도일로부터 309년 만에 발견된 이 문서에서 우리는 당시 안용복이 이미 독도(송도)에 대한 영토의식을 가지고 있었음을 확연히 읽을 수 있는 것이다. 이와 같이 명백한 사료가 새로이 발견되고 있음에도 불구하고 일본 측에선 아직도 안용복사건을 허언과 과장으로 가득한 허구로 취급하거나, 혹은 당시 도항이 금지 된 곳은 울릉도뿐이요, 독도(송도)는 포함되지 않는다는 식의 강변을 늘어놓는 사람들이 있으니, 손바닥으로 하늘을 가리려는 어리석은 짓이란 바로 이런 경우를 두고 하는 말이라 하지 않을 수 없다.

"금지된 것은 울릉도 뿐 이요 독도(송도)는 제외 된다"고 강변하는 사람들을 위하여 다소 길지마는 막부가 「도해금지경정」을 내리기 위해서 돗도리번(鳥取藩)에 조회한 7가지 사항의 질문(御尋)에 대한 돗도리번의 회신을 소개해보기로 하자. 1695년 10월 대마도 번주가 애도에 상경, 노중 아베(老中 阿部豊後守)를 만나 조선국과의 교섭의 경과를 보고하면서, "이제 벌써 3년이 되어가고 있다. 조선 측은 죽도가 자신들의 영지라 주장하며 우리들의 얘기를 듣지 않는 상황이다. 어떻게 하면 좋겠는가."라고 막부의 지시를 앙청한다. 결단을 내리지 않을 수 없었던 막부로서는 죽도에 관련을 가지고 있는 돗도리번의 의향을 들을 필요가 있었다. 12월 24일자로 '어심의 어서부'(御尋의 御書付)라는 질문장을 보낸다. 그 제7항에서 "죽도 이외에 인백(因幡, 伯耆의 준말-인용자) 양국에

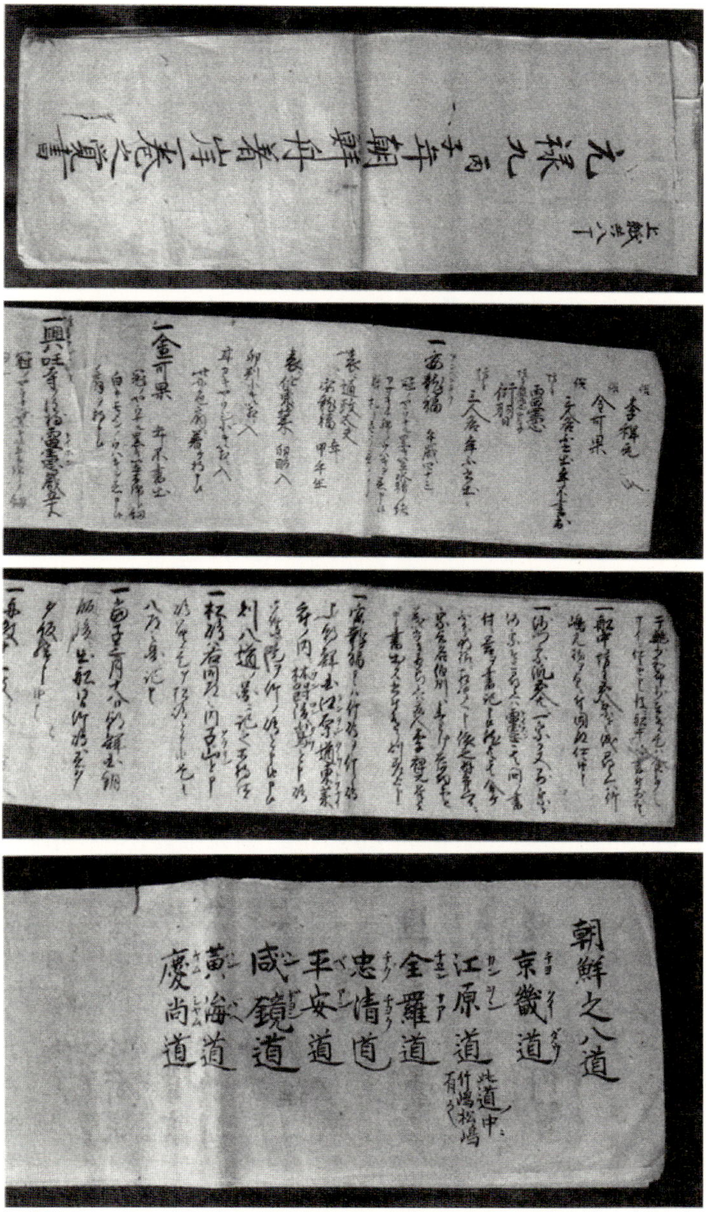

元祿九丙子年朝鮮舟着岸一卷之覺書(隱岐村上家文書)

주: 맨 밑의 「朝鮮之八道」의 강원도 아래 竹島, 松島가 따로이 있음을 표기하고 있다.
자료: 내등정중・김병렬, 2007.『사적검증 죽도・독도』 pp. 50-51

부속되는 섬은 없는가. 또한 양국민이 고기잡이를 간적이 있는가” 라고 질의한다. 이 질문에 대하여 바로 다음날, 돗도리번의 애도번저에서 회답이 제출되었는데, 이 제7항에 대한 회신 내용은 “죽도와 송도, 그 밖에도 양국의 부속도서는 없다.”는 것이었다. 이와 같이 돗도리번이 막부의 질문에는 없었던 송도(현 독도)에 대해서도 인백 부속의 도서가 아니라고 명언하고 있다. 이와 같이 두 섬이 모두 인백(因幡과 伯耆)에 속하는 섬이 아니라고 하는 것은 바로 일본의 영토가 아니라는 사실을 의미하고 있는 것이다.

돗도리번의 회신에 지금껏 막부가 모르고 있었던 송도(독도)가 포함되어 있자 막부는 다시 돗도리번에 송도에 관해서 조회한다. 돗도리번은 즉시 회신을 올리는데, 거기에는 백기국에서 송도까지의 거리와 송도가 돗도리번령이 아니라는 사실, 그리고 죽도(울릉도)도해 중에 잠깐 들러 고기를 잡는다는 일과 인백(因伯) 이외의 나라 어부가 와서 고기를 잡는 일은 없다는 사실 등을 담고 있었다. 막부는 여기에 그치지 아니하고 다시 인근의 마쓰애번(松江藩)에도 죽도도해에 관해서 조회하는 신중함을 보이고 있다.. 마쓰애번으로부터도 “이즈모 오끼(出雲 隱岐) 사람들은 죽도도해에 관계가 없다”는 내용의 회답서가 26일자로 당도하였었다. 이와 같이 주도하고 신중한 조사의 결과를 바탕으로 막부는 「일본인의 죽도에의 도해금지령」을 내렸던 것이다(內藤正中외 2007: 40～43). 사실이 이런데도 도해금지가 죽도, 즉 울릉도에만 해당되고 송도, 즉 독도는 제외된다고 할 수 있겠는가?

한편, 이와 같은 정부(막부)의 도항금지조처 후, 한동안 잠잠하던 일본인(주로 산음지방 출신들)들의 불법어법은 다시 자행되었다. 특히 19세기의 후반에 들어오면 더욱 자심해진다. 그리하여 명치유신 후 새 정부가 1877년, 다시 ‘죽도외 일도’는 자기나라가 아니라는 사실을 인정하고 그렇게 판적(版籍)을 정리토록 내무성→

시마네현에 통고했음에도 불구하고, 일본인의 불법어업은 오히려 늘어나는 추세였다. 특히 19세기말에 이르면 일본의 대외팽창주의와 함께 한국연해에서의 약탈은 더욱 기세를 올려, 일본정부의 조사에 의하면 1900년 전후의 울릉도 재류 일본인의 수는 약 200명, 성어기에는 1천명을 넘는 때도 있었고, 그들은 차츰 정주하는 경향마저 나타났던 것이다(堀和生, 1987:108).

이렇게 일본어민들의 약탈이 심해진 것은 청일전쟁 후 일본의 조선침략이 전면화된 것과 무관하지 않았었다. 19세기말에 이르면, 일본에 의한 철도·광산 등의 이권획득, 통화권의 침해와 함께 일본의 한국침략의 범위와 강도가 증대 일로를 달렸는데, 특히 어업분야는 그 선두에 있었다. 1883년 "재조선국일본인민통상장정" 제41조에서 일본인의 한해통어(韓海通漁)를 합법적으로 인정받은 다음, 1889년에는 치외법권(治外法權)과 각종 불평등규정을 담은 "한일양국통어장정"을 강제로 체결하여, 일본어선이 대대적으로 한국연안에 진출해서 강도적인 남획을 자행케 하였다. 1898년에는 "원양어업장려법"을 제정하여 일본정부가 장려금을 주어 자국 어선들로 하여금 한국연안에 진출토록 지원하였었다. 또한 1902년에는 마침내 "외국영해수산조합법"을 제정하여 지금까지의 통어(通漁)에서 이주어촌(移住漁村)의 건설에로 정책방향을 전환, 일본어민을 한국연안의 요소들에 이주·정착케 하는 등, 전면적인 침략을 자행해왔음은 이미 많은 연구가 밝히고 있는 바와 같다(朴九秉, 1967, 朴光淳, 1994:63～79).

이에 우리정부는 1882년 무관 출신인 이규원(李奎遠)을 검찰사로 파견하여 울릉도 일대를 조사케 한 다음, 그 보고를 바탕으로 1882년 12월에 "울릉도개척령"을 반포함으로써 오래도록 지속되어 온 공도정책에 종지부를 찍는다. 즉시 '도장'(島長)이 임명되고 이민입식정책(移民入植政策)이 전개된다. 1883년에는 김옥균(金玉

均)이 「동남제도개척사 겸 포경사」로 임명되어 의욕적으로 울릉도 개발정책을 펴지만 그의 실각으로 결실은 보지 못하였다. 1895년에는 '도장'을 '도감'(島監)으로 승격시킴과 더불어 각종 부세를 면제하는 등, 이민을 장려한 결과 인구는 착실히 증가하게 된다. 그런데 이 때 이주해온 사람들 중에는 전라도출신이 많았는데[4] 그들의 방언이 '돌섬'(石島)을 '독도'(獨島)로 전와시키게 한 중요한 요인이 되었다는 것은 흥미로운 사실이 아닐 수 없다. 즉, 전라도에서는 지금도 돌이 많은 섬을 '독의 섬', 즉 독도(石島) 라 발음하고 한자로는 獨島라 표기하는 섬이 많다. 예컨대 전람남도 노화면 고막리의 '미나리' 서남쪽에 있는 섬, 신안군 비금면 수치리 앞에 있는 두 게의 섬, 고흥군 남양면 오천리에 속하는 섬 등은 모두 돌이 많은 섬이라는 뜻인데 "독도"(獨島)라 표기하고 있다(愼鏞夏(韓誠 역) 1997: 137-140).

우리 정부는 마침내 1900년(광무4) 10월 25일, 「대한제국칙령 제41호」를 반포하여 울릉도를 '울도군'으로 승격시키고, 중앙에서 파견된 관리(군수: 심흥택)로 하여금 직접 관장케 하였는데, 울도군의 관할구역은 울릉도 이외에 죽도와 석도를 포괄하는 것이었다. 여기에서의 석도란 위에서 말한 바와 같이 돌의 섬, 즉 독도(獨島)를 지칭함은 더 말할 나위가 없다. 또한 죽도는 울릉도 북쪽에 있는 죽서도(竹嶼島)를 말하는 것이다. 이렇게 독도에 대한 대한제국의 영유권이 일본의 독도편입(1905) 5년 전에 이미 천명되었던 것이니, 이로써 "독도가 무주지여서 선점하였다"는 일본 측의 주장은 허구임이 다시 한 번 명백해지는 것이다.

이러한 일련의 변화를 거치는 사이 독도의 명칭은 우산도로부터

4) 1882년 검찰사 이규원등이 조사한 바에 의하면, 당시 울릉도에 거주하고 있는데 조선인은 140명인데, 그 중 전라도출신은115명(흥양 94명, 낙안 21명)으로 82%를 차지하고 있으며, 그 밖에 강원도 14명, 경상도 10명, 경기도 1명의 순이었다(『울릉도검찰일기 계초본』).

석도(石島: 돌섬), 돌섬인 석도에서 전라도 방언인 독도(石島)로 전와되었고, 그것이 마침내 오늘의 독도(獨島)에로 바뀌졌음은 위에서 지적한 바와 같거니와, 독도(獨島)라는 표기가 처음 문헌에서 보이는 것은 1906년 병오 (음)3월 5일자 울릉군수 심흥택의 보고서 첫머리에 "본군 소속 독도"(本郡所屬獨島)라 적은 것이 효시라 할 것이다. 그 보다 한 달 후인 4월 5일에 황현(黃玹)은 "울릉도 동쪽 백리 해상에 한 섬이 있는데 독도(獨島)라 한다. 옛날에 울릉도에 속하였는데 왜인(倭人)이 영토라 늑칭하고 심사해갔다"(黃玹, 권5. 광무10년 4월 5일조)고 기록하고 있다.

한편, 일본의 독도에 관한 명칭은 오래도록 송도(松島)와 죽도(竹島)를 서로 뒤바꿔 쓰기기도하고, 19세기말에는 '신도'(新島), 혹은 '리앙크르'(Liancourt)라는 프랑스식 명칭을 공식으로 사용(약칭 '리양코도')하기도 하다가, 1905년 이른바 "리앙크르도의 영토편입" 이후부터 '죽도'(竹島: 다케시마)라 부르고 있다. 이와 같은 명칭의 혼용은 바로 일본인의 독도에 대한 영유의식이 불명료했고, 나아가서 독도가 고유영토가 아니라는 사실을 나타내는 한 증거라 할 것이다.

Ⅲ. 1905년 영토편입의 허구·침략성

1. '1905년 영토편입'의 경위와 「고유영토설」의 허구

이른바 애도막부의 「죽도사건」 낙착 이후 19세기의 80년대까지는 독도를 위요한 큰 사건은 없었다. 이 기간 중에 일본에서 발행된 각종 지도에는 한 결 같이 독도가 한국령으로 명기되거나, 한국령으로 인식하도록 그려져 있었다. 예컨대, 1778년의 『일본노정여지도』(日本路程與地圖), 1785년 임자평(林子平)의 『삼국접양지도』(三國接壤地圖), 1821년의 『대일본연해여지전도』(大日本沿海與地

全圖) 등이 그대표적인 예라할 것이다.

그러면 명치유신(明治維新)후 새로이 들어선 일본의 근대정부에서는 어떠했는가. 신 정부는 자국의 판도(영역)을 확정하지 않으면 아니 되었다. 그리하여 담당부서인 내무성은 시마네현에도 조사케 하고 또한 독자적으로 조사를 실시하여, 내무성은 "죽도외 일도는 일본령이 아니라"는 결론을 내렸으나, "판도(版圖)의 취사(取捨)는 중대지사(重大之事)"라 하여, 1877년(명치10년) 3월 17일자로 "일본해내 죽도외 일도 지적편찬 방사(方伺)"라는 건명으로 당시의 최고기관인 태정관(太政官)에 품신한 결과, 태정관(太政官: 右大臣 岩倉具視, 參議 大隈重信, 寺島宗則, 大木喬任)에서는 3월 29일, "품신한 다케시마 외 1도의 건은 본방에 관계가 없다고 알아주기 바람"이라 회신했고, 이러한 회신을 받은 내무성은 관계 현인 시마네현에 4월 9일 이를 하달하여 문제를 종식시켰던 것이다.

한편, 일본해군성 수로국에 의한 실측조사는 1880년(명치13) 9월, 군함 '아마기'(天城)를 파견하여 실시되었는데, 그 결론은 "기타(송도), 즉 고래 울릉도로서, 그 북방의 소도 죽도라 칭하는 것이 있지마는 한 개의 암석에 불과하다는 것을 알게 되어, 다년의 의문이 하루아침에 풀렸다"고 결론을 지었다. 이렇게 하여 일본정부는 울릉도를 지칭하는 죽도는 물론, 송도(현 죽도)에 대해서도 그 영유권을 방기(放棄)한 것이다.(內藤正中, 2004 : 13) 즉 근세의 애도막부 뿐 아니라 근대에 들어와 명치정부에서도 독도가 한국영토임을 공식으로 확인하였던 것이다.

그러나 정부의 이러한 조치와는 상관없이 민간어민들(주로 산음지방 출신들)은 명치유신후의 대외팽창기운에 편승해서 울릉도를 비롯한 조선연해에 몰래 들어와 계속 벌목과 밀어를 자행하고 있었다. 1881년, 우리 수토관이 울릉도에서 이러한 불법약탈행위를 발견하고 일본정부에 항의하자, 1883년 일본 내무성의 서기관이 직접 기선을 가지고 와서 울릉도에 불법체류 중인 일본인 254명 전원을 강제 귀국시킨 바도 있었다.

그런데 이러한 불법 통어민 속에 나까이(中井養三郎)도 끼어 있었다. 나까이는 훗날(1904년 4월 29일) 「리앙크르도의 영토편입 및 대하원(貸下願)」을 내무, 외무, 농상무성에 청원한 장본인이다. 그는 본래 오끼섬 출신의 통어민(通漁民)으로 처음에는 독도를 한국 땅이라 믿었기 때문에 일본정부를 통해 한국정부로부터 물개(강치)어획의 독점권을 얻도록 주선해 줄 것을 청원하기 위하여 상경해서 관청을 돌던 중, 외무성, 해군, 농상무성의 관료들의 지시(堀和生, 1987 : 118)[5)]에 의해 「영토편입 및 대하원」으로 바꾸었음을 훗날 고향에 돌아와 술회하고 있다.[6)]

노일전쟁이 임박하자 일본정부는 나까이의 개인적 생각과는 전혀 딴판으로 독도에 대한 이용가치를 발견한다. 즉 군사사적인 이용이다. 일본정부는 개전에 앞서 이미 '한국에 관해서는 어떠한 경우에도 실력으로써 우리권세 아래 놓아야 한다'(일본외무성편, 1965 : 217~9, 223~76. 堀和生, 1987 : 124)고 각의에서 결정하고, 1904년 2월 6일 전쟁이 시작되어 일본군이 우리나라에 상륙함과 동시에 같은 달 23일, 이른바 '한일의정서'(韓日議定書)를 체결케 하여 우리정부의 각 부에 일본인 또는 일본인이 추천하는 외국인을 고문관으로 배치토록 함(외교권의 실질적인 박탈)과 동시에 "군략상(軍略上) 필요한 지점을 임기(臨機)수용한다"는 것을 한국

---

5) 세명의 관리란 수산국장 마끼 보꾸신(牧朴眞), 해군 수로부장 키모쓰끼 겐꼬(肝付兼行), 외무성의 야마자 엔지로(山座圓次郎) 정책국장이었다.

6) 島根縣教育會編, 『島根縣誌』(1923)에서는 "이 섬을 조선의 영토라 思考하여"라 말하고 있으며, 『隱岐島誌』(1933). 및 奧原碧雲 『竹島 및 鬱陵島』(1907)에서는 "리앙크르섬을 조선의 영토라 믿고서―" 한국정부에 貸下請願을 낼 예정으로 상경했다고 술회하고 있다(內藤正中 '상게논문' p. 14. 참고).

정부로 하여금 수락토록 강요해서 마침내 수용케 하였던 것이다. 그런 다음 죽변만(竹辺灣)을 비롯하여 울산, 거문도 등 약 20개소에 군용망루를 설치한다. 1904년 7월 5일, 마침내 울릉도의 동남부와 서북부의 두 곳에 망루를 건설하여 그곳과 죽변항(일본해군정박지)을 군용해저전신선으로 연결하였는데, 그것은 다시 한국본토를 경유, 사세보(佐世保)의 해군진수부와 직접 교신할 수 있게 하였다. 울릉도의 망루에는 동서 각각 6명의 일본군이 주류하였음은 더 말할 나위가 없다. 이는 실질적인 침략이요 군사지배의 시작이었다. 바꿔 말하면 일본의 실질적인 침략은 19세기말 연해지방과 어업부문으로부터 시작되는데, 독도는 변방에 위치하는 군사적 요지이기 때문에 맨 먼저 침략을 받게 된 것이다.

이와 같이 우리의 내정과 외교를 마음대로 처리할 수 있는 여건을 만들어 놓은 연후, 1905년 1월 28일 '독도의 영토편입'을 각의에서 결정하고도 그러한 사실을 관보나 중앙지에 게재하지 않고 시마네현 고시(告示. 제40호)로써 가름한 것이다. 「고시」의 내용과 그 문제점에 대해서는 다음 항에서 자세히 다루고자 한다.

그런데 독도문제의 대가(?)라는 가와가미(川上)는 나까이의 청원(대하원)은 일본정부로 하여금 독도를 자국령으로 편입하게 만든 동기를 형성한 「역사적 문헌」이라고 자평하고 있다.(川上健三, 1966: 209) 그러나 이 역사적 문헌에서 우리는 다음과 같은 중요한 사실을 발견할 수 있다. 청원의 일절만 인용해보자. "오끼열도의 서북 85리, 조선 울릉도의 동남 55리의 절해에 속칭 리앙크르도라는 무인도가 있다.(중략) 그러나 이 섬은 영토소속이 결정되지 않아 후일 외국과의 마찰이 빚어지는 등, 불측의 사태가 발생하드라도 확고한 보호를 받을 수가 없으므로 이 섬 경영에 자력(資力)을 경주하는 것은 가장 위험한 일이다. (중략)

요컨대 독도는 전도유망하며 또한 필요한 섬인데 애석하게 영토

소속이 결정되지 않은 한, 강치잡이업자 간에 반드시 경쟁이 발생할 염려가 있으므로 크게 위험하며, 유종의 미를 거두기 어려울 것이다. (생략)”(川上健三, 1966: 209)

위의 문면에서 우리들이 뚜렷이 읽을 수 있는 사실은 리앙크르도의 소속이 결정되지 않은 사실을 스스로 고백하고 있다는 점이다. 바꿔 말하면 독도의 일본영토편입의 가장 중요한 전거(典據)인 “독도/죽도가 일본의 고유영토”라는 사실을 스스로 부인하고 있는 것이다. 그가 중요한 문서에서 죽도나 독도라는 일본식, 또는 한국식 명칭을 사용하지 않고 ‘리앙크르도’라는 서양식 명칭을 쓰고 있으며, 또한 어장을 대하(貸下)해 달라는 문서를 농상무성에만 제출하지 않고 국제관계를 다루는 외무성이나 나라의 판적을 취급하는 내무성에도 제출한 이유가 어디 있는 것일까? 결국 이러한 사실들은 ‘독도/죽도’는 “일본의 고유영토”가 아니며, 가와가미 등이 주장하는 소위 ‘고유영토설’이 허구임을 반증하는 것이라 하지 않을 수 없다(李漢基, 1969 : 257). 물론 나까이 자신은 실제로 독도/죽도가 한국영토라 인지하고 있었음은 위에서 인용한바 있는 그의 귀향 후의 술회에서 알 수 있다. 그런데도 그 문서에서는 소속불명이라 기재한 것은 관청을 도는 사이에 수정토록 강요받았음은 위에서 지적한바와 같거니와, 교토대학의 호리(堀)교수는 세 관리들(농상무성, 외무성, 해군수로국)의 ‘지시’에 의한 것이라고 단정함으로써 우리들의 추정을 뒷받침하고 있다.

여기에서 잠깐 가와가미 등의 독도의 일본고유영토설의 허구성을 조금만 더 살펴보기로 하자. 고유영토설의 허구성을 여지없이 폭로한 야마베(山邊健太郎)씨는 “그들은 고유영토라 하면서 고유영토가 무엇인지에 대해서는 아무런 정의를 하지 않고 있다. 나는 고유영토라는 것을 조사하는 중에 이또(伊東巳代治)문서 속에 『제국판도』라는 문서가 있는 것을 발견하였다. 이것은 「제국헌법」의 제정시에 헌법이 시행될 지역에 관하여 조사한 것인데, 이 중에 '고유의 영토'의 정의가 있었다. 그에 의하면 제국의 '고유영토'는 신화에 있는 바와 같이 혼슈·시코쿠·아와지지마라고 명백히 쓰여 있다. 나는 이것을 일본사가에게 말했더니 "그야말로 명백한 정의다"라고 말하였다. 이것을 볼지라도 독도가 고유영토라는 설이 근거가 없음을 알 수 있다(山邊健太郎, 1965).

고유설의 허구성은 다음과 같은 사실에서도 알 수 있다. 즉 19세기중엽부터 일본이 유럽과 접촉하게 되면서 울릉도와 독도/죽도에 관한 일본인들의 인식에 혼란이 생기기 시작한다. 18세기말에서 19세기중엽에 동해에 진출하여 섬의 위치를 측정한 프랑스나 영국의 선박들의 측량이 부정확하여 울릉도를 두 개(다쥬레와 아르고노트)의 섬으로 나누어 표시하는가 하면, 거기에 독도를 합쳐 3도로 그려놓은 지도가 발간되기도 하였다. 이에 따라 일본도 울릉도를 죽도와 송도로 나누어 표기하고 현재의 독도/죽도를 없앤 지도(1875년 육군참모국의「朝鮮全圖」, 1877년 문부성의「日本全圖」)를 발간한다. 마침내 유럽 쪽에서 울릉도의 분도(分島)가 잘못된 것임을 알고 아르고르드의 존재를 부인하자, 이번에는 울릉도를 지금까지와는 달리 '송도(松島)'라 불러 동해상에 섬이 하나밖에 없는 지도가 나오기도 한다. 그런가하면 민간에서는 세 개의 섬을 그린 지도가 나오기도 하였다(堀和生, 1987 : 102~103).

요컨대 19세기의 70~80년대에 걸쳐 일본정부의 울릉도 및 독도에 관한 인식은 1도설, 2도설, 3도설 등, 오락가락하고 있었다. 만일 진실로 독도/죽도가 예로부터 내려오는 일본의 고유영토라면 어떻게 이러한 혼란이 발생할 수 있겠는가? 한마디로 이른바 '고유설'이 허구임은 여기에서도 입증되는 것이다.

2. 무주지선점설(無主地先占說)의 불성립

가와가미를 비롯한 일본의 몇 몇 학자들이 "독도의 영토편입을 독도가 본래 자기들 땅이었기에 새 정부가 들어서 영토의 확정조치를 취한 것"이라는, 이른바 고유영토설은 허구임이 뚜렷이 밝혀졌다. 이제 남은 주장의 하나가 바로 무주지선점설이다. 우에다 가츠오(한국외무부, 외교자료. No.77-134) 등이 주장하는 이 설은 오래도록 일본정부의 공식입장이기도 하였다

그러면 다음에는 무주지선점설이 과연 독도의 경우 성립할 수 있는가에 대해서 살펴보기로 하자. 어느 지역이든 무주지선점설이 성립하기 위해서는 다음 3가지 조건을 모두 갖추어야 한다. 첫째, 그 지역이 무주지일 것. 둘째 그 지역을 영토로 취득하겠다는 국가의 의사가 표시되어야 하며, 그 의사를 대외적으로 공표하여야 한다. 셋째, 그 지역의 실효적 점유(實效的 占有)가 있어야 하는데(金正均외, 2006 : 410~415), 이 세 번째 조건이 가장 중요하다.

1905년의 일본의 독도의 영토편입이 위의 조건들을 과연 어느 정도 충족시키고 있는지? 이하 살펴보기로 하자. 첫째 조건, 즉 '그 지역이 무주지일 것'이라는 조건은 한국역사를 조금이라도 아는 사람이면 일본의 주장이 허구임은 굳이 사족을 붙이지 않아도 쉽게 알 수 있을 것이다. 따라서 여기에서는 그에 관한 자세한 설명은 생략하고, 간단하게 그 요지만을 들어보고자 한다.

먼저 무주지를 선점했다는 일본의 주장의 개요를 들어보자. 19세기말 일본에 전반적인 대외팽창기운이 고조되자 일본어민(특히 山陰·九州地方)들이 정부의 단속에도 불구하고 조선 각처의 연안에 침범, 불법적인 어로를 자행하고 있었는데, 그 중 하나인 오끼섬(隱岐島)의 나까이(中井養三郎)라는 어민이 밀어를 위해 울릉도를 오가면서 독도에 물개가 많이 서식하는 것을 보고, 1903년부터 물개잡이 기간 중 독도에 움막을 짓고 1년에 약 10일 정도 머문

적이 있었음은 위에서 지적한 바와 같거니와, 이것이 "무주지여서 선점했으며", "실효적 경영"이었다는 주장의 전부인 것이다.

나까이(中井養三郎)는 위에서 지적한 바와 같이 1904년에, 「리앙크로도의 영토편입 및 대하원(貸下願)」을 제출한 장본인이며, 그 청원서에 독도를 소속불명의 무주지라 쓰게 된 사연도 위에서 지적한 바와 같다.

과연 한국은 그 사이 독도를 모르고 있었으며, 설령 알았다고 하드래도 우리 땅이라는 의식(領有意識)을 가지고 있지 않았을까? 그렇지 않았다는 사실은 위에서 누누이 설명해 온바 와 같다. 긴 설명을 붙일 필요도 없이 독도는 512년 이사부에 의해서 신라에 복속된 이래 한 결 같이 우리의 땅이요, 일본이 이른바 '영토편입' 한 1905년 보다 5년 앞선 1900년에 대한제국이 「칙령 제41호」로써 울도군의 일부임을 만천하에 공표한바 있다. 그런데도 '독도가 주인 없는 땅', '소속불명의 땅'이라는 주장이 성립될 수 있을까. 어불성설이요 허구라 하지 않을 수 없다.

둘째로 일본 측은 "영토편입을 고시(告示)[7]했어도 아무런 항의가 없었다"는 사실을 들어 한국 측에 영유의식이 없었음을 반증하는 자료로 삼고 있다. 과연 그들의 주장이 정당한지 살펴보기 위하여 문제의 '시마네현 고시40호'에 대해서 고찰해보자. 그 본문은 아래와 같다.

"북위 37도 9분 30초, 동경 131도 55분, 오끼섬으로부터 서북 85해리(157km)에 있는 무인도는 타국이 이를 점령하고 있다고 인정되는 자취가 없기 때문에 일본영토에 편입하여 '다케시마(竹島)'라 명명하고 시마네현 오끼도사(隱岐島司)의 소관으로 한다."

---

7) 일본정부는 1905년 1월 28일 각의에서 독도의 영토편입을 결정한다. 그러나 그걸 官報나 中央紙에는 일체 게재하지 않고 島根縣으로 보내, '島根縣告示 第40号'로 공고하는 부자연스런 조처를 취한다. 이 고시의 문제점에 관해서는 본문을 참조할 것.

그러나 일본이 독도영유권 주장에 유일한 근거로 제시하는 이 「고시」의 법률적 효력에 대해서는 일본인들조차도 의견의 일치를 보지 못하고 있는 형편이다. 일본이 이른바 「시마네현 고시」를 실제로 공고했는지 여부를 입증할만한 증거가 있어야하는 데, 그 게 모호하다. 정부의 관보에는 물론, 지방지를 포함한 어느 신문에도 공고가 나와 있지 않기 때문이다. 다만 지방지인 「산음신문」에 아래보는 바와 같은 조그마한 기사가 실렸을 뿐이었다. 오늘날 시마네 현청이 보관하고 있는 유일한 자료는 『제1종추록촌역장 도근현 고시 명치38년(第1種秋鹿村役場 島根縣告示 明治38年)』이라는 문서철에 단 한 장 끼여 있는 것이 유일무이한데, 그것마저도 과연 정부의 「고시」인지 아니면 「내부 회람용 문건」인지 분간키 어려운 점이 있기 때문이다. 즉 문제의 「시마네현 고시 40호」를 보면, 우측 가장자리에 "회람"이라는 붉은 도장이 선명하게 찍혀 있다. 회람이란 무엇을 의미하는가. 몇몇 사람이 돌려 본다는 뜻이 아닌가?

이렇듯 「시마네현 고시 40호」는 일반적 관례에 따라서 고시(공표)를 한 것이 아니다. 비록 일본의 각의를 거친 결정이라 하드래도, 시마네현청 안에서 몇 몇 사람만이 비밀리에 돌려보는데 그친, 문자 그대로 "회람"으로 끝난 것이라면 무슨 대외적인 효력이 있겠는가? 이 고시는 겨우 『시마네현보』에 발표하고 이틀 후인 2월 24일에 지방지인 「산음신문」에 "은기(隱岐)의 신도(新島)"라는 작은 제목의 기사가 실린 것이 전부였다. 이해당사자인 우리나라에 통고하지 않았음은 더 말할 나위도 없다. 물론 통고가 국제법상 의무사항은 아니라고 한다. 그러나 독도의 경우는 일본 정부의 당국자도 한국령이라 인식하고 있던 섬이며[8], 당연히 한국의 이해와

---

8) 독도가 한국령이라 인식하고 있던 일본정부의 관리는 바로 독도의 영토편입을 주도한 외무성 정무국장 山座圓次郎, 농상무성 수산국장 牧朴眞 등이다. 山座는 영토편입 약 6개월 전인 1904년 7월 23일자에 쓴 『最新韓國實業指針』의 서문에서 "한국강원도에 속하는 '양코섬'이라" 기술하

지접 관련되는 곳인 만큼 한국정부와 협의하는 것은 물론, 그 결과를 통고하는 것도 당연한 노릇이었다.

따라서 이 고시에 대해서는 일본의 일반국민들은 물론, 심지어 외무성관리마저도 몰랐고, 관보발행처나 언론마저도 몰랐음은 다음의 사례에서 잘 알 수 있다.

첫째, 일본정부의 공식적인 고지(告知) 매체인 관보(官報)의 경우를 보자. 고시를 했다는 2월 22일로부터 3개월여가 지난 1905년 5월 29일자 관보(官報)에, 독도를 다케시마(竹島)라 적지 않고 여전히 "리앙쿠르드암"이라 기록하고 있으며, 다음날(30일)의 관보에도 똑 같이 '리앙쿠르드암'이라 적었다가 엿새 후인 6월 5일에야 「죽도(竹島)」로 정정하는 해프닝을 일으키고 있다. 여기에 그치지 않는다. 이른바 고시 7개월 후인 1905년 9월 18일자 관보 제6667호에는 부산주재일본영사관 유길명(有吉明)의 『조선울릉도현황』이라는 보고서를 개재하고 있는데, 거기에도 독도를 죽도라 하지 않고 '아르랑코도'라 기록하고 있다. 이와 같이 일본의 외교관마저도 편입사실을 모르고 있었던 것이다. 위와 같은 일련의 사실들은 한 외교관이나 관보 작성자의 단순한 착오가 아니라 고시 자체가 제대로 이루어지지 않고 시마내현 내부에서 비밀리에 회람하는데 그친, 하지 가 큰 것이었음을 말해주고 있는 것이라 할 것이다.

둘째로 이와 같은 사정은 언론의 경우도 마찬가지였다. 즉, 「대판조일신문(大阪朝日新聞)」의 1905년 5월 29일자 호외에는 "전문 3·5월29일 오전착전 — 연합함대는 27일이래 남은 적을 계속 추격하여 28일 리앙쿠르드암 부근에서 적함 니코라이 1세를 —"라는 러일전쟁에 관한 기사를 싣고 있으며, 5월 30일에도 "전문 5·연합

고 있으며, 牧도 전년 1월에 간행된 『韓海通漁指針』에서 같은 내용으로 기술하고 있다. 이와 같이 당시의 일본에선 양코섬(독도)이 한국령이라는 사실은 상식화 되어 있었던 것이다 (內藤正中 金柄烈, <위의 책> p. 95).

함대는 전일의 전보와 마찬가지로 28일 리알쿠루드암 부근에서 남은 주력 적 함대를 포위 공격하여 항복시키고—"라는 기사를 싣고 있다. 「대판조일신문」은 자타가 인정하는, 서부 일본 제일의 대신문이다. 그러한 대신문이 '고시' 3개월 후 까지도 여전히 죽도가 아닌 '리앙쿠르드암'이라 부르고 있다는 것은 문제의 「고시」가 얼마나 비밀리에 이루어졌던가를 잘 말해주고 있는 것이다.

이와 같은 환경 속에서 우리 측이 처음으로 「영토편입」사실을 알게 된 것은 1906년 3월 28일이었다. 당일 시마내현의 관원 45명(단장 島根縣 제3부장 사무관 神西由太郎)이 을릉도를 찾아 그 사실을 우회적으로 알린 것이다. 그들이 울릉도를 찾은 내력은 다음과 같다. 즉, 간사이 일행은 27일 독도(죽도)를 시찰하고 섬을 일주하며 요소요소를 촬영 후 돌아가려 하였으나 일기가 불순하여 울릉도로 피신하지 않을 수 없었다. 하는 수 없이 울릉도로 피신한 일행은 일부는 종선으로 상륙하고 일부는 선내에서 지낸 다음, 28일 일행은 군청을 방문, 일본인 순사부장(당시 울릉도에는 이미 일본의 경찰관서와 우편국이 설치되어 있었음)의 통역으로 섬의 상황을 물은 다음, 간사이부장이 "우리는 대일제국도근현의 권업에 종사하는 관리인데, 귀도(울릉도)와 우리 관할의 죽도(독도)는 접근하고 있으며, 또한 귀도에는 우리나라 사람의 체류가 많으니 만사에 대하여 간정(懇情)을 바란다. 또한 외초에귀도를 시찰할 예정이었으면 무엇인가 예물을 준비하였을 터인데, 이번에는 피난을 위하여 우연히 착도(着島)하여 아무런 증정할 물품이 없는데, 다행이 죽도에서 강치를 잡은 것이 있어 증정한다. 운운--"[9] 한편 그 시찰단에 동행한 오원벽운(奧原碧雲)은 「죽도도항일기」(1907년간 『죽도및 울릉도』에 수록)에서 당시의 정황을 보다 자세히 전하고 있는데, 거기에선 「죽도편입」의 통보 여부에 관해서는 아무런 언

9) 山陰新聞 1906년 4월1일자 「竹島土産」이라는 제목의 리포트

급이 없다. 아무튼 이때의 통보도 비공식적이요 또한 불명료한 것이었다.

그러나 죽도(독도)가 일본영토로 편입되었다는 사실을 알게 된 심흥택 군수는 즉시(29일) 강원도관찰사에게 보고했고, 당시 관찰사서리로 있던 춘천군수 이명래(李明來)는 의정부참정대신에게 보고하였었다. 즉 이러한 사실을 5월 7일 알게 된 참정대신은 "내보(來報)는 잘 보았다. 독도가 일본영지라는 것은 전혀 근거가 없는 일이나. 그 섬의 상황과 일본인들이 어떠한 행동을 하고 있는지 조사해서 즉시 보고하라고" 지령한다. 이와 같이 강원도로부터 연락을 받은 의정부의 참정대신은 한국정부의 최고책임자로서 독도가 일본에 영토편입 된 것을 근거 없는 일이라 거부하고 한국령이라는 사실을 명백히 하였던 것이다(內藤正中 외, 2007 : 196). 그러나 당시 이미 외교권을 박탈당한 뒤라서 그 이상의 항의를 하지 못하였던 것이다. 당시의 정황에 대해서 나이도교수는 "만일 외교권이 남아 있었다고 하드래도, 일본군의 한마디로 수만 평의 토지를 군용지로 제공하지 않으면 아니 되었던 한국으로선 사람이 살고 있지도 않은 무인의 암초를 우리나라의 영지라고 일본에 항의할 수 없었을 것이라고" 말하고 있다(內藤正中 외, 2007 : 196).

한편 당시의 「황성신문」, 「대한매일신보」 『매천야록(梅泉野錄)』 등, 민간에서도 항의하였음은 더 말할 나위가 없다. 즉 1906년 5월 9일자, 「대한매일신보」는 "이변이 없지 않다. 울릉도군수 심흥택씨가 내부에 보고하기를 , 일본관원 일행이 본군에 내도하여 본군에 소재하는 독도는 일본의 속도라 자칭하며, 지계(地界)의 활협(闊狹)과 호구 및 총결수를 일일이 기록하여 돌아갔다고 하자, 내부에서 지령하기를 유람(遊覽)차 와서 지계나 호구를 기록하여 간 것은 별로 이상한 일은 아니나, 독도를 칭하여 일본의 속지라 한 것은 결코 이치에 맞지 않는 일이며, 이번 보고에 크게 놀라지 않을 수 없다"고 간접적으로 항의하고 있다.

또한 황현(黃玹)은 『매천야록』에서 "울릉도에서 동으로 백리 떨어진 바다에 하나의 섬이 있는데 독도라 한다. 예로부터 울릉도에 속해 있었는데, 왜인이 왜의 영지라고 늑칭(勒稱)하며 조사해갔다"[10] 매천은 이와 같이 일본이 독도를 억지로 자기네 땅이라 강변하고 있음을 "늑칭"이라는 용어를 사용하여 우회적으로 항의하고 있는 것이다.

이상과 같이 우리의 관민은 일본의 독도편입을 알자마자 즉시 항의하였던 것이다. 이미 외교권을 박탈당한 우리로서는 그 이상의 강력한 항의를 하지 못한 것이 유감스럽지만, 1904년의 「한일의정서」에 의하여 이미 외교권을 비롯한 실질적인 주권을 박탈당한 우리정부로서는 더 이상 손을 쓸 수 없었음은 위의 나이도교수의 지적처럼 불가항력이었던 것이다.

또한 항의시점이 고시(?)로부터 1년여가 지난 뒤가 된 것은 일본이 고의로 중요한 국제적인 문제의 결정사항을 관보나 중앙지에 실지 않았고, 관계국인 우리나라에 1년 이상 고의로 알리지 않았기 때문이었지, 결코 우리 측의 태만이나 묵인을 의미하는 것은 아니었다. 이와 같이 일본 측이 자신들의 계략적인 침탈행위를 접어두고, 우리 측의 이의제기 없음을 운위 할 자격이 있을까?. 더구나 1876년 오가사하라제도(小笠原諸島)의 경우는 관계국인 미국이나 영국과 사전에 수차례 절충하고 그 양해를 얻어 편입시켰으며, 편입 후에는 즉시 관계되는 구미 12개국에 통고하였던 사실과 너무나 대조 된다 하지 않을 수 없다. 또한 1900년 일본이 '남 도리시마'를 편입하였을 때는 『미야코신문(都新聞)』 명치31년 7월 24일자 2면과 『요미우리신문(讀賣新聞)』 명치 7월 24일자 2면 등, 중앙지에 동일자로 게재했던 사실과도 크게 대조된다 할 것이다.

---

10) 黃玹, 『梅泉野錄』, 1906년 조

다시 말하면 문제의 '시마내현고시'는 문서의 성격이 문제시되는 것은 물론, 그 존재 자체가 의문시되고 있는 현실이니, 대외적으로 널리 공표되어야 한다는 둘째조건을 충족하지 못하고 있음은 더 말할 나위가 없다.

마지막으로 '실효적 점유'에 관해서는 긴 설명이 필요 없을 것이지만, 한 가지 사실(史實)만을 들어보자. 일본이 독도를 '편입'한 후에도 울릉도 사람들은 일본사람들보다 더 효과적으로 이용하였다. 한편 한국정부는 1905년 2월 22일, 그러니까 영토편입 직후에도 섬의 상황을 조사하기 위하여 조사관을 파견함으로써 울릉도와 독도에 대하여 영토주권을 계속적이고 실효적으로 행사하고 있었던 것이다. 그런 까닭에 일본사람들은 이른바 '시마내현고시'에 관계없이 훨씬 훗날까지 독도를 한국소속으로 인식하고 있었다. 그 증례(證例)를 두 가지만 들어보자. 1930년, 그러니까 독도가 일본에 소위 '편입'된 25년 후에도 일본의 오게바다께(桶畑雪湖)는 『역사지리』(제55권 제6호)라는 책에 실린 '일본해 중에 있는 죽도에 관한 한 일 간의 관계'라는 논문에서 "현재 강원도에 속하는 울릉도와 죽도는 한국영토의 최동단으로서 일본해 중에 있다." 고 뚜렷이 적고 있다. 이에 대해서 일본정부는 "필자의 오해"이고 "사실의 무지"라 변호한다. 이 뿐만이 아니다. 그 5년 뒤인 1935년에는 대단한 식민주의자였던 샤쿠오(釋尾春芿)마저도 『조선과 만주 안내』라는 책자에서 조선의 동단은 울릉도, 죽도라고 명백하게 기술하고 있는 것이다(李漢基, 1969: 263).

이와 같이 한국은 계속해서 독도를 실효적으로 점유·경영하고 있었음에 반하여, 일본은 역사상 한 번도 독도를 실효적으로 점유한 사실이 없다. 오직 한 가지 1903년을 전후에서 나까이 등이 독도에 여름철 물개 잡이 철에 10일 정도 움악을 친 사실을 가지고 그것을 '실효적 경영'의 전거로 삼는다면, 바로 그때 우리의 울릉도 어민들(예: 홍재현씨의 증언)도 다수 독도에서 고기잡이를 하고 있었다는 사실로써 쉽게 반박할 수 있다. 이러한 사실은 나까이의 상기 '청원서' 중의 경쟁자 운운에서도 쉽게 읽을 수가 있는 것이다.

요컨대 한국은 역사 이래 줄 곧 독도를 우리 땅으로 의식하고 실효적으로 경영(입주)하기도 하였으며, 지금도 관민이 함께 생활하며 지키고 있다. 울릉군의회는 2000년 3월, 독도를 '울릉읍 도동리' 에서 분리, '울릉읍 독도리'로 독립시키는 조례를 의결하였고, 주민등록을 독도로 옮긴 순수 민간인이 늘고 있으며, 최근에는 호적을 아예 독도로 옮긴이도 있다.

위에서 우리는 일본이 독도의 영토편입의 정당성을 주장하는 근거로 내세우는 "고유영토설"과 "무주지선점설"이 모두 허위요, 하자 투성이라는 사실을 살펴보았다. 그러면 일본은 왜, 그리고 어떻게 독도를 자기영토로 편입했으며, 우리는 그러한 행위를 무어라 규정해야 할 것인가. 결론을 말한다면 그것은 일본의 한국을 침탈키 위해서 도발한 노일전쟁의 전략적 필요(望樓의 설치와 거기에서 본토로의 해저전선의 연결)에서 자행한 침략행위요, 독도는 그 전략적 요충지에 위치하고 있었기 때문에 제일 먼저 탈취(?)된 것이라 해석하지 않을 수 없다. 즉 카이로선언에서 말하는 '탐욕과 폭력에 의한 약취'의 전형이라 하지 않을 수 없는 것이다.

Ⅳ. 「1951년 대일평화조약」에서의 독도의 법적지위

한편, 일본은 "독도가 국제법적으로 명백히 자기들 땅"이라고 주장한다. 도대체 그 법이란 어떤 법이며, 그 내용은 어떻게 되어 있는 것일까. 한마디로 그것은 한국전쟁이 한창이던 1951년 9월 8일에 조인되어 다음해 4월 28일에 발효된 "대일평화조약(對日平和

條約". 속칭 '샌프란시스코강화조약')이다. 이 조약은 제2차 대전의 전후처리와 그 후 동아시아의 국제질서의 근간을 이루는 사실들을 담고 있다는 점에서 매우 중요하다. 협상주체는 52개의 연합국과 패전국 일본으로 되어 있으나, 실제로는 일본과 미 영, 특히 미국이 주도하고 있다. 불행스럽게도 우리는 거기에 참여하지 못하였다. 그리하여 한국은 '조약의 제3자'가 된 것이다. 따라서 "조약은 그 제3자에게 의무를 창설할 수도, 권리를 부여할 수도 없다"는 국제법의 원칙을 적용받을 수 있게 된 것이다.

이제 "평화조약"에서 문제되는 사항들을 하나하나 살펴보자. 동 조약은 전문(前文)과 본문 7장, 27개조로 구성되어 있다. 문제의 독도관련조항은 제2장 영토(territory)의 제2조(a)항에 규정되어 있다. 본문을 그대로 옮겨보기로 하자.

"일본은 한국의 독립을 인정하면서 퀠파트와 해밀톤 항구와 다줄렛과 같은 여러 섬을 포함하는 한국에 대한 모든 권리, 권원과 청구권을 포기한다."(Japan recognizing the independence of Korea, renounces all right, title and claim to Korea, including the islands of Quelpart, Port Hamilton and Dagelet.)

여기서 말하는 Quelpart는 제주도, Port Hamilton은 거문도, Dagelet는 울릉도를 지칭하는 서구식(특히 프랑스식) 명칭이다. 일본의 독도 영유권 주장은 바로 이 조항에서 출발한다. 한국에 반환해야할 영토 속에 독도가 들어 있지 않다는 것이다. 그러니 본래(戰前)대로 자기들 땅이라는 것이 일본 측의 주장이다.

이에 대해 한국 측은 독도를 일본영토로 규정하고 있지도 않으며, 너희는 수 천 개에 달하는 일본의 섬들을 하나하나 그 이름을 들면서 그것들이 일본영토라고 규정하고 있는가 묻는다. 대마도의 경우도 일본영토에 속한다는 규정이 없다. 같은 논리라면 대마도는 한국 쪽에 더 인접해 있으니 한국영토가 될 수 도 있다는 것이

냐? 독도는 너희들도 인정했듯이 울릉도의 부속도서이므로 굳이 별도로 이름을 지칭하지 않아도 울릉도와 함께 우리에게 돌아와야 한다. 다시 말하면 재주도, 거문도, 울릉도를 거명한 것은 그 섬들이 우리나라의 외연에 위치하고 있기 때문이 아니라 대표적인 섬이기에 거명한 것뿐이다. 그렇지 않다면 제주도보다 서남단에 위치하는 마라도는 어느 나라의 땅이 되겠는가? 그럼에도 한국 땅이라는데 어느 누구도 이의를 제기하는 사람이 없지 않는가?

뿐만이 아니다. 더욱 중요한 사실은 포츠담선언 및 SCAPIN677은 일본의 정치·행정권이 미치지 못하는 지역에 독도를 포함시키고 있는 반면, "일본이라 함은 4대도(北海道·本州·九州·四國) 및 약 1,000개의 인접 도서를 포함한다"고 규정하고 있다. 그런데 그 인접도서 안에 독도는 들어 있지 않을 뿐 아니라 오히려 정치적·행정적 권력이 배제되는 지역 속에 포함되어 있다. 여기에서 우리가 주의해야할 점은 이러한 SCAPIN677의 규정과 정신은 우여곡절 끝에 본 조약(「대일평화조약」)이 체결되기까지 한 번도 변화없이 그대로 본 조약에로 이어졌다는 사실이다. 바꿔 말하면 조약상 독도의 한국영유는 부동의 사실이라는 것이다.

이에 대하여 일본은 그러한 「각서(SCAPIN677)」나 「맥아더 라인」은 본 조약의 발효와 함께 실효되었다는 점을 들어 여전히 독도의 일본영유를 주장한다. 그러나 그들은 다음사실을 몰랐거나 알고서도 덮어두고 강변하고 있는 것이라 하지 않을 수 없다. 즉, 「1951년의 대일평화조약」은 "전쟁의 결과로 당사국간에 아직도 상존하고 있는 문제들을 해결하기 위한 것"이었으며, 그 해결을 위하여 천황 자신이 「1943년의 카이로선」, 「1945년의 포츠담선언」의 기본정신에 따라 신의를 가지고 이행할 것을 「항복문서」에서 확실하게 약속하였다는 사실이다. 지면관계로 굳이 여기에선 '천황의 항복문서'를 인용하지 않겠지만, 일본의 지식인이면 모두 다 잘 알고 있지 않는가.

그런데도 일본인의 주장은 굽히지 아니 한다. 즉 한국에 돌려주어야 할 '권리'와 '권원'은 1910년 한일합병 이후의 것에 한하며, 독도처럼 그 이전(1905년), 이미 일본의 영토가 된 것에는 해당하지 않는다는 것이다. 그러나 일본의 한국침략은 한국의 외교권과 군사적 강제 수용권을 빼어 간 1904년(명치 37년) 2월 23일의 「한일의정서(韓日議定書)」로부터 시작된다는 것은 당시의 유명한 캠브리지 대학의 국제법 교수 T. J. Lawrence가 그의 저서 "War and Neutrality of the Far East"에서 명확히 지적하고 있는 바와 같다. 그에 의하면 「의정서」 제1조의 "대한제국정부는 대일본제국정부를 확신하고 시설의 개선에 관하여 그 충고를 받아들일 것"이라고 한 제1조의 "충고"라는 것은 국제법상으로 말하면 "명령"과 같은 것이며, 이 규정에 의하여 한국은 일본의 지배하에 들어가며, 사실상 그 "보호국"이 되었다. 또한 제4조의 "한국내의 어떠한 토지도 일본이 군략상(軍略上) 필요한 지점을 임기수용(臨機收用)할 수가 있을 것"이라는 규정도 한국이 일본의 주권 하에 예속된 것을 표시한다(山邊健太郎, 1966 : 156~157)고 단정하고 있다. 결론적으로 말하면 한국의 외교권, 따라서 주권 또는 독립이 상실된 것은 을사늑약이 체결된 1905년 11월 17일이 아니라, 실은 『한일의정서』가 조인된 1904년 2월 23일이었던 것이다(李漢基, 1969: 277). 우리는 이 사실, 즉 일본이 한국을 강탈한 것은 1905년의 을사늑약에 의해서가 아니라, T.J. 로렌스교수가 극명하게 지적한바와 같이 1904년의 『한일의정서』에 의해서라는 사실을 잊어서는 아니된다. 1904년 2월 23일은 일본이 독도를 영토로 편입한 1905년 2월 22일 보다 만 1년이 앞서는 시기, 그것도 노일전쟁의 와중이었다. 전쟁수행을 위해서 군략적으로 점거한 행위가 침략이 아니고 무엇이겠는가. 이는 분명히 카이로선언에서 말하는 침략과 강욕에 의한 약취였던 것이다.

독도가 우리에게 돌아와야 한다는 이유는 그 뿐만이 아니다. 다음에는 「1951년 대일본평화조약」이 체결되기까지 그 초안의 작성과정에서 독도의 지위가 어떻게 변하여 왔는가를 고찰해보기로 하겠다.

「대일평화조약」의 초안이 최초로 만들어진 것은 1947년 3월 20일이었다. 최초의 초안에는, “일본은 이로써 한국과 제주도 거문도 울릉도 독도(다케시마)를 포함한 한국의 인접도서들에 대한 모든 권리와 권원을 포기한다”고 명기되어 있었다. 이러한 문언은 1949년 11월 2일자의 5차 수정안까지 계속 명시된다.(Kim, Young Koo, 2003 : 155～157) 그런데 동 초안을 본 당시의 주일미국정치고문(U.S. Political Adviser for Japan : 일본은 아직 피 점령지이기 때문에 大使는 없고 정치고문이 대사의 역할을 하였음) 시발트(W.J. Sebald)가 1949년 11월 14일, 국무성에 의견서를 제출하여 독도의 귀속에 대한 재고를 요청한다. 요지는 다음과 같다. “이 섬에 대한 일본의 영토주장은 오랜 것이며, 정당하다고 생각한다. 안전보장의 견지에서 그곳에 기상 및 레이더국을 건설하는 것을 고려할 수 있다.” 는 내용이었다. 이 제언, 특히 후반의 ‘안전보장 운운’에 흔들린(?) 미국이 1949년 12월 29일자 6차 초안에서는 오히려 독도를 일본이 보유하는 섬 속에 포함시키고 만다.

그러나 이렇게 “평화조약”의 초안이 오고 가고 하는 사이에도 1950년, 미국을 포함하는 연합국사이에서 합의 된 “연합국의 구 일본영토처리에 관한 합의서(Agreement Respecting the Disposition of Former Japanese Territories)”의 제3항에는 한국에 돌려주어야 할 영토로서 한반도 본토와 그 주변의 모든 섬(all offshore Korean islands) 을 들고 있는데, 그 대표적인 예로 제주도, 거문도, 울릉도와 함께 독도가 ‘리앙크르 바위섬’이라는 호칭으로 들어 있었음을 우리는 간과해서는 아니 될 것이다.

한국전쟁의 와중에서 우리정부가 독도를 일본영토에 넣은 '1949년 12월 29일의 수정초안'을 입수한 것은 1951년 3월의 일이었다. 전쟁의 혼란은 우리의 대외정보망을 완전히 봉쇄해버렸던 것이다. 한국정부는 같은 해 7월 19일, 양유찬 주미대사가 한표욱 일등서기관을 대동하고 덜레스(J.F.Dulles) 대일강화조약담당특사를 직접 만나, 한국정부의 3가지 요망사항이 담긴 공문(公文)을 전달하는데, 독도에 관한 조항은 다음과 같이 고쳐 줄 것을 요망했다. "한반도 및 제주도, 거문도, 울릉도, 독도 및 파랑도를 포함하는, 일본에 의한 한국합병 전에 한국의 일부였던 섬들에 대한 모든 권리를 1945년 8월 9일에 포기하였음을 확인한다."라고. 그러자 덜레스장관은 독도와 파랑도의 위치 등을 묻는다. 한(韓)서기관이 울릉도 근처라라고 답하자, 이번에는 그 섬이 합병 전에 "조선의 땅이었느냐"고 다시 물었다. 양(梁)대사가 그렇다고 대답하자, "만일 그렇다면 조약 중 일본의 한국영토의 방기(放棄)에 관한 조항의 적당한 곳에 이 섬을 넣는데 특별히 문제가 없다"고 덜레스는 뚜렷이 대답하였던 것이다.

그러나 8월 10일, 딘 러스크극동담당 국무차관보가 국무장관을 대리해서 보내온 공문에는 결국 "독도, 또는 죽도 내지 리앙크르바위섬이라 불리우는 섬에 관해서는 '우리의 정보(our information)'에 의하면 조선의 일부로 취급된 적이 전혀 없고, 1905년경부터 일본의 시마네현 오끼지청의 관할 하에 있었다. 이 섬은 일찍이 조선에 의해서 영토주장이 있었다고는 생각되지 않는다."고 쓰여 있었다.[11] "우리의 정보"란 미국국립문서보관소(NARA)에 근무하는 피어리(Fearey)의 관련의견서와 일본 측에서 보내온 것이었다.

11) 일본은 이 공문(1951년 8월 10일자)에 의해서 '독도에 관한 한국 측의 요망은 철회되었다고' 주장하고 있으며, 이에 근거해서 국제법상 독도가 일본영토라 주장하는 것이다.

그런데 당시 미국을 비롯한 연합국의 사람들은 한국 주변의 도서들을 우리식으로 제주도, 울릉도로 부르는 것이 아니라, 제주도는 Quelpart, 거문도는 Port Hamilton 또는 Santo, 울릉도는 Daelet 또는 Utsuryo라 부르고 있었으며, 독도는 Liancourt Rocks 또는 Takeshima라 인식하고 있었다. Dokdo라는 이름은 알지 못하고 있었던 것이다. 미국국립공문서보관소(NARA)의 피아리도 예외는 아니었다.

이와 같이 미국 조야의 사람들이 독도라는 우리 이름은 모른 채, Liancourt Rocks, 또는 Takeshima로만 인식하게 된 데에는 일본 측의 끈질긴 노력이 있었던 것이다. 즉, 일본은 전후의 혼란이 아직 가시지 않았던 1947년에 『태평양상의 제도서, 일본해의 제도서(Minor Islands in the Pacific, Minor Islands in the Japan Sea)』라는 책을 발간하여 같은 해 9월 23일자로 연합국총사령부외교국을 통해서 미국무성에 보냈던 것이다(內藤, 金柄烈, 2007 : 206). 이 책에는 다케시마(Takeshima)라는 일본 측 이름만이 있었으니, 독도(Dokdo 혹은 Tokdo)라는 우리측 이름을 알지 못하였음은 더 말할 나위가 없었던 것이다.

다시 시발트가 제시한 건의에 관해서 살펴보자. 그는 위에서 지적한바와 같이 1949년 11월 14일, “이 섬의 서쪽에 가까이 있는 울릉도와는 다르게 다께시마는 한국이름을 갖지 않았으며, 한국이 지금까지 한 번도 자국영토로 주장한 바가 없는 것으로 나타난다.”(Kim, Young Koo, 2003 : 159)라는 전문을 보낸다. 그가 일본이 작성한 작은 책자에 일방적으로 의존하지 않고 보다 객관적으로 일을 처리하기 위해서 한국역사에 관해서 조금이라도 정확하게 이해하고자 노력하였더라면 ‘1900년 대한제국칙령 제41호’를 찾을 수 있었을 것이요, 만일 그리했더라면 이와 같은 어처구니없는 정보를 제공하지 않았을 것이며, 그 후의 혼란을 야기하지도 않았을 것이다.

그런데 시발트의 전문에는 또한 다음과 같은 의미 깊은 내용을 담고 있었다. "리앙쿠르암에 대해서 재고를 바란다. 이 섬에 대한 일본 측의 주장은 오래된 것이며 정당하다고 생각된다. 안보의 면에서 이 섬에 기상 또는 레이더기지를 건설하는 일을 고려할 수 있다." 그는 여기에 머물지 아니하고, 동년 11월 19일에도 "이전부터 일본이 영유해 온 한국 가까이에 있는 섬들의 처리에 관련해서 리앙쿠르암(죽도)을 제3조(안)에서 일본에 속하는 것으로 명시해 줄 것을 건의한다. 이 섬에 대한 일본의 주장은 오랜 것이며, 정당하다고 생각한다. 이 섬을 일본연안의 섬이라하지 않는다면 곤란하다. 안보를 위해서 이 섬에 기상 및 레이더를 건설하는 것이 미국을 위해서도 국익이 될 것이다." 이와 같이 일본의 국익을 위해서 독도를 일본의 영유로 명시해 줄 것을 노골적으로 주장하고 있는 것이다. 위와 같이 국립문서보관소의 피어리(Fearey)가 제공한 정보나 시볼트가 제공한 정보는 모두 일본 측의 일방적인 것이므로 객관성과 공정성이 없는 것이며, 따라서 그 효력에는 문제가 없지 않는 것이다.

시볼트의 건의를 받아들여 제6차 초안(1949년 12월 8일)에서는 오히려 독도는 대마도 등과 함께 일본의 영토 속에 포함된다. 그러나 그로부터 11일후인 1949년 12월 19에 작성된 초안에선 다시 독도는 한국영토로 기술되는 것이다. 그런데 10일후인 12월 29일에 작성된 초안에선 다시 번복해서 일본령으로 기술한다. 그러면서 1950년 7월에는 종전의 초안에서 한국령에 들어 있던 독도를 일본령으로 변경한 것에 대한 주석서를 내놓고 있다. 그러는 사이, 1950년 4월 19일, 덜레스가 국무장관의 고문으로 임명되어 5월 18일부터 대일강화조약안 작성의 주책임자가 된다. 그가 책임자가 된 이래 여러 차례 초안이 작성되었으나, 1951년 4월 7일에 작성된 초안 이외의 초안에선 독도에 관한 언급이 전혀 없어진다.

한편 1951년 봄, 영국은 독자적인 초안을 제출하였는데, 거기에서는 독도는 일본의 주권이 포기되어야 할 도서들의 명단에 들어 있었고, 그것은 또한 경도와 위도가 뚜렷이 그려진 지도에 명시되어 있었다. 영국 측의 의도는 지도상으로 경계를 뚜렷이 해두자는, 문자 그대로 합리적인 안이었다. 그 해 늦은 봄까지 계속된 영국과 미국과의 의견교환 끝에 내려진 결론은 독도를 평화조약의 '영토조항'에서 빼자는 것이었다. 최종 확정·조인된 조문에는 독도는 어느 쪽에도 들어 있지 않다. 국경선을 밝혀야할 조약에 지도 한 장 첨부되지 않는 부실한 조약이 어디에 있겠는가!

그러면 독도는 어느 나라에 속하는 것일까. 이 문제를 위요한 한 일 간의 해석은 정반대이다. 일본은 위에서 언급한바와 같이, 이 조약안을 작성한 미국이 초안 작성과정에서 "독도는 한국령이 아니라는 것"을 공문으로 한국 측에 회신 한 바 있으니, 동 조약의 입법취지로 보아 일본령이라는 것이다. 과연 그럴까? 이제부터는 독도문제에 깊은 역사적 지식과 국제법의 전문가인 한국해양대학의 김영구 박사의 견해를 빌러 그에 관한 답변을 보완해보고자 한다. 결론을 먼저 말하면 국제법의 어떤 원칙에 비추어 보아도 독도는 「평화조약」상 한국의 영토라는 것이다.

제일 먼저 들어야 할 원칙은 '1969년 Vienna 조약법 협약' 제31조 제1항이다. 동 조항은 "조약은 조약문의 문맥 및 조약의 대상과 목적으로 보아 그 조약의 문면에 부여되는 통상적 의미에 따라 성실하게 해석되어야 한다."고 규정되어 있다. 이 규정에서 우리는 "조약의 대상과 목적으로 보아"라는 부분에 주의해야 하는데, 그것은 어떤 조약을 해석함에 있어서 조약의 목적과 대상은 전체적으로 참작되어야 하며, 이는 조약의 문맥과 문언적 표현과 마찬가지로 해석상 중요한 의미를 갖는다는 것이다. 이것을 국제법 용어로는 '목적론적 해석'이라 한다(Kim, Young Koo, 2003 : 159).

그러면 1951년 「대일평화조약」의 목적과 대상은 무엇일가. 우리는 동 조약의 전문에서 그것을 읽을 수 있는데, 거기에는 "이 평화조약은 — 전쟁의 결과로 당사국간에 아직도 상존하고 있는 문제들을 해결할 것이다 —"라고 규정하고 있다. 즉 이 「평화조약」의 목적과 대상은 "전쟁의 결과로 당사국간에 '아직도 상존하고 있는 문제'들을 해결하는 것이다". 이러한 조약의 목적에 비추어 볼 때 '아직도 상존하는 문제'들을 해결함에 있어서는 이 전쟁을 종식시키기 위해서 이미 취해진 선행적 절차들의 정신과 원칙에 따라야 함은 너무도 당연한 일이 아닐 수 없다.

이 경우, 이미 취해진 선행적 절차들은 무엇을 말하는 것일까. 첫째로 1945년 9월 2일 '항복문서'를 통해서 취한 천황의 조치를 들 수 있다. 이 항복문서의 서두에서 일본정부는 다음사항을 무조건적으로 서약하였다. (1) 포츠담선언의 수락, (2) 일본정부와 그 후임자들은 포츠담선언의 규정들을 신의를 다 해서 이행함은 물론, 연합군사령관과 기타 연합국의 지정된 대표가 요청하는 명령과 조치의 수행이 그것이다.

이미 인용한 바와 같이 포츠담선언에는 "카이로선언은 이행되어야하고, 일본의 영토는 혼슈(本州), 홋카이도(北海道), 규슈(九州), 시코쿠(四國), 그리고 우리가 장차 정할 소 도서들로 구성된다"고 규정하고 있다. 또한 카이로 선언에는 "일본은 폭력과 탐욕으로 약취한 모든 다른 영토들로부터 구축될 것이다. 전기한 세 열강은 한국인의 노예상태를 유의하고 적절한 과정을 고쳐서 한국을 자유독립시킬 것을 결의하는 바이다."라고 선언하고 있다. 문제의 1905년의 독도의 일본영토에의 편입이 일본의 주장과는 달리 노일전쟁 중에 폭력과 탐욕으로 약취해 간 것임은 앞 장에서 이미 살펴본바와 같거니와, 1951년의 「평화조약」이 이러한 선언 및 조치들의 기본정신에 따라 그 마무리를 하는 조약이라는 사실을 감안한다면, 제2조의 영토규정에 독도가 열거되지 않았다고 하드래도 당연히 한국에 반환되어야 할 영토임에 틀림이 없는 것이다.

둘째로 마무리되어야 할 선행적 절차는, 첫째로 1945년 11월 1일 하달된 '연합군사령부에 대한 최초의 점령 후 정책기본지침인데, 이 「기본지침」에서 정한 일본영토는 4개의 일본의 주된 섬, 홋카이도, 혼슈, 큐슈, 시코쿠, 그리고 대마도를 포함한 약 1,000여개의 인접 소 도서들이다. 둘째로 1946년 1월 29일에 발령한 SCAPIN677(속칭 행정권분리각서)을 들 수 있는데, 이 각서는 보다 명백하게 독도를 울릉도, 제주도와 함께 일본의 정치권 및 행정권이 미치는 범위, 즉 영토에서 제외하고 있다. 셋째로 '맥아더 라인'을 들 수 있는데 동 명령은 SCAPIN677이 발령되기 전, 즉 항복문서가 조인된 바로 그 날(1945. 9. 2), 점령군사령부를 설치하자마자 맥아더사령관이 일본의 어업활동에 관한 제한조치를 위해 발령한 것이다. 거기에도 독도는 분명하게 한국 쪽에 들어 있다. 더욱 주목하지 않으면 아니 될 사실은 맥아더 라인은 1951년 「평화조약」이 체결되기까지 무려 일곱 차례의 수정(일본측 어장의 확장)이 있었으나, 독도는 한 결 같이 일본의 어업활동이 제한되는 구역, 즉 한국 쪽에 들어 있었으며, 그러한 사실은 본조약이 체결되기 4개월 전에 개정된 7차(1951년 5월)개정에서도 전혀 달라지지 않았었다. 다시 말하여 SCAP(점령군사령부)는 독도를 한 번도 일본에 속한 것으로 취급한 기록이 없다는 것이다. 그러므로 「평화조약」의 정당한 일방 당사자인 연합국(미국을 포함하는)은 「금반언(禁反言)의 원」상 이제 와서 새삼스럽게 독도가 일본에 속한다는 주장이나 암시를 하지 못하게 되어 있는 것이다. 따라서 당연히 「1951년 샌프란시스코 평화조약」의 영토조항을 해석함에 있어서 독도는 울릉도나 제주도와 똑같이 일본이 아니고 한국에 속한 것으로 해석되어야 한다(Kim, Young Koo, 2003 : 159). 「금반언원칙」이란 어떤 사실이나 기준에 관해서 한번 주장한 쪽이 그러한 주장을 믿고 있는 상대방에 대해서 말을 바꾸어서 다른 내용의 사실이나 주장을 할 수 없다는 조리(條理)상의 원칙을 말하는데, 이 원칙은 옛 유럽의 관습법에서 유래하는 현대법의 기본원칙이다.

이상에서 살펴 본 바와 같이 독도에 대한 일본 측의 주장은 모두 허구요 억지인 것이다. 따라서 「1951년 샌프란시스코 평화조약」의 영토조항에서 독도가 한국 측에 반환해야 할 도서에서 빠졌다고 해서 독도의 지위가 달라진 것은 하나도 없다. 우리가 실효적으로 점유·경영하고 있는 독도는 현재도 그러하거니와, 앞으로도 한국 땅이라는데 아무런 변화가 없으며, 또한 없을 것이다.

결론적으로 말하여, 첫째, 한국은 대일강화조약의 당사국이 아니다. 다시 말하면 동 조약은 한국에 대하여 이른바, 「객관적 체제(objective regime)」를 형성할 수가 없다. 「개관적 체제」란 조약에 조인하지 않는 비 체약국인 모든 나라에 대해서 대항할 수 있는 권리와 의무를 창출할 효과를 가질 수 있는 것을 의미하는데, 동 체제는 우주의 중립성이나 국제수로에서의 항해의 자유, 남극과 같은 특정지역의 지위 등을 규정하는 조약을 제외하고 일반조약은 「객관적 체제」를 창출 수 없다는 것이 통설이다. 다시 말하면 대일강화조약 비체약국인 한국에게 조약문면에도 없는 사항의 의무를 지울 수 없는 것이다.

둘째로 미국이 당시(초안 작성 시) 입수했다고 하는 정보가 일본 측의 일방적인 것이요, 따라서 객관성과 공정성이 결여된 것이었다. 따라서 일본이 한국을 병합하기 이전, 즉 독도를 편입하기 이전에독도가 한국령이었다는 사실이 입증된다면 러스크의 공한("우리의 정보에 의하면 독도는 한국령이 아니라"는 1951년 8월 9

일의 서한)도 그 의미를 상실하지 않을 수 없을 것이다(內藤正中. 金柄烈, 2007 : 207).

우리들은 위에서 일본이 독도(죽도)가 자기들 영토라고 내세우는 '무주지선점설'이나, '고유영토설', 어느 것도 허구이며, "폭력과 탐욕으로 약취해 간" 우리 땅이라는 사실을 여러 측면에서 입증하였다. 따라서 독도가 「대일평화조약」상 한국령이라는 법적지위는 변함이 없을 것이다.

V. 맺음말

독도문제는 애당초 일본이 탐욕과 강력으로 약취한 침략행위에서 야기된 것이다. 이러한 엄연한 역사적 사실을 은폐하기 위해서 일본은 강변(强辯)을 계속하고 있다. 이러한 강변은 1965년에 체결된 「한일기본관계조약」의 제2조의 "이미 무효"라는 어구의 해석에 있어서도 마찬가지이다. 그러나 그러한 주장은 국제법 규범을 공정하게 해석하는 한, 모두 허구라 하지 않을 수 없다.

끝으로 일본의 이러한 강변(强辯)의 이면에는 미국의 이중적 태도가 하나의 요인이 되고 있다는 사실을 잊어서는 아니 될 것이다. 여기에서 잠깐 그 동안 한 일 간에 문제가 발생하였을 때 미국은 어떠한 태도를 취해왔는가. 특히 일본이 독도를 영토로 편입한 19세기말~20세기 초의 미국의 태도가 어떠한 것이었는지에 대해서 언급함으로써 결론에 가름하고자 한다.

1875년의 어느 날, 당시 주일미국공사이던 빈감은 운양호사건(雲揚號事件)이 일어나기 전에 일본외무성을 방문한다. 그의 가방에는 틸러가 쓴 『페리의 일본원정소사』라는 책자가 들어 있었다. 그는 그 책을 외무성 고위간부에게 건네주면서 "이 책을 잘 읽고 그대로 하면 조선에서 반드시 성공할 것"(朝鮮史研究會, 1982 :

161)이라고 조선침략을 은근히 부추긴 바 있었다. 또한 1905년 7월, 노일전쟁의 와중에 미국과 일본 사이에 이른바 「가쓰라-태프트비밀협정」을 맺어 미국의 필립핀 통치와 일본의 한국지배를 상호 승인한바 있었음은 주지의 사실이다. 이와 같은 일련의 흐름 속에서 일본의 독도침략은 이루어졌던 것이다. 결국 미국은 처음부터 일본 쪽에 기울고 있었다고 하지 않을 수 없다.

한편, 미국의 유명한 동양사학자 J. K. 패어뱅크는 그의 『동양문화사』제1장에서 "미국은 태평양전쟁에선 중국을 위해서 일본과 싸웠고, 한국전쟁에서는 일본을 위해서 중국과 싸웠다"(J. K. 패어뱅크, 전해종외 역, 1964 : 5)고 말한바 있다. 그 일본을 위해서 한창 싸우고 있는 중에 공교롭게도 독도의 귀속문제를 다룬 「대일평화조약」이 한국의 배제 속에 맺어진 것이다. 미국이 우방인 영국, 뉴질랜드의 제안이나 심지어 자기 성(省) 안의 지리전문가(S.W.Boggs)의 진언[12)]을 무시하고 한국영유를 명시하지 않는 까닭을 우리는 짐작하고도 남이 있다 할 것이다.[13)]

그러나 미국의 의도가 무엇이었던 간에 국제법의 대원칙은 기안자의 의도에 불구하고 문맥상의 문의(文意)에 따라 해석해야 한다. 그러므로 『평화조약』 제2조 a항을 올바르게 해석하기 위해서는 그 조약규정의 문언(文言)에 나타난 통상적인 의미를 충실하게 살리

12) 구무부정보국 소속이던 보그스는 1951년 8월, 조약 체결이 임박한 어느 날, 국무부극동아시아처의 강화조약 준비담당자인 피어리(Fearey)로 부터 영토조항에 관한 자문을 요청받는다. 이전부터 독도는 한국영이라 주장해 온 그는 "(조약) 제2조(a)항에 '-및 독도'라고 추가하면 된다"고 답변하였으나, 결국 이 의견은 묵살되고 말었다.

13) 미국이 독도문제에 대해서 모호한 입장을 고수한데에는 안보상의 이유 뿐 아니라, 미국과 주변국, 특히 캐나다와의 사이에 1832년 이래 벌리고 있는 영토분쟁인 마키아스(Machias Seal)문제와도 깊은 관련이 있는 게 아니냐는 추단이 가능하다. 그곳은 현재 캐나다에 의해서 실효적으로 점유되고 있다.

려고 노력해야 한다. 그러한 노력이 계속되는 한, 독도는 우리 한국의 땅이란 결론에 변함이 없을 것이다.

사리가 이러함에도 불구하고 일본은 계속해서 자기들의 땅이라 주장하고 금년 들어서는 『중학교 사회교과서 새 학습지도요령 해설서』에 싣기로 하고 있으며, 문부과학성 관리들은 일선교육기관에 그렇게 교육토록 권유하고 있다. 이러한 경향은 일본사회, 특히 문부과학성의 우경화와 함께 지속적으로 확대되어 가리라 생각된다.

한편 금년 들어 미국의회도서관은 독도(Tokdo Island) 표기를 변경하려다 연기하였고, 「지명위원회(BGN. Board on Geographic Names)」는 독도를 「주권 미지정 지역(분쟁지역)」속에 넣었다가 우리정부의 강력한 항의를 받고 시정하는 해프닝을 빚기도 하였다. 그러나 이로써 독도문제에 관한 미국 측의 입장이 완전히 우리 쪽으로 돌아선 것이 아니다. 센카쿠열도(釣魚島)나 쿠릴열도를 포함하여 다른 분쟁지역의 문제를 총체적으로 다룰 때 다시 조정하겠다는 입장인 같다. 다시 말하면 독도문제는 해결이 끝난 완료형이 아니라 진행형이라는 사실을 우리는 잊어서는 아니 될 것이다.

그러면 우리는 어떻게 대처해야 할 것인가. 새로이 출범한 「독도연구소」를 중심으로, 첫째 독도가 신라시대 이래 우리의 고유한 영토인데 일본이 폭력과 탐욕으로 약취해갔다는 사실(史實)을 보다 치밀하고 체계적으로 정비하여 세계에 홍보하며, 둘째로 세계 각국의 해양주권에 관한 정책동향과 지리·지명 등의 변경 등에 관한 정보를 실시시간으로 취합·대처할 수 있는 민첩하고 체계적인 대처능력을 지속적으로 길러야 한다. 일이 터진 후에 소동을 피워도 사후약방문의 우가 되고 만다. 셋째로 1998년에 체결된 「신어업협정」에 관해서 무엇인가 새로운 조처가 내려져야 한다. 영토권과 어업권은 아무런 관련이 없다는 얘기는, 우리가 쿠릴열도에서

러시아와 어업협정을 맺으려다 영토권을 주장한 일본의 항의에 밀려 포기한 사례가 있음을 상기하면 한 일 간에는 그대로 통용되지 않을 수도 있다. 그 일은 영토권과 어업권은 아무런 관련이 없다는 입장을 우리 스스로 포기하였던 셈이다. 따라서 "어업권과 영토권은 무관 운운"으로 자위하고만 있기에는 상대가 너무나도 교묘하게 「동 조약」을 새로운 불씨로 이용하려 들고 있음을 직시해야 한다. 「신어업협정」에 관해서 무엇인가 새로운 조처를 요구하는 까닭이 여기에 있는 것이다.

메모 (이 글은 졸고 「독도 영유권에 대한 일본 측 주장의 허구」(韓國島嶼(섬)學會, 『韓國島嶼硏究』, 2006. 6. 제18권 제1호)를 가필한 것이다.)

참고문헌

REFERENCES

제2장

1. 朴九秉, 1966,『韓國水産業史』, 大和出版社
2. 朴光淳, 1994,「日本의 韓國漁場침탈과 어민의 對應」,『經濟史學』 제18호
3. 박광순, 2006,「독도 영유권에 대한 일본 측 주장의 허구」, 韓國島嶼學會,『韓國島嶼硏究』, 第18卷 第1號
4. 水産廳, 1968,『韓國水産史』
5. 金秀姫, 1996,「朝鮮植民地漁業と 日本人漁業移民」(박사학위논문)
6. 洪英基, 1993,「靈光地方의 義兵活動」, 靈光鄕土文化硏究會,『韓末靈光義兵史料集』
7. 池鐵根, 1989,『韓日漁業紛爭史』, 한국수산신보사
8. 池鐵根, 1979,『平和線』, 범우사
9. 日韓漁業協議會, 1968,『日韓漁業對策運動史』
10. 大韓國政府財政顧問部 편찬,『大韓國財政各種法規類』

11. 吉田敬市, 1954,『朝鮮水産開發史』,朝水會
12. 葛生修亮, 1903,『韓國通漁指針』
13. 關澤清明, 竹中邦香同 編, 1893,『朝鮮海通漁事情』
14. 中村恒次郎, "朝鮮の外國貿易, 附 漁業の景況"(『朝鮮彙報』)
15. 平澤豊, 1981,『日本の漁業 - その歴史と可能性』, NHK ブックス
16. 信夫淳平, 1901,『韓半島』
17. 青柳南冥, 1908,『韓國植民策』
18.『全羅道關革3』(券180689) 高宗 丁亥(1887) 7月 26日字
19. I. B. Bishop, 1897, *Korea and her Neighbors*,(이인화 옮김,『한국과 그 이웃 나라들』도서출판 살림, 1994)
20. Homer. B. Hulbert, 1906, *The Passing of Korea*, London

제4장

1. 농림부,『韓日漁業協定施行에 따른 관계법령집』. 1966.
2. 農山漁村文化協會,『新海洋時代の漁業』. 1988.
3. 백진현,「호혜적 어업환경구축에 한걸음」.『현대해양』. 1998. 11.
4. 水産會,『現代韓國水産史』. 1987.
5. 水友會,『現代韓國水産史』. 1987.
6. 玉永秀 外,『新韓日漁業協定 發效에 따른 國內漁業對策』. 한국해양수산개발원. 1998.
7. 遠洋漁業協會,「遠洋漁業統計」. 각년도 Vol. 1～Vol. 8
8. 이서항,「한일어업협상 경과와 협정내용」.『현대해양』. 1998. 11.
9. 池鐵根,『韓日漁業紛爭史』. 1990.
10. 최종화,「새 한일어업협정의 구성과 법적 성격」.『수산경영론집』1998. 12월.
11. 岡本清造,『水産經濟學』. 恒惺社厚生閣. 1966.
12. 大海原 宏,『現代水産經濟論』. 北斗書房. 1982.
13. 長谷川 彰,「200海里體制化以降の 國際漁業關係の變容」.『水産經濟研究』. 1987.

14. 平澤 豊,『日本水産讀本(第2版)』. 東洋經濟新報社. 1979.
15. 黑澤一淸, 200かいり.「漁業專管水域設定の意義についの産業的 考察」.『水産經濟硏究』. 1979.

제5장

1. 李漢基, 1969,『韓國의 領土-領土取得에 관한 國際法的 硏究』, 서울大學校出版部.
2. 申奭鎬, 1948,「독도의 소속에 대하여」,『史海』 창간호.
3. 朴觀淑, 1969,「獨島의 法的地位에 관한 硏究」(연세대학교박사학위논문).
4. 愼鏞夏, 1989,『獨島의 民族領土史硏究』, 法經社.
5. 金定均 외, 2006,『국제법』(제5개정판), 박영사.
6. 金學俊, 1996,『독도는 우리 땅』, 한줄기.
7. 정광태, 2005,『독도는 우리 땅』, 영진닷컴.
8. Kim, Young Koo, 2003, "A Pursuit of Truth in the Dokdo Island Issue", Bub Young Sa.
9. 愼鏞夏 (韓誠 역),『史的解明 獨島/竹島』, インタ-出版.
10. 金東祚(林建彦역), 1992,『韓日の和解』, サイマル出版會.
11. 內藤正中, 2004,「竹島(獨島)問題の 問題點」,『東北アジア文化硏究』第20号 12.
12. ________, 2000,『竹島(鬱陵島)をめぐる日朝關係史』, 多賀出版.
13. 內藤正中, 金柄烈, 2007,『史的檢證 竹島·獨島』, 岩波書店.
14. 堀 和生, 1987,「1905년日本の竹島領土編入」, 朝鮮史硏究會,『朝鮮史硏究 會論文集』, 第24集.
15. 梶村秀樹, 1992,「竹島=獨島問題と日本國家」『 著作集』第1卷, 明石書店.
16. 山邊健太郎, 1966,『日韓併合小史』, 岩波新書(587).
17. 塚本 孝, 1995,「平和條約と竹島(再論)」,『レファレンス』(平成 6年3月号).

18. 川上健三, 1966,『竹島の歷史地理學的硏究』, 古今書院.
19. 朝鮮史硏究會, 1982,『朝鮮の 歷史』, 三省堂.
20. 朴九秉, 1967,「韓日近代漁業關係硏究」,『釜山水産大學硏究報告』제7권 제1호.
21. 朴光淳, 1994,「日本의 韓海漁場 침탈과 漁民의 對應」,『經濟史學』제18호.
22. _____, 2005,「韓國から見るアメリカ-韓國の二面的 對米觀」(小竹一彰編『アメリカを見る眼』, 五絃舍.
23. 黃 玹,『梅泉野錄』권5. 광무10년 4월 5일조.
24. 한국외무부,『독도관계자료집』(1) - 왕복외교문서(1952-76)- : 외교자료. No.77-134.
25. 김병열, 1998,『독도자료총람』
26. J. K. 페어뱅크(전해종 외 역), 1964,『東洋文化史』제1권, 을유문화사
27. 岩波書店,『世界』, 2008년 9월호(No.782).

저자 소개

李啓烈 (집필책임, 제4장 집필)

- 현재 전남대학교 문화사회과학대학 교수
- 전남대학교 대학원 경제학 박사
- 「근대적 어항의 형성과정」(韓國島嶼學會, 2005) 외 다수 논저

李 薰 (제1장 집필)

- 현재 동북아역사재단 제1연구실장
- 일본 쓰쿠바대학 문학박사
- 『조선후기 표류민과 한일관계』(국학자료원, 2000)
- 「조선후기 동래부와 왜관의 의사소통-양역 관련 '실무문서'를 중심으로」(『한일관계사연구』27) 외 다수 논저

鄭成一 (제3장 집필)

- 현재 광주여자대학교 콜마케팅학과 교수
- 일본 게이오대학 방문교수
- 전남대학교 대학원 경제학과 박사
- 『조선후기 대일무역』(신서원, 2000)
- 『왜관』(논형, 2005) 외 다수 논저

朴光淳 (제2장 · 5장 집필)

- 현재 대한민국 학술원 회원
- 전남대학교 명예교수
- 『한국어업경제사연구』-어업공동체론-(유풍출판사, 1981)
- 『바다와 어촌의 사회경제론』(전남대학교출판부, 1998), 외 다수

한·일 어민의 접촉과 마찰

인쇄 | 2008년 12월 20일
발행 | 2008년 12월 30일

저 자 | 이계열 · 이훈 · 정성일 · 박광순
발행인 | 김윤수
발행처 | 전남대학교출판부

등록 | 1981. 5. 21. 제53호
주소 | 500-757 광주광역시 북구 용봉동 300
전화 | (062) 530-0571~3
팩스 | (062) 530-0579
홈페이지 | http://altair.chonnam.ac.kr/~cnup

값 12,000 원

ISBN 978-89-7598-704-5 (93320)

이 도서의 국립중앙도서관 출판시도서목록(CIP)은 e-CIP홈페이지(http://www.nl.go.kr/cip.php)에서 이용하실 수 있습니다. (CIP제어번호: CIP2009000041)